A MOVING CHILD IS A LEARNING CHILD

# 运动塑造孩子的大脑

## 0-7岁关键运动全方案

[新西兰]吉尔·康奈尔（Gill Connell） [美]谢丽尔·麦卡锡（Cheryl McCarthy） 著

方菁 陈筱睿 张玲凡 许馨予 译　王静 审校

华夏出版社
HUAXIA PUBLISHING HOUSE

## 图书在版编目（CIP）数据

运动塑造孩子的大脑 /（新）吉尔·康奈尔(Gill Connell)，（美）谢丽尔·麦卡锡(Cheryl McCarthy) 著；方菁等译. -- 2版. -- 北京：华夏出版社有限公司，2023.1

书名原文：A Moving Child Is a Learning Child

ISBN 978-7-5222-0144-3

Ⅰ．①运… Ⅱ．①吉… ②谢… ③方… Ⅲ．①儿童－运动生理学－方案设计 Ⅳ．①G804.2

中国版本图书馆CIP数据核字(2021)第127060号

A Moving Child Is a Learning Child © 2013 Gill Connell, Cheryl McCarthy. Original English language edition published by Free Spirit Publishing 6325 Sandburg Road Suite 100, Minneapolis, MN, 55427, United States. Arranged via Licensor's Agent: DropCap Rights Agency. All rights reserved.

**版权所有　翻印必究**

北京市版权局著作权合同登记号：图字01-2014-7848号

### 运动塑造孩子的大脑

| 作　　者 | ［新西兰］吉尔·康奈尔　［美］谢丽尔·麦卡锡 |
|---|---|
| 译　　者 | 方　菁等 |
| 责任编辑 | 王凤梅 |
| 责任印制 | 刘　洋 |
| 出版发行 | 华夏出版社有限公司 |
| 经　　销 | 新华书店 |
| 印　　刷 | 三河市万龙印装有限公司 |
| 装　　订 | 三河市万龙印装有限公司 |
| 版　　次 | 2023年1月北京第2版　2023年1月北京第1次印刷 |
| 开　　本 | 787×1092　1/16开 |
| 印　　张 | 21 |
| 字　　数 | 354千字 |
| 定　　价 | 118.00元 |

华夏出版社有限公司　地址：北京市东直门外香河园北里4号　邮编：100028
　　　　　　　　　　　网址：www.hxph.com.cn　电话：(010)64663331（转）
若发现本版图书有印装质量问题，请与我社营销中心联系调换。

# 目录 Contents

序言 ······················································································· 1
前言　让我们动起来吧！······························································ 1

## 第一部分　运动的重要性 ····················································· 1
在这一部分，我们将解释运动的重要性，并向你介绍一个我们称之为动觉模型的新工具。

### 第一章　关于运动：身体如何成为大脑的老师 ························ 2
儿童在运动中学习 ······································································ 2
大脑在儿童发育历程表上将运动作为优先项 ······································ 4
与自然的互动 ············································································ 4
章节总结 ·················································································· 5

### 第二章　被困住的孩子 ·························································· 8
幼儿和"箱子" ·········································································· 8
儿童是天生的冒险家 ································································· 10
章节总结 ················································································ 11

### 第三章　运动如何开启大脑的学习 ········································ 12
关于大脑的基础知识 ································································· 12
儿童的学习路径：从有形到无形，从具体到抽象。（苹果代表 A）········ 14
给大脑布线 ············································································· 17
运动是儿童早期发展的前沿领域 ·················································· 19
章节总结 ················································································ 25

## 第二部分　运动中的儿童……………………………………… 27

在这一部分，你将会了解到简单但全面的关于运动及其与学习之间关系的知识。

### 第四章　运动的宝贝如何成长 …………………………… 28
  雪花效应（儿童的发展特点）………………………………… 28
  独立运动的演变 ……………………………………………… 29
  塑造一个爱运动的孩子 ……………………………………… 32
  关于动觉模型 ………………………………………………… 33
  章节总结 ……………………………………………………… 34

### 第五章　运动的起源：先天反射和后天反射 …………… 35
  先天反射 ……………………………………………………… 36
  姿势反射 ……………………………………………………… 42
  章节总结 ……………………………………………………… 46

### 第六章　学习的起源：感官 ……………………………… 47
  学习的起源 …………………………………………………… 47
  感官学习的四个步骤 ………………………………………… 48
  感官整合 ……………………………………………………… 49
  感官剖面 ……………………………………………………… 50
  感官平衡 ……………………………………………………… 50
  促进孩子的感官发育时需要注意的事项 …………………… 51
  如何最大化地使用感官信息 ………………………………… 56
  章节总结 ……………………………………………………… 60

## 第七章　感觉：视觉、听觉、嗅觉、味觉和触觉 ·············· 62
视觉：眼部能力、视力和感知 ················· 62
视力 ······································ 66
感知 ······································ 67
听觉 ······································ 69
嗅觉、味觉和触觉的早期刺激始于口唇期 ········ 74
章节总结 ································· 78

## 第八章　平衡感：前庭系统 ······················ 79
前庭系统 ································· 79
建立前庭系统 ····························· 83
章节总结 ································· 85

## 第九章　直觉的核心：本体感受 ·················· 86
本体感受：身体的 GPS 系统 ················· 86
身体意识 ································· 87
空间意识 ································· 88
身体潜意识 ······························· 90
力量管理 ································· 91
章节总结 ································· 92

## 第十章　自立的源泉：动作工具 ·················· 93
不仅仅是"大运动"与"精细动作" ············ 94
动作工具协助宝宝发展力量、协调性与控制力三方面的能力 ······ 95
章节总结 ································· 95

## 第十一章　力量：不仅仅是大运动技能 ············· 96
宝宝的力量需要身体的每块肌肉 ·············· 96
培养通用体质 ····························· 99
休息 ····································· 100
章节总结 ································· 103

## 第十二章　协调：中央轴、身体韵律和时空意识 ····· 104
初探人体中央轴 ··························· 104
身体韵律与时空意识 ······················· 117
章节总结 ································· 125

## 第十三章　自控能力：比精细运动更进一步 ……………… 126
什么是自控力 …………………………………………………… 126
眼睛的协调能力 ………………………………………………… 131
章节总结 ………………………………………………………… 134

# 第三部分　语言：通往正式学习的桥梁 ……………… 135

运用各种类型的语言，探索一种方式，帮助儿童将其对现实世界的探索转化成为更高水平的思考、推理和抽象学习。

## 第十四章　口头语言和身体语言 …………………………… 136
语言是什么？ …………………………………………………… 136
口头语言 ………………………………………………………… 138
身体语言 ………………………………………………………… 141
口头语言和身体语言：通向社会化之门 ……………………… 145
章节总结 ………………………………………………………… 148

## 第十五章　音乐与运动 ……………………………………… 149
音乐可以培养儿童许多学习能力 ……………………………… 149
音乐的元素 ……………………………………………………… 150
音乐游戏 ………………………………………………………… 157
章节总结 ………………………………………………………… 159

## 第十六章　方向感：符号语言学习的必经之路 …………… 160
方向感："上"意味着什么？ …………………………………… 160
定位与定向是符号语言形成的重要基础 ……………………… 162
学习符号语言 …………………………………………………… 166
章节总结 ………………………………………………………… 170

# 第四部分　学习中的儿童 ……………………………… 171

在这一部分，我们将向你介绍如何将动觉模型的方法和实践，应用于课堂上、操场上、家中或任何其他小朋友玩耍和学习的地方。
运动时，孩子们本能地采用不同的玩耍模式来探索他们的世界。

## 第十七章　运动发展：平衡身体和大脑发育的运动套餐 …… 172
尊重个体差异性 ………………………………………………… 172

"我能做"的演变旅程 …………………………………… 174
设计一个运动均衡的套餐给孩子 …………………………… 175
"运动—学习"活动指南 …………………………………… 184
章节总结 ……………………………………………………… 186

## 第十八章　打造动感的课堂氛围 …………………………… 187
打造课程计划：学习中的六大身体特征 …………………… 187
解读孩子的动作 ……………………………………………… 188
打造一个"从运动到学习"的空间 ………………………… 191
章节总结 ……………………………………………………… 200

## 第十九章　不确定性区域：安全管理 ……………………… 201
如何处理在非常安全和极度不安全之间的灰色地带 ……… 201
在风险和回报之间找到平衡 ………………………………… 202
章节总结 ……………………………………………………… 206

# 第五部分　游戏的重要性 …………………………………… 207

在这一部分，向你介绍经典游戏以及它们在促进儿童运动和学习中的作用。

## 第二十章　游戏的平衡 ……………………………………… 208
玩：天生的运动动机 ………………………………………… 208
章节总结 ……………………………………………………… 212

## 第二十一章　运动与学习类游戏 …………………………… 213
角色扮演：我是谁？ ………………………………………… 213
球类游戏：掌控不可预测性 ………………………………… 215
跳跃、弹跳、跑跳、双脚交替跳：自我调节 ……………… 217
舞蹈：让我跳给你看！ ……………………………………… 220
章节总结 ……………………………………………………… 222

## 第二十二章　挑战类游戏 …………………………………… 223
气喘吁吁的游戏："学习消耗"能量 ……………………… 224
光脚走 ………………………………………………………… 225
户外游戏：室内无法爬坡跑 ………………………………… 227
游戏场：最重要的十个游戏场设施 ………………………… 229

攀爬："我爬上来了！" ………………………………………… 231
玩水…………………………………………………………… 231
打闹…………………………………………………………… 232
轮子类游戏…………………………………………………… 234
章节总结……………………………………………………… 238

## 第二十三章　安静而专注类游戏 ………………………… 239
创造力游戏："我是由哪些物质构成的？" ………………… 239
过家家游戏：布娃娃、毛绒玩具、学习主导意识………… 241
讲故事："我懂啦。" ………………………………………… 244
章节总结……………………………………………………… 246

## 第二十四章　我们如何成为孩子的出色玩伴 …………… 247
婴儿阶段的游戏：给予刺激………………………………… 247
幼儿和学龄前阶段的游戏：赋予自由……………………… 250
早期教育：游戏和学习的平衡……………………………… 251
做个好玩伴…………………………………………………… 252
激发新想法：引入新事物…………………………………… 255
章节总结……………………………………………………… 258

# 第六部分　智慧的脚步 ……………………………………… 259

我们精心挑选并整理出 24 项寓教于乐的活动，以供参考。

## 第二十五章　"智慧的脚步"介绍 ………………………… 260
把"潜意识化"放在首位 …………………………………… 260
尊重个体差异性……………………………………………… 261
小进步，大成功……………………………………………… 261
参与到孩子的活动中并亲自示范…………………………… 262
"智慧的脚步"游戏步骤 …………………………………… 263
章节小结……………………………………………………… 268

## 第二十六章　"智慧的脚步"游戏 ………………………… 269
游戏 1：围栏 ………………………………………………… 270

游戏 2：躲猫猫 ……………………………………………………… 271

游戏 3：找宝藏 ……………………………………………………… 272

游戏 4：镜子，镜子 ………………………………………………… 274

游戏 5：高低舞 ……………………………………………………… 276

游戏 6：上上下下 …………………………………………………… 278

游戏 7：你好，奥克托普！ ………………………………………… 280

游戏 8：翻滚吧，罗弗 ……………………………………………… 282

游戏 9：纱巾 ………………………………………………………… 284

游戏 10：装满了 ……………………………………………………… 286

游戏 11：玛多 ………………………………………………………… 288

游戏 12：沙包 ………………………………………………………… 290

游戏 13：翻转 ………………………………………………………… 292

游戏 14：逃走的泡泡 ………………………………………………… 293

游戏 15：狭窄与宽阔 ………………………………………………… 294

游戏 16：小鸡快跑 ………………………………………… 296

游戏 17：手脚互动 ………………………………………… 298

游戏 18：农场大门 ………………………………………… 300

游戏 19：拧麻花 …………………………………………… 302

游戏 20：踏上魔法台阶 …………………………………… 303

游戏 21：视觉跟踪 ………………………………………… 304

游戏 22：宝宝掌舵 ………………………………………… 306

游戏 23：游戏时间到 ……………………………………… 308

游戏 24：刹车！刹车！ …………………………………… 310

译后记 ………………………………………………………… 313

# 序言 Foreword

KaBOOM！创始人兼 CEO，戴维尔·海默德（Darell Hammond）

积极的游戏是快乐的、有趣的并富有创造性的。游戏是童年的必要组成部分，它对儿童发展至关重要。

积极的游戏，其益处往往与身体健康有关。当然，在关注儿童肥胖率的时代，这是非常重要的。本书将讲述一些鲜为人知但有趣的故事，以说明游戏和运动是如何对孩子们的学习起到关键的作用。

在这本书中，吉尔和谢丽尔开创性地介绍了一个设计精细且复杂（但易于操作）的模型，为幼儿运动和学习的全面发展提供支持。这个动觉模型向我们展示了一种能够提高运动能力的"均衡饮食"的模式，以便教师、家长以及看护人能够在尊重孩子个性化的需求下，通过积极的游戏促进儿童学习。

下面讲述的是一个需要被关注的现象。在家庭、学校、社区里，我们的孩子正在被剥夺一些重要的权利，例如，自主活动身体、想象力的锻炼、与其他孩子的互动等。孩子们平均每天要花八个小时在屏幕前（电脑、电视），几乎一半来自低收入家庭的孩子没有合适的休闲活动的场所。只有五分之一的儿童居住在步行就能到达公园或游乐场的地方。这直接影响到这些孩子的身体发育，更重要的是，还会影响到他们的社交、认知发展及情感表达。

　　我们应该给孩子提供运动所需要的足够的条件，以使他们成为身心健康的成年人。这就是为什么我把游戏提高到最重要的位置，因为我们的孩子的未来依赖于它——它正是吉尔和谢丽尔致力于分享的信息。她们让我们对此有了全新的认识，并通过实际的操作方法来实现这一切。

　　显而易见，孩子们的大脑需要在玩耍中得到开发。在这本重要的书中，作者表示，我们对孩子们运动和游戏的权利的剥夺是十分不公平的。更重要的是，通过对大脑的研究，她们向我们展示了为什么孩子们需要运动，以及如何在我们的帮助和照料下得以实现。

　　确保孩子们获得学习和成长所需要的游戏，给予他们应有的童年，这是我们应尽的责任。

## 前言 Introduction
## 让我们动起来吧！

在一个房间里放上一张桌子和几把椅子，请来一些成年人，看看他们会做些什么：他们进来，然后坐下。

现在，把这些成年人带出房间，然后带进来一群孩子。面对同样的桌子和椅子，看看他们在做什么：一个小女孩冲到窗前，然后带着大大的笑容漫无目的地旋转。一个男孩在桌子底下垒起了一个堡垒。三个小家伙决定现在进行一次比赛。一个女孩要去洗手间。两个幼童撞在一起，摔倒在地板上。一个小男孩试图脱掉自己的外套，却没有成功。一个婴儿在地板上爬，见到了地板上的毛毛，他停下来，用嘴去探寻究竟。另外，一个小女孩一直向你展示她会像狮子那样咆哮。

如果在你的生活中有这样的小孩，你就会理解这些孩子的表现。事实上，在你人生中的某一个阶段，你就是这些孩子。

孩子们的举动，往往出人意料，也没有明显的动因。但是，如果你知道如何"解读"这些举动，你会发现他们每个举动背后都有原因，并且它们与运动本身并没有什么关系。现在你已经知道，运动是必不可少的，并且是常被忽略的儿童学习的起点。我们撰写本书的意图，就是帮助你了解儿童活动时的动作和笑声是如何促进他们学习的，并告诉你如何在这个过程中给予他们引导。

### 关于本书

正如你所知，关于如何与儿童相处，没有实践支撑的理论无法带给你更多的帮助，没有理论指导的实践同样如此。因此，我们撰写本书，旨在理论与实践的结合。我们把它称为"这里有原因，这里有方法"。好吧，我们的旅程就从这里展开。

**第一部分**：**运动的重要性**，我们将解释运动的重要性，并向你介绍一个我们称之为动觉模型的新工具。

**第二部分**：**运动中的儿童**，向你介绍简单但全面的关于运动及其与学习之间关系的知识。

**第三部分**：**语言：通往正式学习的桥梁**，运用各种类型的语言，探索一种方式，帮助儿童将其对现实世界的探索转化成为更高水平的思考、推理和抽象学习。

**第四部分**：**学习中的儿童**，我们将向你介绍如何将动觉模型的方法和实践，应用于课堂上、操场上、家中或任何其他小朋友玩耍和学习的地方。

运动时，孩子们本能地采用不同的玩耍模式来探索他们的世界。

**第五部分**：**游戏的重要性**，向你介绍经典游戏以及它们在促进儿童运动和学习中的作用。

**第六部分**："**智慧的脚步**"，我们精心挑选并整理出 24 项寓教于乐的活动，以供参考。

纵览全书，你会发现重复的元素："吉尔笔记"和"充电游戏"。

## 吉尔笔记

在与早教教师、看护人员等与儿童接触的一线人员一起工作的过程中，吉尔积累了超过 30 年的经验，记录下许多指导儿童运动的有趣故事和实用建议。

## 充电游戏

我们并不希望等到你看完最后的章节才让你的小宝贝动起来，因此，我们在全书中穿插安排了"充电游戏"——在任何时间、任何地点都能尝试的快速、简单的游戏，可以为你们的一天提供高能量、有意义的活动。

实际上，这里就有一个你可以立刻尝试的……

## 充电游戏

## 找"尾巴"

**游戏目的：**

坐立不安，并不总意味着孩子的注意力不集中。事实上，这大多意味着他正努力集中注意力。首先，确保一个蠢蠢欲动的孩子不需要去厕所，然后尝试引导他做一个需要保持身体平衡的小游戏。

**游戏方法：**

向孩子讲述一只蜗牛的故事。

> 从前有只蜗牛，它总是找不到自己的尾巴在哪里，左三圈，右三圈，蜗牛终于找到它的尾巴了。

**你的"尾巴"在哪里？**

现在把这个故事变成一个游戏。站起来，找找你自己的"尾巴"。然后，问问孩子，能否找到他自己的"尾巴"。慢慢地向左转三圈，然后慢慢地向右转三圈。（此处"慢慢"是个关键词——每圈大约转 8 秒钟）

一旦他找到了自己的"尾巴"，有什么好方法可以避免再次失去它？坐下！

"找到自己的'尾巴'"，也许能够帮助孩子静下来并且尽量坐着不动……至少坚持到"尾巴"再次丢失。

那么，如果你已经找到了自己的"尾巴"并且准备再玩一次，那就开始吧！

# 第一部分

# 运动的重要性

## 第一章

## 关于运动：身体如何成为大脑的老师

所有的学习都应始于身体，的确如此，这是我们根据个人经验得出的结论。而对于儿童，这更为重要，因为身体是大脑的启蒙老师，运动就是课程。

### 儿童在运动中学习

从抓住你的手指，到握住拨浪鼓，再到爬行、站立、行走、跳跃，以及不顾一切地拥抱——孩子的每一个举动——不管是有意为之还是偶然出现，它们都导向学习。当然，每一个动作都在开发她身体的能力。与此同时，这些运动正在大脑中建设能够开发她全部潜力的感官知觉和关键的神经通路。

众所周知，在生命的最初几年，大约90%的神经通路将被建成。这些通路决定了一个儿童如何思考和学习，但更重要的是，它们将塑造她成为什么样的人，她的兴趣和追求，成功和挑战，内部反射、外部反射，以及对生活的态度……所有的一切都产生于她早期运动和感官体验所建立起来的神经网络。

> 身体是大脑的启蒙老师。

　　大自然创造出的这招通过运动来学习的方法超级简单，它是如此充满动力并自我存续，同时塑造着身体和大脑。因此，一个儿童运动得越多，大脑得到的刺激就越多。大脑得到的刺激越多，就需要更多的运动以获得更多的刺激。通过这种方式，大自然巧妙地诱导着孩子们在好奇心的驱使下，不断超越现在的边界，去探索新的事物，以获得新的能力。

- 孩子动得越多，懂得越多。
- 孩子想懂得多，需要动得多。
- 孩子懂得越多，求知欲越旺盛。

## 运动塑造孩子的大脑

### 大脑在儿童发育历程表上将运动作为优先项

我们将在第二章中更详细地讨论关于大脑早期发育的问题。在这里请您先注意以下几点。

在生命的最初几年里，大脑就在儿童的发育顺序表上设置了优先项，运动就是优先项之一（继生存功能，如呼吸、心跳和消化之后）。但这并不意味在其他领域的发展不会在同一时间里发生，而是说大脑将大量的关注力都集中在运动中了。

> 如果没有完成动作的自动化，孩子将无法思考。

实际上，运动对大脑控制能力的发展至关重要，它最终会完全自动化，使得儿童不用想就能运动。这是一个关键的、却被忽略的儿童早期发展的视角。坦白地说，如果没有自动化的运动，一个孩子将无法思考。

人的大脑在同一时间只能进行一项思维任务，即意识任务。但大脑可以将一项思维活动优先置于一个或者多个自动化过程之上。这就是我们所说的多任务工作。这解释了为什么一个成年人可以一边走路一边说话。你不需要去想走路这件事，这就让你的大脑空出来去指挥说话这件事。

儿童恰恰相反，一个小孩只能让自己的双手控制好肌肉运动，只有当他的身体安分下来，他的思维才有空去注意到其他的诸如 ABC 或 123 等信息，去想说"请""谢谢"，去指认天上的星星，或者对猫喝光泥坑里的水感到好奇。

### 与自然的互动

问题来了，与过去的几代人相比，今天的儿童过着一种更加久坐少动的生活，我们会在第三章更详细地讨论这一点。关键的问题在于：这种生活正在与几千年来以运动为基础的生物学发展规律背道而驰，其结果已经出现在学术研究和新闻报道中，然而这才刚刚开始。

原因很明显，一个小孩只会学习她的大脑所关注的并且准备好的内容。在生命早期，她周围具体的、实物的、充满感官刺激的世界，等等，所有这

第一章　关于运动：身体如何成为大脑的老师

些内容都是由身体体验来提供的。难怪学前教育通常都不是在坐着的状态下进行的，也几乎不可能在躺着的状态下实现。

　　一个儿童是一个具体的有形的生物体，需要以自己的方式在适当的时机亲自去体验生活，当他行动时，他会学习到他应该要知道的内容或者更多。

　　尽管这个过程看上去并不像是在学习。

## 章节总结

- **所有的学习都始于身体，并且与运动有关。** 每一个动作在开发身体能力的同时，在大脑中也塑造着感官知觉和神经通路。
- **大脑在儿童发育历程表上将运动作为优先项。** 运动至关重要，它是在生命早期大脑能自动实现的功能之一。它对儿童的学习起到了关键作用。
- **人类大脑在同一时间只能进行一项思维活动。** 但大脑能将思维活动优先置于一个或多个自动化过程之上。当运动成为一个自动化过程，孩子的大脑就能够腾出空间来思考了。

# 什么是孩子真正的学习?

学会爱

数学学习

推理能力

学会坚持

语言学习

形象化思维

表达能力

阅读能力

判断能力

控制能力

第一章 关于运动：身体如何成为大脑的老师　7

运动是学习以下能力和品质的基础。《运动塑造孩子的大脑》这本书解释了丰富多彩的"从运动到学习"是如何发生的。

- 学会信任
- 书写
- 责任感
- 专注力
- 适应能力
- 力量
- 勇气
- 创造力
- 个性形成
- 科学探索
- 同理心

第二章

# 被困住的孩子

由于大自然的设计，孩子是天生的运动家，这体现在儿童早期发育的各个方面。这也解释了他们的动作和笑声为什么来得如此自然。我们会在本书剩下的部分去了解这些动作和笑声。但在此之前，让我们来看看这些大自然的设计是如何贯穿在当今孩子们的生活方式中的。

## 幼儿和"箱子"

首先，让我们来看看这些现代产品，不管是有意还是过失，都牵制或束缚了孩子们的活动：

- 安全座椅
- 推车
- 前置背带
- 背篓
- 婴儿裹巾
- 婴儿床
- 摇篮
- 婴儿抱带
- 便携式婴儿座椅
- 婴儿摇椅
- 高脚餐椅
- 婴儿秋千
- 游戏围栏
- 游戏台
- 学蹦带
- 学步车

## 第二章 被困住的孩子

如果一个家庭拥有这些产品中的两三样以上，或者儿童的常规看护依赖于这类设备，那么这个被全家人视为掌上明珠的孩子在醒着的时间里只能被困在一个空间里，不能自主移动，一圈塑料墙和小心铺设的垫子阻隔了他对充满生机的生活的接触。

这里并不是说所有的婴儿设备都应该被取消。恰恰相反，汽车安全座椅、推车、婴儿床、游戏围栏，以及类似这些能够在诸如移动的汽车里、拥挤的商场里、黑暗的房间里等危险的或缺乏可控的环境中保证儿童安全的设备，都是应该保留的。

但是经常发生的情况是，看护人在家里或其他安全可控的环境中对孩子都加以控制。在这些环境中，儿童本应该被赋予移动的权利和空间。对于孩子来说，地板是最早的、最适合的游戏场所，是一个可以用来学习的实验室，直到孩子长大一点儿也同样适用。

尽管他们不能独立地四处活动，但是即便是婴儿也需要知道地板有不同的尺寸、形状和纹理。在地板上的玩耍时光带给了孩子们不同的体验，并帮助他们融入这个世界。所以，整理出空间，移除尖锐物和易碎物，以保证安全，然后铺上一个地毯，让宝宝自由地去探索。

接着，某一天，出人意料地，宝宝找到了如何让自己从一处到另一处的方法。最终，他学会了独立移动。但是与此同时，便携式游戏围栏出现了。伴随游戏围栏的出现还有一系列限制措施，以确保儿童安全并使他们常处于静止状态。让我们来看看当下的"箱子"趋势：

> 汽车安全座椅、推车、婴儿床、游戏围栏，以及类似这些能够在危险的或缺乏可控的环境中保证儿童安全的设备，都是应该保留的。但是经常发生的情况是，看护人在家里或其他安全可控的环境中对孩子都加以控制。在这些环境中，儿童本应该被赋予移动的权利和空间。

- 相比以前，许多幼儿的大部分时间都是在室内度过的；
- 现代的游戏场所通常具有高安全性、低挑战性；
- 电子显示屏能够引起孩子的兴趣，但这种影响是平面的、非触觉的；
- 当下的高科技玩具、游戏和游乐设施虽然会给人带来很大的乐趣，但如果这些产品没有提供足够的空间让孩子自己去探索，它们将会强化儿童对于及时行乐的渴求，形成在其他追求上希望立即见效的错误期待（包括在学习方面）；

- 孩子们通常是由家长开车接送或者陪同到某个地方，而不是步行或者自己和小伙伴骑单车到达；
- 满满当当的课程内容让孩子们学习了知识，但自由活动让孩子们获得自我导向的探索机会；
- 学术训练过多地强调准备和标准，从而使早期学习经验变得狭窄；
- 学校纷纷缩短或者直接跳过课间休息时间，让孩子们做更多的课堂作业和测验。

正如那些意图保证儿童安全的产品那样，这些"箱子"趋势破坏、阻隔或者限制了儿童追随自然秉性和兴趣的能力。举一个简单的例子，一个坐在推车里的孩子也许会被他看到的许多事物所吸引，但由于他被推着前行，面对眼见的这些美好事物，除了看，他没有能力做任何事情。好奇是最棒的动机。当一个孩子可以自由地追随他的兴趣时，他不仅是在学习知识，还是在学习如何自信地、自我激励地并充满动力地产生新的想法。

### 儿童是天生的冒险家

在儿童早期发展领域，"风险"这个词往往是指会造成身体伤害的有形的挑战。没有一个监护人会希望看到孩子受到伤害，但避免身体风险在某种意义上也是一种风险。其后果并不总是像擦破膝盖或扭伤踝关节那么明显，但会在孩子成长的道路上产生同等或更大的伤害。

孩子们天生就会去冒险。事实上，孩子的成长与发育依赖于冒险。他们的生活充满着发现和探索，他们会不断地延伸现有的能力以获取新的东西。当他们这么做的时候，有三个基本的价值观将会伴随其一生，并且不断被强化：

> 没有一个监护人愿意看到孩子受伤，但避免身体风险在某种意义上也是一种风险。儿童是天生的冒险家。

1. 首次尝试的勇气；
2. 不断尝试的坚持；
3. 将会让他做出更加明智的选择和进行离目标更近的独立思考以及培养决策的能力。

在很小的时候就植根于脑中的这些价值观，不管是在学习骑自行车还是背诵乘法口诀的过程中，都会影响这个孩子的处事原则和学习方法的运用。这才是我们追寻的"充分准备"。限制并不总是针对身体方面，同样也会以同等的甚至更强大的力量限制着儿童的思维。

因此，当你面临是否要给孩子设限的选择的时候，问问自己，这个限制是必需的吗？这是为了他的安全和健康，还是为了让我放心？这个限制会阻止他做什么、学习什么还是理解什么？这个限制会阻止他尝试什么或者战胜什么？

因为在生活中，经历是所有学习的基础。

未曾经历是所有恐惧的来源。

而恐惧，是最大的限制。

## 章节总结

- **儿童需要被赋予运动的权利和足够的空间**。尽管某些时候需要用到安全座椅、婴儿床、推车及其他"箱子"以确保儿童安全，但它们仍然会限制儿童的活动。应尽可能给孩子最大化的活动自由。
- **儿童是天生的冒险家**。他们需要不断去挑战，以获得学习的勇气、坚持和独立决策的能力。当你面临是否要给孩子设限的选择的时候，问问自己，这个限制是必需的吗？这是为了他的安全和健康着想吗？这个限制会阻止他学习、尝试或者战胜什么？

# 第三章

## 运动如何开启大脑的学习

解放身体，让身体动起来，从而开启大脑的学习。我们将会讨论这个过程是如何实现的。但首先，让我们先了解一些关于大脑的基础知识吧。因为随着大脑的运动，学习也就开始了。

神经科学是一个令人着迷的、复杂的学科，而且这个领域的专家让我们看到还有很多要学习的地方。尽管如此，我们还是来回顾一些与儿童成长和学习相关的基础知识。

### 关于大脑的基础知识

大脑的不同控制中心负责不同的重要功能。在生命的初期，这些控制中心和谐一致地工作，形成我们的思想和感受，指挥我们进行运动和表达。笼统地说，大脑的发育是自下而上的，所以让我们从底部开始回顾。

## 脑干：生存

脑干不断提醒我们有关生存的事项，掌管着诸如呼吸、心跳、消化等。在绝大多数的时候，它的工作并不需要意识的参与。只有当大脑觉察到了危险或压力，不管是真实的还是臆想的，它都会将能量输送至脑干，以便立即采取行动。这是一个当我们觉察到不妥的时候的瞬间反应，比如说，听到一个奇怪的声音或发生一件突如其来的事件，当这一时刻来临时，大脑的下半部分就会接管，在极端情况下，会关闭掉大脑的其他部分直到情况缓解。

这就是为什么当一个孩子处于烦躁或混乱的状态时，几乎无法跟她讲道理的原因之一。了解这一点可能对改善情况没有什么帮助，但可以让大人们了解产生这种情况的真实原因（你也会在这一过程中保持镇静）。

## 感官：知觉

感官负责收集大脑所需要的信息，以便人们了解及掌控这个赖以生存的世界。事实上，感知觉对我们的日常生活如此重要，大脑的所有部分和部分神经系统都参与了处理信息的过程。

在童年早期，大脑是如此地渴望信息，你会发现儿童的感官一刻不停地工作着，每天如此——尤其当某些事件鼓励孩子运动时。

所以对于我们来说，即使感知觉信息处理过程不驻留在大脑中的任何一个地方，我们仍然将感官视为大脑结构的一部分，将它放在大脑基础知识的图表中。我们将在第六章具体讨论这个内容。

## 小脑：运动

小脑是绝大多数身体运动和肌肉控制的命令中枢，同时，也辅助一些认知功能的实现。我们把小脑视为大脑的一部分，它让我们学习移动每一块肌肉，并记录下这些信息——肌肉记忆——以便在未来使用。

> 重复能够帮助大脑学习控制肌肉，实现自动化，"自动化"也是儿童早期发展最重要的事，处于优先级。

这些发生在小脑部位的学习正是孩子们喜欢一遍又一遍地重复做着同一个游戏的原因之一。重复可以帮助大脑学习自动控制肌肉运动，这正是大脑在生命早期最优先发展的领域之一。

### 边缘系统：感觉

边缘系统管理我们的感情生活。它储存了关于情绪的记忆，建立我们对所经历的事件的印象，影响着我们每天做出的反应。换句话说，边缘系统决定了行为。

儿童大脑的这一区域是不成熟的，所以他们的情绪反应往往是非黑即白。这就是为什么水煮西兰花可以让孩子尖叫着跑出房间，或者孩子如此喜欢一件玩具以致毫不松手！情绪记忆对儿童和成人来说，都是强大的东西。

### 大脑皮层：思考

大脑皮层是整个大脑最复杂的部分。它掌控着我们认为是更高层次的人类思想。其中包括：

- 想象与创造——产生新想法的能力；
- 规划和预测——预见不同的选择所产生的后果的能力，比如灯变绿前控制步伐，或是将蓝色和黄色颜料混合在一起；
- 符号的意会——理解和运用符号的能力，比如将字母和数字用于正式的学习活动（如阅读、写作、做数学题和进行科学试验）中。

## 儿童的学习路径：从有形到无形，从具体到抽象。（苹果代表 A）

很多时候，我们现代的早期教育理念被削减到最后一点：学习字母和数字。但是，大脑关注的是孩子的全面发展，而不只是未来的课堂学习。儿童早期的学习是接触与收集有形的、物理的、真实的生活的过程，这一过程应在其他方面的学习之前。原因很简单，所有的学习，在任何年龄，都是以已获得的知识为基础——从已知到未知。大脑的设计就是如此。

以"A 代表苹果"为例，这是为教会儿童认识字母 A 所使用的速记物品——苹果（Apple）。但实际上，这是不正确的。你看，对孩子来说，这一命题是反向的且毫无意义的。它是从未知而不是从已知开始的。

对于孩子来说，"苹果代表 A"才是

第三章 运动如何开启大脑的学习

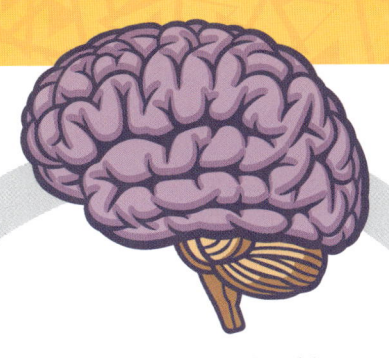

## 大脑基础结构

**大脑皮层**
正式学习
抽象思维
符号理解
逻辑思考

**边缘系统**
情绪体验
理解并翻译情绪信息（包括身体语言）

**小脑**
肌肉控制
肌肉记忆
运动技术
基础的运动方式

**感官**
视觉
听觉
嗅觉
味觉
触觉
平衡感（前庭系统）
直觉（本体感觉）

**脑干**
生存
呼吸、消化、血压
原始反射

有意义的。他从已知（苹果）开始，将它关联到未知（A）。从有形到无形，从具体到抽象，儿童就是这样学习的。

当然，只有在孩子对苹果有体验的前提下，"苹果代表A"才有意义。这里的体验，是指个体对真实苹果的感官体验——看到它的形状，闻到它的味道，握着它的感觉，品尝它的滋味，听见它被咀嚼的声音，在盘里滚动它，享用用它们制成的苹果酱、苹果汁、苹果派等。

带着多重感官体验的经历将信息深深地植入脑海中。此外，它们还带来了能够形成观念和判断的情感。判断带来了重要的问题："我喜欢苹果吗？"无论答案是肯定的还是否定的，具体经验和主观判断的组合创造了儿童对于苹果的自我认识。一旦体验了某个具体事物，孩子们就能将它迁移到某项相关但未知的观念上，比如字母A。

## 充电游戏

### 苹果听起来像什么

**游戏目的：**

帮助儿童增加感官体验、感官挑战以及学习兴趣，鼓励他们用更多不同的方式来探索世界。例如，当孩子们在研究苹果时，第一个参与的感觉很可能是视觉，然后是触觉、嗅觉，最后是味觉。然而听觉呢？苹果听起来像什么？

**游戏方法：**

对于任何引起孩子兴趣的物品，想想通常被遗忘的感觉有哪些？然后鼓励孩子运用这些不容易被刺激的感觉来探索这件物品。

例如："当你咬苹果时发出了什么样的声音？'咔'。除了'咔'之外呢？当你在盘子里滚动它时会发出什么声音？你能尝试模仿发出这种声音吗？"尽可能地训练听觉器官，并在这种自由的感官训练中引入新的语言和创意。

请注意要为想象留出空间。如果苹果会说话，那就这样做，让苹果们来聊天！

接下来，让我们更进一步来了解获取知识、形成观点和发展思维的机制。

## 给大脑布线

据估计，我们的大脑中有将近 2000 亿个神经元（神经细胞）。它们之中只有小部分是与生俱来的。这些"出厂设置"功能包括呼吸、血压、反射、消化等。余下的大部分神经细胞连接都是后天搭建的。实际上，专家们认为，大脑中约 90% 的神经细胞连接在我们 5 岁前已经就位。换句话说，一个儿童学前的时光是发育关键的、伴随一生的神经能力的重要时期。

## 关于神经元的知识

通过对人类思维和记忆的持续研究，人们对关于大脑如何储存信息的已经达成了一项共识。大致来说，研究人员相信神经元中存放了具体的碎片化的信息——部分来自基因，部分来自后天的经历或环境影响——这些包含信息的神经元相互连接就形成了思维或记忆。这意味着神经元具备两项基本功能：储存信息和传递信息。如果将这个神经网络绘制出来就是一个复杂的相互作用的谜团，里面的碎片信息寻找着同伴，形成它们自己对于事物的观点。

为了建造这个谜团，神经元需要相互交流。神经细胞并不是直接进行接

## 神经系统的发展

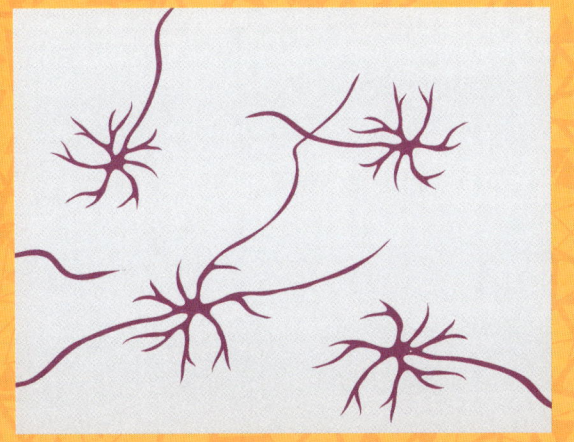

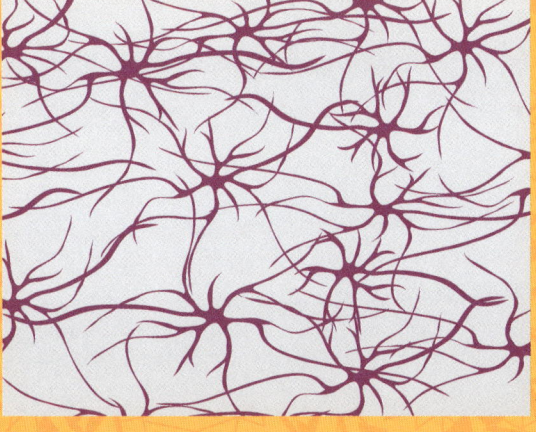

**出生时的大脑**　　　　　　　　　**3 岁时的大脑**

触，而是发射电脉冲通过突触间隙（神经元之间的空间）进行信息的传递。这使得神经元同一时间可以向其他许多同伴传递信息。

把它想象成在 Facebook 上发布信息，你发布了某个消息（我喜欢苹果），在第一时间你所有的朋友都能看到。当有回应时，所有人都能知道其他人说了什么。信息就是这样迅速、有效地传递开来。这个过程不仅仅是一项信息的交换，它同时形成了判断（我也喜欢苹果）、观点（我更喜欢绿色的苹果）、行动（让我们去摘苹果吧）和反应（这样我就可以做苹果派了）。

神经元交流以光速遍及全脑。一丁点儿的信息可以在一秒钟之内流经数以万计甚至是百万计的神经细胞。在传递的过程中，每一个神经细胞都会影响大脑对这个信息的理解、判断和记忆。这就是为什么两个人经历了完全相同的事情，却可以带着完全不同的理解和记忆各自走开。简而言之，神经元传导信息的过程，解释了复杂的、动态的，有时迷人、有时扰人的人类个体差异。

> 大脑中约 90% 的神经细胞连接在我们 5 岁前已经就位。一个儿童学前的时光是发育关键的、伴随一生的神经能力的重要时期。

### 髓鞘化

尽管神经冲动以光速在传导，人类大脑还会要求更快的传输以实现成熟的思考、推理和创造。因此在生命的早期，神经系统中会有一个叫髓鞘化的发育过程。

每一个大脑细胞都由神经元和传输组织构成。树突负责接收信息，而轴突负责将信息传导出去。髓鞘化与轴突相关。髓鞘是一种脂肪物质，其作用是保护轴突，以免受到来自脑中其他神经活动的干扰和破坏。

更重要的是，髓鞘化既能提升传导速度，又能将经验固化成为永久的意识或者潜意识的记忆。简而言之，髓鞘化使得大脑运转变得更快且更加稳定。

髓鞘化过程在人出生时即开始，并持续多年。但最初的五年——尤其是最早的三年——是最为重要的。大脑记录下每一个经验，与之相关的多重输入——身体的、感官的、情绪的——都会引发髓鞘化过程。经历越多，所生

## 神经元

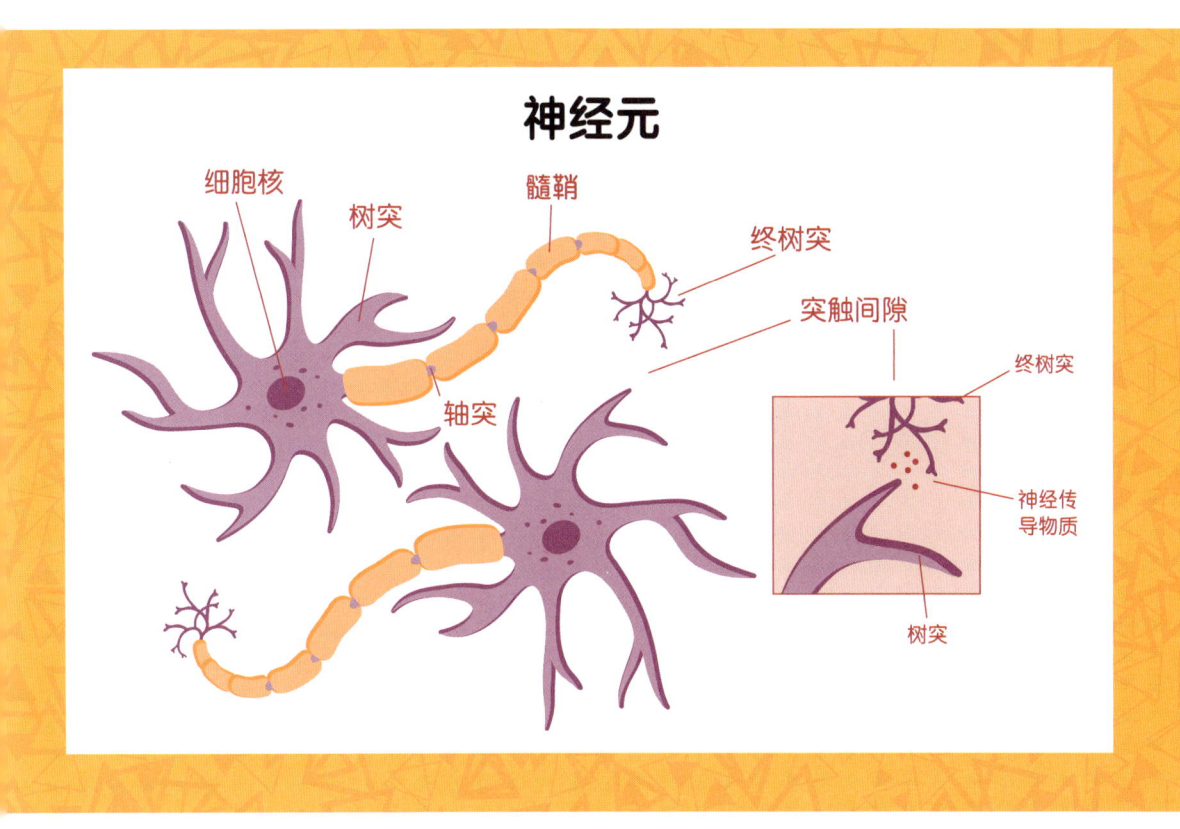

成的髓鞘就越多。如果某个事件被不断经历，还会生成更多的髓鞘。

从某种程度上讲，这解释了早期试错过程的必要。想想看，当一个婴儿开始学习如何让自己站起来时，她尝试了很多次，也跌坐了很多次。一次又一次，当她努力让自己站起来时，她的大脑正在记录下每一个动作和每一个感觉。只有当她的肌肉有了足够的力量，并且大脑有了足够的经验之后，她才能实现目标。

### 运动是儿童早期发展的前沿领域

第一章中我们已经提到了自动化运动。由于它是个渐进的过程，所以人们几乎忽视了它的存在。

### 什么是自动化？

因为自动化太重要了，所以我们反复提到。自动化是指某项功能不再需要意识的参与就能自动实现。这是因为人类大脑不能同时进行一项以上的思维任务，但它能将一项思维活动优先置于其他一项或多项自动化任务之上。

一个典型的例子就是写字。当孩子们开始学习写字时，他们并不在乎写了什么，而是关注怎样写。如果你想知道那是什么样的感觉，试着用你不常用的那只手写自己的名字，会有种笨拙且奇怪的感觉。你可能会发现自己弄反了笔画或者不得不停下来思考下一笔该怎么写（即使是书写自己的名字也会如此）。你的大脑在运动（手的运动）和认知过程（你想写什么）之间权衡。在这个例子中，运动赢得了大脑的优先权。简而言之，当大脑面临不得不选择的局面的时候，它总是自下而上排序的。

> 运动是儿童早期发展的前沿领域。自动化——不需要意识参与的运动——提高了大脑的效率，为更复杂的思考、推理、想象、发明，是的，还有学习拼写自己的名字，释放了更多的能量和空间。

这就是为什么我们说运动是儿童早期发展的前沿领域。自动化——不需要意识参与的运动——提高了大脑的效率，为更复杂的思考、推理、想象、发明，是的，还有学习拼写自己的名字，释放了更多的能量和空间。

### 注意力的分割 VS 注意力的切换

现在，你也许在想："我是一个很棒的多面手。我能够一边讲电话一边写电子邮件，两个思维任务呢。"但事实上，你并不是同时在做这两件事。尽管你觉得它们是同时进行的，但事实上你只是在这两者间快速地来回切换注意力。

快速切换的注意力是从多年的数十万次的经验中发展而来的。儿童当然缺乏那样的经验，但更重要的是，儿童的记忆是不成熟的短时记忆。这就是为什么在各种任务之间切换注意力对他们来说很困难。

举个例子，一个孩子在学习如何将牛奶倒进杯子里。如果不被打扰，她会做得很好。但一旦用一个问题打断她，会出现以下三种情况之一：

她会停下手里的动作，然后回答你的问题。

她会继续手里的动作，而不理会你的问题。

抹布在哪？

那么发展自动化的钥匙在哪儿呢？

再来一次，爸爸！再来一次！

重复使得身体和大脑相连。它创造了肌肉记忆和自动化的运动。但重复并不意味着要训练。事实恰恰相反。

当一个孩子一遍又一遍地进行某件事时，这意味着她的大脑正在记忆这项活动步骤（髓鞘化也正在发生）。她的大脑产生了积极的情绪（有趣的感觉）作为回报，使她愿意继续。当大脑获得了足够的信息，她也得到了满足，她会继而去做别的事情。

要想促进这个过程，你能做的最好的事情就是与她的大脑合作。让自然冲动引导她重复、再重复！

## 吉尔笔记

### 成长中的记忆力：记不住

一天，我两岁的孙女凯特琳和我正在计划每月一次的图书馆之行。自她还是个婴儿起，我们就一起去图书馆，去看、去闻，触摸众多的书籍，然后把她想要的书带回家。这种过程对我和她来说永远不会厌倦。

去之前，我对凯特琳说："请穿上你的外套和鞋，并带上你从图书馆借来的书。"

几分钟之后，凯特琳来到门口，穿着一件没有扣好的外套，没有穿鞋，也没有带书。此时我能想到的就是："我太糊涂了，我忘记了她还处于努力学习记忆的阶段。"

### 记忆的机制

记忆是学习的必要组成部分，它不仅仅是保存信息的意思，信息必须被保存，以便需要的时候能提取出来。为此，大脑需要创建自己的信息分类系统。

对于一个幼童来说，这是一项艰巨的任务。在最初几年，大脑一直在编排和重新编排信息。因为所有的脑神经细胞都在储存信息——此时还没有记忆中枢——信息存储的位置和方式丰富了对事物的记忆和理解。换句话说，人类大脑是在语境中记住信息的。小朋友暂时还没有积累起足够的语境。

这个系统如此复杂，科学研究中有许多关于储存和提取记忆的不同理论。在这里，我们将讨论记忆的三种基本类型。

### 三种类型的记忆

**短时记忆**

凯特琳不能遵循三个简单指令的原因是她幼小的大脑尚不能掌握如何使用短时记忆的技巧。这一点，连同她仅有两岁且容易分心的事实，使得她看起来像是缺乏注意力。但事实上，幼儿拥有与我们成年人一样大的短时记忆容量，他们只是不会很好地使用罢了。

第三章 运动如何开启大脑的学习

短时记忆是大脑快速运转的部分原因。通过用暂时的方式管理即时信息，大脑能够对当前的情况做出及时有效的反应，毕竟将信息分类并安放到长期记忆中需要时间。你会发现下面描述的规则很有用：

### 年龄减 2 规则

学龄前儿童能听取并跟随的指令数量等于他们的年龄减去 2。两岁多的凯特琳大约只能记住一个简单指令——有时甚至还会弄错。到 4 岁时，她也许就能够同时记住两个口头指令（年龄 4−2=2 个指令）；到 5 岁时，三个指令（年龄 5−2=3 个指令），以此类推。

> 学龄前儿童一般能听取并跟随比他们年龄少两个数量的指令。

### 工作记忆

工作记忆是大脑对短时记忆进行暂时加工，同时为其转化为长期记忆搭建桥梁。

### 长期记忆

长期记忆是大脑中具有广泛、完整分类的经验——"已知"的归属。因此，它是加工所有新知识的钥匙。每当遇到新的成员，大脑就会在长期记忆中进行比较、定义，最终将新信息组织并储存起来，以供未来使用。

### 学习模式

当我们关注起一个儿童天生的学习方式或者说是学习模式时，记忆的重要性就凸现出来。这里，有三种主要的学习方式：视觉的、听觉的和动觉的。

### 视觉学习者

视觉学习者通过寻求视觉线索来帮助他们理解任务。例如，如果你对一个视觉学习者说"请把你的书拿来"，她会在你说话的时候就开始巡视房间，以获取视觉信息。看起来她并没有在听，但是她听进去了你所说的全部，并且在运用眼睛帮助她理解这些话语。

坚持要求一个视觉学习者在你讲话时看着你的做法，将会挫伤她。相反，应该允许视觉学习者通过眼睛来帮助理解、记忆以及尝试完成任务。更好的是，向他们提供图画或者身体语言等视觉线索。

### 听觉学习者

听觉学习者通过寻找听觉信息来辅助理解。如果你对一个听觉学习者说"请把你的书拿来"时，很可能她会一直看着你，直到听清楚每一个字后，她才会做出反应。

在对一个听觉学习者说话前，请确保你已经获得她的全部注意力，和她进行眼神交流，让她在你之后重复指令。更多的听觉刺激，例如，有节拍地说唱或者将指令唱出来，将会帮助她理解你所说的话。

### 动觉学习者

一种学校教育的理念认为，所有的儿童开始都是动觉学习者，其定义就是通过做来学。动觉学习者通常看起来很浮躁。当你对一个动觉学习者说"请把你的书拿来"时，恐怕还没等你说完，她就已经跑开了。

要想帮助一个动觉学习者听、理解和记忆，要确保获得她的注意，进行眼神交流，运用身体语言，并提供积极的身体线索，如抓住她的手臂或者拍她的肩膀，让她重复你的指令，这样可以让这个过程增加互动感。

> 请注意：不管孩子与生俱来的学习模式是什么，尽量不要啰嗦。那样只会叫她第一次就不集中注意力听你的话！这并不是你所期望她能记住的事情吧。

## 章节总结

- **大脑有优先项。** 大脑自下而上地发育。在发育早期，生存功能和运动会在情感和认知发展之前被列为优先发育的领域。
- **苹果代表Ａ。** 儿童必须先认识具体事物（苹果），然后才能进行抽象和符号学习（字母和数字）。
- **神经网络是在发育早期形成的。** 运动促进了大脑牵线搭桥的过程。
- **孩子们正在大脑中布线。** 髓鞘化的过程会持续很多年，但在生命的最初两年最为密集。髓鞘化加速了大脑将经历加工并固化为永久记忆的过程。
- **大脑同一时间只能进行一项意识任务。** 在发育早期，实现运动自动化非常必要，因为这样才能让大脑继续去发展高级思维和推理能力。自动化唯有通过大量不同的身体经验和重复的肌肉运动才能实现。
- **经验发展出记忆。** 幼儿需要语境来正确地储存和提取记忆。语境是来自身体的、有形的经验。
- **幼儿的记忆技巧是有限的。** 总的来说，学龄前儿童能记住比年龄少两个数量的指令就很不错了。
- **儿童拥有不同的学习方式。** 有三种主要的学习方式：视觉的、听觉的和动觉的。

# 第二部分

# 运动中的儿童

## 第四章

# 运动的宝贝如何成长

很难想象,当婴儿出生时,他们并不完全了解自己有一个身体。这方面的知识被称为身体意识,它是一种对完整自我的与生俱来的感觉,它会随着身体和大脑通过日常生活经验相互认识而逐渐出现。

这个简单易懂的原因是非常重要的,那就是你无法控制那些你拥有但你自己不知道的东西。身体意识是肌肉控制的先导。

### 雪花效应(儿童的发展特点)

儿童对于身体的意识和控制力的发展,类似雪花从中心向四周生成那样,是从上至下、从里到外逐渐发展的。大自然设计的这种顺序,确保了大肌群先发育,以便为较小肌群从事更加精细的动作提供支持并起到传输作用。

在生命最初的几个月,身体和大脑相互进行自我介绍。首先,当婴儿有自主抬头的意愿时,他们就掌握了对脑袋和颈部肌肉的控制。接下来,当他们能够用手指抓取、拿捏的时候,他们开始发展从肩膀到手臂的掌控力。请注意,早期手部的很多运动实际是原始反射行为,并非故意的精细控制。我们将在第五章讨论关于反射的更多细节。

接下来,躯干上半部分进入发育关键期。在此期间,它会发展出能够保持身体直立的必要力量与控制力。接下来,控制力会遍及躯干下半部分、腿部大肌群、双脚，逐步实现爬行、坐立、站立、行走等功能。

坦白来讲，身体意识并不是一个简单的开关装置，它是一个持续发展的过程，在生命的最初几年，在大脑和身体各部分之间建立起完整的、可靠的联系。

## 独立运动的演变

通向独立运动的每一步都是在前一步的基础上实现的。当儿童的身体和大脑准备好的时候，这一切就会自然而然地发生。

儿童的发育有着非常精细的安排和时间表，这是自然规律。第 30～31 页的图表向你展示了从出生前到实现全身协同合作的运动的演化过程。

但请注意，这个图表只是一个指引，而非一项任务。每个儿童的发育都是独特的。没有任何一个图表——包括这个——能够准确地告诉你什么值得期待或者在什么时候期待。因为儿童的大脑是满足他个性化需求的智能管家，它管理着孩子的发育，制定了自己的发育顺序。如果孩子跳过了其中的某一步，或者沿着一个和图表不一样的顺序发展，没必要担心。只要他一直在进步，并按照他自己的时间和方式在逐步达成，那他就是在实现他的身体和大脑为他设计的方案。

### 雪花效应

孩子们通过自上而下、从里到外地学习，了解他们的身体。

## 独立运动的演变：这是指引，而非任务

- 产前原始反射：不自主运动
- 出生时的原始反射 
- 头部控制：第一次尝试 
- 抚触唤醒感官 
- 认识手和脚 

**关于爬行**

爬行对儿童的成长有巨大的好处。双手双脚交错行动，不仅开发了身体协调能力，还加速了左右脑关键连接的生长。

一些孩子跳过了爬行阶段，直接进入学步阶段。如果这种情况发生了，请用一些玩具小车类的滑行玩具来鼓励孩子进行爬行。

- 对捏
- 学会爬行 
- 学会拍手 
- 抓放自如 
- 自主坐直 
- 定位小空间 
- 扶着可以站立 
- 远足 
- 单脚平衡站立 
- 习惯左手还是右手的早期信号 
- 短暂意识 
- 自我支配技能出现 
- 单腿跳 
- 反向攀爬：运用反手、反腿 
- 飞驰 
- 人体中央轴发展 
- 支配性手脚发展

第四章　运动的宝贝如何成长　31

臀部技巧：
尝试翻身

感官探索：特别
是嘴部

用腹部翻转

抬起上半身

姿势反射
开始出现

对面部表情
感兴趣

摇摆身体

四肢支撑

匍匐爬行

用嘴咬东西

抓握

边走边玩

借着辅助蹲
下，起来

独立站立

爬上爬下

眼手协调：
自己进食

蹒跚学步

双腿向上跳

上肢力量发展

用双腿跳

蹲下，起来，
不需要辅助

奔跑

跨越式站

交叉动作

跨越式跑

单脚跳

自动化协调运动

### 塑造一个爱运动的孩子

正如你所看到的，孩子的发育早期被快速增长的身体技能所填充。这是一个自我奖励系统，每一项进步都是在前一项的基础上获得的，并启动了后续更多进步的空间。

家长和老师把这些称为"里程碑"。卫生和健康领域的专家把这个过程称为发展基本运动方式（FMPs）。

## 基本运动方式（FMPs）

运动是一个三维的、动态的谜团，是孩子们一直想要弄清楚的东西。为了帮助我们理解其中的复杂内容，专家们把人类的运动进行了理论的分解——根据人们身体运动的不同方式——分解为三种基本运动方式，包括：

- **位移**：将身体从一处移动到另一处的能力。
- **稳定**：静止或移动时保持平衡的能力。
- **操作**：使用身体的部分部位或者工具对其他物体产生影响的能力。

所有的全身运动都是由这三种方式组合而来，这些组合——不管是简单的还是复杂的——最终会导向一系列协调一致的、熟练的和稳定的身体技能。

然而，到目前为止我们还没有看到使得这一切成为可能的潜在且复杂的综合体——"发展引擎"。

为此，我们需要用另外一种全新的方式看待运动。

## 关于动觉模型

为了了解运动中及学习中的儿童，我们需要对运动本身有更深的认识。让我们从分解运动的基本元素——最原始的组成部分开始。作为准备，我们设计了一个工具来帮助你看清所有这些元素之间的动态关系，我们称之为"动觉模型"。

我们会在接下来的几章中深入探讨细节，在这里仅提供一个模型的图例，让你对这些元素如何走到一起有个初步的印象。

### 动觉模型图

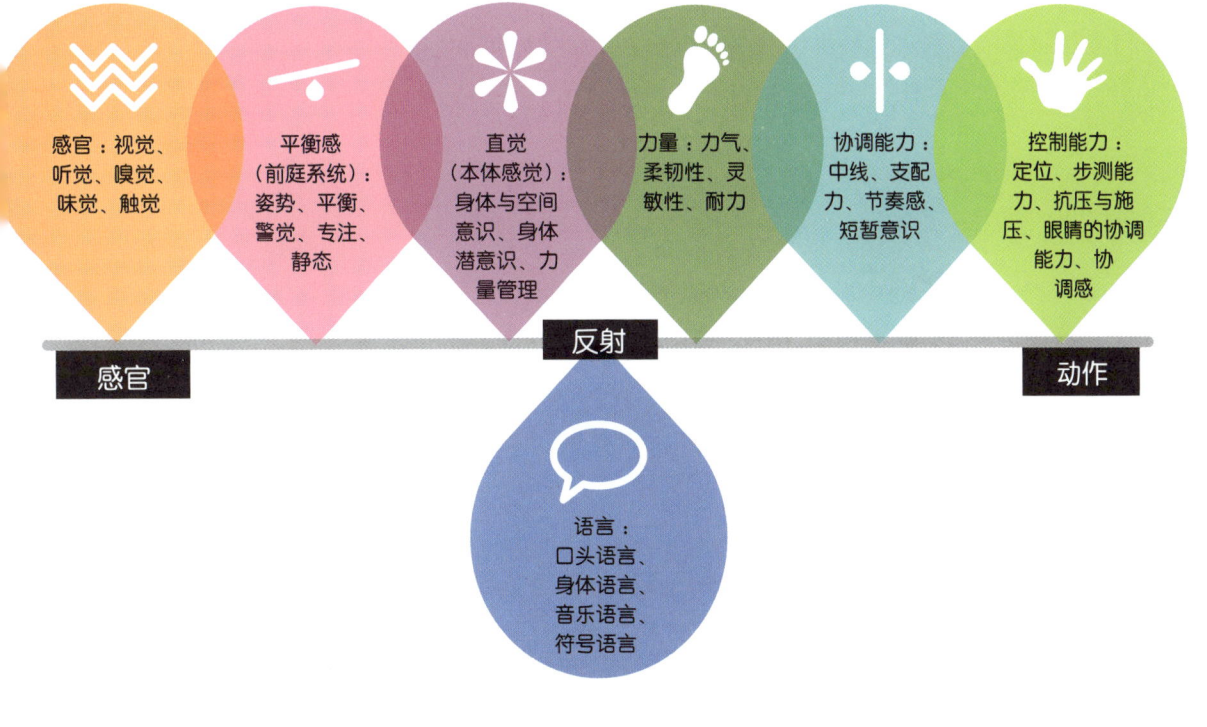

**感官**：视觉、听觉、嗅觉、味觉、触觉

**平衡感（前庭系统）**：姿势、平衡、警觉、专注、静态

**直觉（本体感觉）**：身体与空间意识、身体潜意识、力量管理

**力量**：力气、柔韧性、灵敏性、耐力

**协调能力**：中线、支配力、节奏感、短暂意识

**控制能力**：定位、步测能力、抗压与施压、眼睛的协调能力、协调感

感官 —— 反射 —— 动作

**语言**：口头语言、身体语言、音乐语言、符号语言

> 儿童的早期发育是由同时发生在身体和大脑中数以万计的微小的相互作用和相互依赖的进步组成的。

反射是所有儿童早期运动的基础，是触发关键的发展阶段。由于所有的早期运动都依靠反射，它就像是托起我们所说的六项身体能力的平台。

三项感官工具和三项动力工具组成了六项身体能力。它们在一起成为丰盛的运动食粮，在生命早期为身体和大脑的发育提供能量。

各种形式的语言向大脑提供所需要的刺激，将物理的、具体的经验转化为理念的、抽象的思维，从而丰盈了孩子们对运动的学习动力。换句话说，在一个富有语言刺激的环境中，运动会更有助于儿童的学习。

### 天然的发展引擎

儿童的早期发育是由同时发生在身体和大脑中数以万计的微小的相互作用和相互依赖的进步组成的。但本书的每一章节只能介绍某一项内容，所以当我们接下来探索每一种元素的时候，请记住每一种元素都是在与其他元素共同作用下，来实现自然使命的。

因此，我们将在第五章从运动的起源——反射开始说起。

## 章节总结

- **雪花效应**：儿童对身体的意识和掌控能力是按照从上到下、从里到外的顺序获得的。
- **运动的演变**：运动能力的发展在早期几年是逐步实现的，在已获得能力的基础上发展出下一项，直到实现协调一致的、自动化运动。
- **每个儿童都是独特的**：发育图表只能提供一个泛泛的指引。每个儿童的发育都是独特的，遵循自己大脑的需求。不需要担心他的发育顺序和图表不同，或者跳过了其中的某一步，只要他一直在进步。
- **动觉模型**：在儿童早期运动中，涉及一个复杂的综合体——发展引擎，它包括反射、感官工具和动力工具在内的运动原始组成部分，它们形成了孩子们学习与了解自己和周围世界的基础。

第五章

# 运动的起源：先天反射和后天反射

根据《教育孩子的科学》（*The Science of Parenting*）的作者 Margot Sunderland 的介绍，几千年前，当人类开始从用四肢行走进化到双腿直立行走的时候，身体的基本结构就出现了一系列变化，以适应这种新的直立姿势。特别值得提及的是，人的骨盆变窄以适应这种双足运动。因此，女性生殖系统也发生了相应的变化，那就是产道变窄。相应地，一些大自然的优胜劣汰作用就产生了，孕期缩短使得胎儿变小，因此胎儿出生后就需要更长时间来进行身体和大脑的发育，比地球上其他生物需要的时间都要长。

由于出生时大脑发育尚不完善，造物主需要提供给婴儿在出生前、出生时和出生后的生存方式，这就是反射系统。

反射系统被定义为对刺激的自动化的、非自愿的反应。换言之，它们是自然所赋予我们面对时刻变化着的生活的敲门砖。

婴儿拥有两种反射：先天（原始）反射和后天反射。绝大多数的先天反射都是在子宫内形成的，它们被设计出来，专门引导胎儿顺利通过产道，在出生后的最初几个月健康地存活。后天反射于婴儿出生后不久开始发展，一直伴随到我们能够实现无须意识控制而自动站立的时候，甚至在某些情况下会更久。

### 先天反射

先天反射管理着新生儿生活的许多方面，从产道导向生产，再到吮吸乳房。这些反射为新生儿能够适应从子宫到外界的生活提供帮助，这是暂时的。一旦它们完成了使命，早期运动的自然过程就会将它们解除，使之进入休眠状态。当这一刻到来时，后天反射开始出现，接管生命成长过程中需要经历的更为复杂的运动方式。

### 先天反射的延迟解除

大体上说，先天反射的解除通常会在一定时间内发生，但也会出现个体差异。也就是说，会出现先天反射并没有在一个正常的窗口期内解除的情况。这也许——注意是"也许"——会导致其他领域的发育延迟。

延迟解除可能有多种原因，包括遗传原因、早产等。把它放在当下的设限趋势中（见第二章）来考虑，这些因素会和缺乏运动共同出现，而运动正是大自然解除先天反射的方式。

残留先天反射的影响在不同情况下有很大差异，也很难被确诊。毕竟，在这一因素作用的同时，还有其他数以万计的发育领域的事件在上演。但"延迟"会导致发育"沟壑"的出现，尤其是在身体发育方面，也会出现在认知能力、社交能力和情感发展方面。一项先天反射超过预期驻足的时间越长，这个孩子需要去解除它的影响的时间也就越久。但这并不意味着这个孩子永远也无法弥补他所错失的东西。只是说，此后需要付出更多的时间和精力用于填补这个"沟壑"。

数十种原始反射管理着儿童早期的全部运动。其中影响较大的有：

- 惊吓反射
- 抓握反射
- 觅食反射
- 打挺反射
- 蠕动反射
- 调整或紧张性迷路反射
- 颈肢反射
- 摇摆反射

## 惊吓反射

**它是什么？** 惊吓反射在子宫内形成，激发婴儿出生后的第一次呼吸，并帮助婴儿适应子宫外新的环境。在生命的头几个月，这个反射就像是婴儿的自然报警器。当婴儿受到惊吓，她的身体立刻变得僵直。她的手臂、双腿和手指像鹰爪那样张开，眼睛瞪得大大的。这个反应通常只持续几秒钟，然后婴儿会再次放松下来。

> 惊吓反射在子宫内形成，激发婴儿出生后的第一次呼吸，并帮助婴儿适应子宫外新的环境。

**如何解除？** 为了解除这个反射，婴儿需要一个低压力的环境，如有可能，营造出子宫里的感觉。例如，搂抱或者肌肤抚触，可以让新生儿感受到温暖、舒适和安全，就像是靠在子宫壁上一样。

惊吓反射还与婴儿的前庭系统——她的平衡感有关，非常轻柔、缓慢的摇晃和旋转动作可以促进平衡感这一系统的发育。

**如何发展？** 惊吓反射在3~4个月里会逐渐消失。如果在此过程中遇到了挑战，婴儿的平衡和动力发展可能会受到影响，导致晕车，或者使她未来畏惧尝试更复杂的运动。

### 抓握和觅食反射

**抓握反射**

**它是什么？** 抓握反射负责三项，看起来并不相关，但却是必需的早期运动。首先，它解释了一个婴儿能用不成比例的强大握力来抓住物体。这被认为是一种生存机制。这要追溯到很久以前，当母亲需要穿越崎岖的地形时，婴儿会紧握母亲的头发，这种习惯遗留至今。与此相似，当脚心受到刺激时，脚趾头也会蜷缩起来形成抓握动作。第三，这个反射引发了嘴的吸吮而使哺乳成为可能。如果你仔细观察，你会发现当新生儿的双手轻微地抖动时，她的小嘴也会不自觉地开始吸吮。

**如何解除？** 轻柔地抚摸新生儿的掌心或者脚心，你会发现她的手指或者脚趾会迅速地蜷缩起来。许多大人们在喂食婴儿或者与他们玩耍的时候很自然地拨弄他们的手和脚，这就为解除抓握反射提供了完美的刺激。抓握反射通常会延续 5~6 个月。让婴儿的手脚接触各种材质的东西也是一种很好的刺激。

请注意，有时原始反射解除后会留下一个回声效果。以这个为例，在抓握反射解除后，吸吮手指、玩弄手指（比如击打一个喜欢的毛绒玩具），或者玩弄自己的头发很可能成为一个非常自然的、自我安慰的习惯。

**如何发展？** 抓握反射为婴儿提供了和这个世界最早的触觉互动。通过每天对物品的抚摸、抓握和与之玩耍，婴儿的触觉得到了很好的刺激。当抓握反射开始解除的时候，自发的手部运动，如夹取（用拇指和食指夹住物体的能力）开始出现，从而走向更有意识的操作技能。

抓握反射同时还通过激发吮吸本能，与觅食反射密切配合，保证婴儿获得足够的营养。

第五章　运动的起源：先天反射和后天反射　39

觅食反射

　　觅食反射聚焦于找到食物的来源。轻轻地触碰婴儿的脸颊，你就会发现，这个举动模仿了婴儿触碰乳房的感觉，婴儿会将她的脸朝向刺激的来源。抓握反射和觅食反射都是为了发展嘴周围的肌肉，以便到了6个月左右这两种反射解除时，婴儿能够为有意识地运用这些肌肉完成独立进食的任务做好准备，直到有一天发出声音和语言。

## 打挺反射（足底反射和巴宾斯基反应）

　　**它是什么？** 打挺反射是婴儿通过伸展双脚帮助移动自己的身体从而实现两项重要的生存任务。在出生过程中，她通过这个反射来推动子宫壁以帮助妈妈用力。出生以后，这种同样的本能让婴儿更接近乳房以便被哺乳。

> 打挺反射是婴儿实现独立位移的最初标志（信号）。

　　**如何解除？** 当你竖直举起一个婴儿，让她的双脚放在你的膝盖上，她的双腿会条件反射地使劲乱蹬，以脱离膝盖，这就是打挺反射的一种表现。（父母们会误以为这是站立的早期尝试，但这仅仅是出于恐惧的原始反射。）

　　同样，如果你把一个婴儿放到地板上，然后轻轻地让她的双脚心碰触地板，她也会使劲蹬腿。许多婴儿会将这个动作持续几分钟，并在整个地毯上曲线爬动。同时，你也许还会看到另一种反射——巴宾斯基反应。这种反射是指婴儿的大脚趾翘起，其他四趾呈扇形散开。

　　**如何发展？** 打挺反射是婴儿实现独立位移的最初标志。它锻炼了脚趾、脚掌和腿部肌肉的力量，几个月之后将会被用于爬行。

## 蠕动反射

　　**它是什么？** 在生产过程中，婴儿的背部摩擦子宫和阴道壁，蠕动反射有助于婴儿通过产道。

　　**如何解除？** 蠕动反射对生产过程很关键，但在那之后似乎用处不大。为了看看它是否还存在，从前面抱住婴儿，使得她的肚子贴着你，然后分别轻轻地抚摸她的背部脊椎的两侧，你会感觉到两侧肌肉的收缩。

# 运动塑造孩子的大脑

坚持对婴儿进行抚触，令其温柔地翻身，做伸展运动，结合婴儿自身的晃动本能来解除这项反射，通常在 3～9 个月之间完成。

## 充电游戏

### 滚鸡蛋

**游戏目的：**

一个蠕动的孩子也许需要一些刺激来帮助解除蠕动反射。你可以温柔地对新生儿或婴儿做这个动作。大一些的孩子则可以自己完成滚鸡蛋的动作。出于安全考虑，只在地板上进行——而不是在床上或者其他家具上。

**游戏方法：**

对于婴儿：家长平躺在地板上，让孩子面向家长的胸部位置，趴在上面。家长屈膝。家长抱着婴儿缓慢地向左或向右翻滚数次，然后像摇椅那样前后移动。在进行这个动作时，对婴儿说或者唱《滚鸡蛋之歌》。

**滚鸡蛋之歌**

滚啊，滚啊，滚起来。
唱一首傻傻的歌。
揉啊，揉啊，揉起来。
我们的蛋壳真坚硬。

对于大一些的孩子，你可以向他们展示这个动作，让他们自己做。以向两侧滚动开始，然后再蜷缩起来前后摇动——翻筋斗的准备动作。

**如何发展？** 如果这项反射的解除延迟了，将会增加如厕训练的时间。在大一点的孩子中，这会造成不安，或者让他/她感觉好像裤子里有蚂蚁似的。简单地抚摸后背或者做翻滚游戏对解除这一反射颇为有效。

## 调整或紧张性迷路反射（TLR[①]）

**它是什么？** 由于婴儿在子宫里以球形的姿态蜷缩了好几个月，大自然赋予他/她调整或紧张性迷路反射以伸展身体来适应更加合适的姿势和运动。这项反射在子宫里形成，但在出生时才起作用。

你会发现这项反射表现为两种截然不同的身体形态。一种是熟悉的胎位，另一种完全相反，是背部向后反向弯曲的弓形。

**如何解除？** 这项反射的解除是在头三年，是一个持续的过程。对婴儿来说，不同的抱法可以刺激蜷缩或者反弓运动。例如，将婴儿搂抱在臂弯中，他的身体会很自然地蜷缩起来。另外从他背后给予支持，支撑起他的身体，他会形成反弓动作。同时，给婴儿做按摩也是一个很棒的刺激。

**如何发展？** 这项反射影响着很多方面的发展，包括姿势、平衡能力、肌张力及其他。解除这项反射会促进婴儿从匍匐到直立姿势的流畅过渡。没有完全解除这项反射的儿童也许会在保持平衡方面遇到困难，或者笨拙、肌张力较差，或者缺乏良好的外形，显得懒散。

## 颈肢反射

**它是什么？** 出生时，颈肢反射有助于安置婴儿的身体，以便于她在产道中缩紧双肩，顺利通过。出生后，这项反射帮助婴儿将头转向一侧，以便在俯卧睡时防止呼吸道受阻。

颈肢反射是手臂和头部的反射性联系，使得它们能够作为一个独立的单位自发活动。当婴儿转动头部时，对应方向的那只手臂伸出去，双眼看向那只手，另外一只手则合拢。

---

[①] 注：Aligning or Tonic Labyrinthine Reflex（TLR）。

**如何解除？** 让宝宝平躺，举起她的一只手臂放到一侧，看着她的头跟随着手臂移动，然后对另一只手做同样的动作，接下来，轻轻地让她的左臂接触右脚，并让另外一只手和脚重复刚才的动作，这会在帮助解除颈肢反射的同时，让婴儿对更高级的运动有所感受。

**如何发展？** 尽管颈肢反射在生命的头几个月里十分必要，解除这项反射对提升动力发展同样关键。在5～6个月左右，婴儿也许已经有能力运用四肢的力量立着了。当她实现这一点时，你会发现婴儿开始尝试着要爬行了。这就是摇摆反射出现的时候。这一阶段（通常持续3～6周）解除了颈肢反射，使得手臂可以脱离脑部实现独立运动了。

### 摇摆反射

在婴儿发育的特殊转折阶段，摇摆反射起到了从先天反射通向后天反射的桥梁作用。这种转换实现时，大脑和身体正在学习一整套新的协调动作样式——不再是单纯的手臂和脚部的运动，婴儿也学会了翻身。如果这个关键时期被延迟了，婴儿开始爬行时会比较吃力。

### 姿势反射

坐立、站立、行走、跑动，以及其他所有儿童必须掌握的复杂运动都依赖于一个笔直且稳定的直立姿势。姿势反射主要作用于帮助儿童能够并保持两腿直立。

许多姿势反射从这一时期开始作用。让我们看看其中最重要的几项：

- 竖直反射
  - 头部正位反射
  - 爬行和游泳反射
  - 跌倒反射

> 把大脑想象成为反射控制面板的主导者。大脑根据每个儿童发育的需求，按一定顺序解除先天反射的同时，建立一系列新的反射姿势。

### 竖直反射

竖直反射通过使头部位于颈部和双肩的中线位置来帮助婴儿实现并保持竖直的姿势。它大约在婴儿出生后 3 ~ 10 周内出现,然后开始作用于发展全身肌张力。这是从匍匐走向直立的关键桥梁,但它并不是独立起作用的。

## 头部正位反射

在出生后的几周内,当婴儿俯卧或者被抱时,他们能够稍微抬起头,这就是头部正位反射最初的信号,会在 5 ~ 6 个月龄时完全实现。这时,婴儿在仰卧时可以朝向胸的方向抬起头,这是一个常被忽略的重要转折点,这是大自然发出的训练独坐的信号。

跟儿童发育的其他方面一样,从匍匐到直立是一个多步骤的过程,需要大脑和身体各个部分的参与。在训练独坐这件事上,关键在于对头部强有力的有意识的控制。当大自然启动了头部正位反射,不管婴儿是在运动还是静止的状态,颈部、肩部、后背及躯干的肌肉都会被唤起以尝试托起并保持头部的竖直。你瞧,头部是婴儿娇小身体的最重要的部分。如果缺

乏对头部的控制，不管他是在尝试爬行、独坐、站立还是走路，婴儿很容易栽跟头。

同时，摇摆反射正在促进颈肢反射的解除，以使婴儿能够双腿站立，头和手能够单独运动。但是在这一时期，头部正位反射还依旧活跃，从而使爬行成为可能。这些反射链条确保一旦婴儿开始运动，他就获得了一个很好的平衡训练的机会，当然，当他昂起头，就能看见自己前进的方向了。

### 爬行和游泳反射

就像是爬行前的一次带妆彩排，这项反射唤起了无意识的反手反脚运动。通常在 4 ~ 6 个月龄的时候，你会发现当你抬起宝宝的一只手臂，她另一侧腿的膝盖就会弯曲。当这一刻出现时，注意了，这就是要爬的时候了。也是在这个时期，另外一个重要里程碑就要出现：婴儿具有了独坐的能力。

### 跌倒反射

婴儿在让自己保持竖直的过程中会有无数次的跌倒。当一个婴儿开始爬行以及独坐的时候，跌倒反射的出现可以保护他的身体（尤其是头部）。例如，当学习坐直的时候，他把两腿分得很开，这有助于他保持直立，但他的平衡能力尚未发育完善，因此他很容易倾斜。这时，他的双臂条件反射地张开，就像降落伞那样来缓冲跌倒时的冲击力。

### 关于端坐 / 坐直

宝宝能够独立端坐，这需要她身体及前庭系统发育成熟。常见的是，家长或者看护者用其他物品辅助宝宝或者在其周边塞满软枕头，以为是在帮助宝宝实现这一进程。但事实是，这样做是不必要的，甚至会干扰这一进程。跌倒反射需要履行它的职责，使宝宝具备自我保护的能力，而不需要其他辅助。

第五章　运动的起源：先天反射和后天反射

## 吉尔笔记

### 请不要扶助

我们总是希望把宝宝照顾到最好。我们会竭尽所能来帮助宝宝快乐健康地成长。但如果我们做了所有能做的，也许会妨碍他们做他们能做的事情。

一个常见的例子就是在婴儿准备好独坐之前用其他物品支撑他坐起来。这个样子也许很好很可爱，但当他在软枕或其他物品的辅助下坐起来的时候，他根本不需要再做什么来使自己掌握独坐的能力。如果这一情况出现得足够多，将会切实地干扰他自然发育的过程，或者在这里留下一个"沟壑"。

那么在首次实现独坐时需要些什么呢？

- **力量**：核心肌肉力量为身体其他部分提供了一个稳定的基础。同时，身体上半身的力量被用来保持头部位于双肩正中间。
- **先天反射解除的同时姿势反射出现了**：伴随着婴儿学习让自己用四肢着地的方式立起来并且实现翻身和独坐的时候，大脑在消除先天反射的同时正有顺序地引入姿势反射来鼓励身体采用新的方式运动。

- **平衡**：用物品来做支撑，平衡坐立与保持直立的能力，但如果婴儿要自己实现这一切，他必须学会找到自己的平衡感。

　　在地板上躺着或趴着的时间很多的孩子，当反射准备好的时候，很自然地发展出爬行和独坐所需要的力量和平衡感。而没有获得足够多的"地板时间"的孩子，也许会难以掌握其中的一项或者几项必备技能。

　　更重要的是，当一个孩子没有运动和探索的自由时，他的感官没有参与其中。这造成了所谓的"懒惰的大脑"。也就是说，当世界向你走来的时候，你自己缺乏独立探索和发现的动机。动机这个词起源于拉丁语，意思是去运动。当孩子运动时，大脑被刺激，激发起好奇心，这反过来又刺激了更多的运动，形成了良性循环。

　　因此，如果你想要带动一个孩子，请记住要引导他，通过给予他需要的时间和空间，来实现他完全自主的学习。

## 章节总结

- **运动的敲门砖**：在宝宝出生前，反射就唤起了最初的运动，并在出生后的最初几年，推动了有控制的、有意识的运动能力的发展。
- **大自然的运动控制平台**：大脑运用反射来促进微小的进步，以实现达到重要的里程碑。
- **反射的个体差异**：每个孩子的反射时间表都取决于她大脑的独特需求。
- **刺激反射**：一个孩子每天的日常生活，包括吃饭、睡觉和玩耍，通常是解除先天反射并激发出姿势反射所必需的。

# 第六章

## 学习的起源：感官

感觉器官是过滤器，依靠它们，我们将周围的世界内在化并开始认识我们的身体。与我们在学校学到的东西不同，事实上，它有七种感觉，包括我们熟悉的视觉、听觉、嗅觉、味觉和触觉，以及另外两种：我们对平衡的内在感觉（被称为前庭系统）和直觉（我们对空间方位和运动的感觉，学术上称为本体感觉）。我们把这些统称为感官工具。原因如下：

### 学习的起源

简单地说，这些感觉只是学习的最初阶段。它们传输给大脑那些了解这个世界所需要的原始信息。

身体经验（运动）刺激了这些感觉器官，它们收集信息并传送至大脑进行分析、翻译、反应，以及作为记忆被存储下来。感觉器官就像侦察员。它们把外界的信息带给大脑以便它决定下一步的指示。它们就像是让运动—学习这一循环延续不断的动力。

举个例子，一个婴儿几周来总是盯着一个闪光的物体看，然后有一天

伸出手去触摸这个物品。听起来这很简单，但这是一个信号，意味着他的大脑决定要获得更多的信息，因此向手发出信号（触觉器官）去抓取这个物品。

如此这般，在学习过程中，运动和感觉器官之间有一个特殊的互动关系：

1. **感觉器官刺激了运动**。我们都知道当一个儿童想要一件东西时，他总会千方百计地去取得。感觉器官启动了这个程序，通过运动来完成它。这个婴儿首先看见闪光的物品，然后伸手去拿。（你在购物时做的也是同样的事情）
2. **运动反作用于感觉器官**。当婴儿抬起手臂，感官引发的运动带来了更多的感官刺激。然后他被所见的景象吸引，凭借直觉，伸手靠近这个闪光体，如此一来，他就能够用手指触碰到这个物体了。

这个婴儿不仅学到了关于这个闪光体的知识，他的感觉器官也变得更加敏锐。他的大脑记录下能够帮助他最终实现有意识运动的最初的重要线索。一旦他发现自己能够做这件事，那么，他就会想，除此之外他还能做什么？

这就是经验——通过实践来学习的本质。而经验来源于感觉器官。

> 在宝宝的学习进程中运动与感官发展有着互利互惠的依存关系，那就是：感官发展因运动而驱动，又能反过来刺激运动发展。

### 感官学习的四个步骤

随着感觉器官的发育，一个儿童意识到自己感觉事物的能力也在提升。这是所有学习过程的第一步。但感觉器官的作用不止于此。

感觉器官帮助我们厘清我们对事物的感受。这依次决定了我们想什么、学什么，以及在不同情况下做什么。实际上，消化感官信息然后转化为有用知识的过程，包含四个步骤：辨识、关联、判断和反应。

当一个孩子积累了一定量的经验时，他就开始辨识并记忆越来越多的信息，他的大脑需要发展出管理这些新信息的策略。这始于将新信息与他已知的信息联系起来，这会让他做出最初的假设。例如，如果一个孩子喜欢吃草莓，他也许会认为树莓（覆盆子）也会很好吃，因为它们也是小小的、红红的。大人也告诉他树莓就跟草莓差不多。

但如果要真正认识树莓，他必须品尝它们，只有那时他才会形成自己的判断。

判断引导出反应。这在小朋友身上很容易发现。如果他喜欢树莓，他会抓取更多。如果他不喜欢，他会丢掉它们。任何新的事物都能引发出一个高电荷反应。不管他的反应是什么，他都会因为这个经验而变得更聪明，并进行更多准备以迎接下一个新事物。

## 感官整合

任何感觉——或者多种感觉的集合——都是学习新事物的跳板。事实上，感觉越多越好！举个例子，前文的婴儿运用触觉来获得更多关于闪光体的信息，而另一个幼儿使用了触觉、味觉和嗅觉来帮助自己判断是否喜欢树莓。

大脑对知识是如此渴求，它派遣出众多感官侦察员来收集信息并汇报给自己。然而，要使这些信息有意义，大脑必须学会整合它们——把它们放到一起形成一幅完整画面。

把这想象成为一个拼图游戏。直到大脑把所有的碎片拼在一起，这个孩子才能理解整幅图的意思。感官整合，不仅极大地影响着孩子的感知，还影响着他对感官信息的翻译、理解及反应——换言之，他是如何学习的。

现在，上述一切看起来已经具有足够的逻辑说服力，然而当你把它们放到复杂的人类思维活动中来考察就不是那么简单了，尤其是一个正在发育且每天不断变化着的年轻的大脑中，因为它正在努力学习如何加工复杂的感官信息。这就是为什么一些孩子喜欢树莓而另一些偏爱香蕉；或者一些人喜欢红色，而另外一些人喜欢蓝色等现象的原因之一。换句话说，感官整合是形成差异化个性的最重要的基础之一。

### 感官剖面

由于我们每一个人都有一套属于自己的经验、身体和大脑，我们对事物的感知和理解也会略有不同。也就是说，每一个人都有自己的感官剖面。

一个孩子在不断成长的过程中，他的感官剖面是根据他所处的环境和经验不断调适的。事实上，个体的感觉器官是根据他所处环境中刺激的类型和数量塑造而成的。

例如，一个获得了很多视觉刺激的孩子将会拥有很强的视觉能力，并依赖眼睛来为大脑摄取信息，这样固然很好。但是，如果这个孩子没有获得同样多的触觉信息，他的大脑将会重新校准这个认知的过程，将更多的重心放在他所看见的而非所触摸到的事物之上。久而久之，这会造成大脑信息池的倾斜，导致对事物不完整的甚至是错误的理解。最后，可能造成当他从远处看一只刺猬时，会认为它是柔软的。

### 感官平衡

感官处理和整合所达到的效果就像是一个美丽姑娘的标准身材。也就是说，儿童的大脑总是在过多和过少的信息输入之间寻求一个最佳位置，并使其恰如其分。

家长们往往会这样描述自己孩子的喜好，他们说"我的宝宝喜欢亮的东西"，或者"我的孩子喜欢树莓"。个人判断是儿童感官学习过程中的一部分，但此类判断并不仅仅是喜欢或者不喜欢某物。儿童的大脑寻找着特殊的信息来完善他的理解。这种寻找通常驱使着他的喜好和行为模式。

例如，一些孩子总是渴望着新的感觉刺激。这样的孩子想要一下子探究许多新事物。与之相反，另外一些孩子则喜欢待在熟悉的地方。对外来刺激是持热情

的或是抗拒的态度，会根据个体经验而有所不同，这取决于每个孩子的感官剖面。例如，有的孩子也许会目不转睛地盯着烟花看，但却一直捂着耳朵来抵御响声。

就像儿童早期发育的其他方面一样，达到感官平衡是一个试错的过程。当一个孩子得到的刺激太少时，他会分散注意力，然后走开；而受到太多的刺激则会让他感到压力，最后也会走开。当他积极地、全身心地投入某件事情并且从中得到快乐时，你就知道他找到了平衡点——至少此时此刻他找到了，也许稍后他也会走开。

### 促进孩子的感官发育时需要注意的事项

感官整合从智力上、情感上、身体上和社会交往方面支持着儿童的成长发育。因此，为儿童提供一个丰富的、多感官刺激的环境非常重要。其中，关键是多样化和保持平衡。

#### 感官整合支持所有的学习

| 智力学习 | 理解事物是什么 |
| --- | --- |
| 身体学习 | 理解事物怎样工作 |
| 情感学习 | 理解我喜欢什么和不喜欢什么 |
| 社交学习 | 理解我与他人、空间和事物的关系 |

某些活动只刺激一种感官，而另外一些则刺激所有感官。例如，眼动追踪游戏对视觉发育很有益处，而公园之行则激发了所有感官的参与，给了身体和大脑一个同时处理多重感官输入的机会。所有感官都在工作，所有信息

都是增量的。通过提供多样化的经验来保证所有的感官都参与进来，并且更重要的是，所有感官都以多种方式被刺激到。

看起来有很多事要去做，但只要孩子每天都有时间进行积极的活动，那就可以了。在丰富感官学习的过程中需要记住几件事：

### 让儿童来主导

感官游戏帮助儿童弄清楚他喜欢什么，而不是你希望他喜欢什么。如果他不喜欢脚趾间有沙子，或者一提到绿豆他就会噘起嘴巴，那现在就尽量避免此类事情发生，但这并不妨碍让他以后再做尝试。

### 让孩子用自己的方式探索

一天，一个小男孩目不转睛地盯着餐桌上一瓶打开的橘子汽水。他拿起这个瓶子然后把它翻转过来，橘子汽水洒得到处都是。他朝向窗户举起瓶子继续研究它，把它倒过来底朝上，橘子汽水洒得他满脸都是。

这并不是说一定要把东西洒到头上才叫探索，而是说每个人都在用不同的方法进行探索。小孩子可能会用不那么常见的方法来探索常见的事物。（当孩子深陷在探索之中，深到他们没有意识到橘子汽水会洒得满身都是时，他脑海中的灵感正被唤醒。）

你的任务便是顺应它。有时候情况会变得很糟糕，但学习的回报值得付出。那个钻研橘子汽水瓶的小男孩也许会成为一个卓越的玻璃工艺制造家。

### 成为一个感觉榜样

> 当孩子深陷在探索之中，深到他们没有意识到橘子汽水会洒得满身都是时，他脑海中的灵感正被唤醒。

如果你不喜欢某种事物——黏糊糊的液体、令人毛骨悚然的蜘蛛、奶牛场的味道——你自己知道就好。在孩子面前，你要成为一个带他走上感觉之旅的热情的导游。

### 对新的感官经验保持敏感

时刻寻找机会来引进新的不同的感觉体验。慢慢地、温柔地向宝宝介绍这些新感觉，让宝宝的大脑、感官和身体活动去完成剩下的探索。换句话说，让宝宝自由地走向新事物

第六章 学习的起源：感官

而不是把新事物带到他面前。那是因为除了感官经验之外，运动也会强化大脑的刺激。

在第 54 ~ 55 页的图文中，列出了多种感官体验，这些你都可以用常见素材或者改变环境营造出来。

## 吉尔笔记

### "空纸箱"时间

某一天，我的外孙们来家里玩，我为他们准备了一个大大的惊喜——一个空的纸箱子。在几个小时的欢乐时光过去后，我发现自己在思考为什么这些纸箱子对孩子们来说如此具有吸引力。

丰富的感官体验对儿童早期发育非常关键。然而，一个无感官刺激的纸箱却能够为感官提供独特的探索机会。灰色的外壳看起来毫无特别之处，光溜溜的侧面也隐藏不了什么。立方体的结构勾勒出一个空间。淡淡的味道也缺乏吸引力。纸箱翻折起来也没有什么声音，更谈不上音乐了。

也就是说，相较于我们传统意义上提供丰富刺激的感官游戏，空纸箱的特别之处就在于它缺乏一系列刺激元素，而这正是它的价值。实际上，从充满刺激的感官世界里暂时解脱，是幼儿喜欢待在纸箱子里的原因之一。当然，空空的纸箱也使得孩子们很容易发挥想象力，即里面可以放进你所不希望看到的东西。

# 感觉世界

最开始，你也许想要每次只介绍一种感觉。但之后，将不同的感觉合并起来才能创造出感官整合训练中的丰富刺激。

## 视觉

视觉刺激：

- 色彩识别与区分（色彩名称，深浅度，明暗度）
- 物体识别与区分（寻宝，拼图）
- 纹理观察（光滑度，尖锐度）
- 大体与精细对比（黑与白对比，粉与红对比）
- 光照变化（明亮／暗淡）
- 深度感知（爬／下楼梯）
- 假设与偏好（树莓＆草莓）

视觉反应：

- 脸部表情（微笑，惊讶）
- 生动的比画（手势，木偶表演）
- 对比（大／小）
- 不同形状（方形，圆形，三角形）
- 室内外环境
- 日夜体验

嗅觉与味觉：

- 识别
- 区分（软硬度）
- 视觉支持（有／无）
- 假设与偏好（苹果＆橙子）

第六章　学习的起源：感官　55

听觉：

- 听觉刺激：
  - 动态过程（音量刺耳到音量轻柔）
  - 音高识别（高音到低音）
  - 语速与节奏（音乐，演讲）
  - 背景声音（动物声音，街道噪声）
  - 声音形象化（只听不看，比如：蒙住眼睛做游戏或者阅读无插图的故事）
  - 假设与偏好（烟火，摇篮曲）

听觉反应：
- 说话
- 唱歌或哼唱
- 大声朗读
- 制造傻傻的声音
- 手指游戏
- 跟着节奏跳舞

直觉：
- 身体意识（部分身体的参与）
- 空间意识（发现与感知空间）
- 感知重量（轻与重）
- 掌握力量与平衡（推，拉，提）

触觉：
- 识别
- 区分（软硬度）
- 温度感知（冷热度）
- 视觉支持（有／无）
- 假设与偏好（砂纸＆布球）

平衡：
- 试图平衡，失去平衡，保持平衡
- 定位
- 调整平衡（摇摆的木马，跷跷板）

## 充电游戏

### 越多越好

**游戏目的：**
　　多感官体验有助于加深学习和记忆，尤其是与运动结合在一起的时候更加有效。

**游戏方法：**
　　尝试在儿童日常活动中丰富他们的感官刺激。并且记住，我们的观点是，越多的感觉越好！

- 绘画时间：亮面颜色的纸张摸起来很平滑，当你揉搓它时会发出特别的声音，这就产生了一种新的感受。
- 音乐时间：即使是最简单的儿歌也提供了多样化的声音。用你的身体动作来诠释歌词或者随着音乐起舞！
- 户外时间：各种各样的花有着不同的颜色和气味。摸摸泥土，感受一下颗粒质感；然后添一点儿水，这就感受到了另外一种新的材质——泥。
- 用餐时间：为儿童提供多样化的食物，使他们体验到不同的气味、口感、温度、声音、颜色和材质。允许儿童用手指来认识食物——即使你们俩的衣服都蹭上食物。

### 如何最大化地使用感官信息

　　由于感觉之谜是由识别、联系、判断和反应组合而来，大脑需要首先弄清楚如何最大化地使用感官信息。

#### 识别：创造共识基础

　　各种感觉是我们共通的语言，正因为如此，感觉提供了人们相互理解和交流的共通平台。在最基本的层面，所有的社会和文化问题都是在对事物是什么、叫什么的默契共识上形成的。这也许能够解释为什么众多早期学习和语言的习得都将重心放在认识周围的人、地点和事物上——儿童能够通过身体和感觉来认识和理解具体事物。

### 联系：寻找已知

正如我们在第三章中讨论的那样，学习是从已知到未知的旅程。一旦我们遇到了新的事物，我们的大脑就会从已有的信息——"旧知识"中寻找理解它的方式。

我们所进行的第一个联系，通常是找其相同点——"这个就像是那个"。紧接着是其他的联系，最终这些联系对应上了从前的知识，给了大脑更多的信息去处理。

随着这个积累过程的继续，我们不仅锻炼了联系的能力，还会将新的信息和不止一项既有知识联系在一起。这一动作给了大脑联系的选项，这就是分析、推理和选择的基础。

### 感觉激发了批判思维

尽管有许多关于大脑如何对信息进行加工处理的理论，我们还是要列出在童年早期就开始启动的三种分析和推理工具：

- 分类（归类和区分）
- 关联（恒有和关系）
- 系列化（有序和无序）

#### 分类

分类是分析和推理最早的形式之一——根据事物的相同点（归类）和不同点（区分）进行分类。

归类是指当看到两个红苹果时能够认识到它们是同类的能力。找出相同点的能力是儿童最早具有的对有形体验的抽象思维能力之一——即两个不一样的东西有可能是同一种事物。归类是高级抽象思维能力的关键奠基石。它让思维做好进入下一步跨越的准备——区分。

区分就是指当看见一个苹果和一个橘子时能够理解它

> 对于儿童来说，概念化的思维只能产生于他所见、所听、所闻、所感、所尝和所遇到的事情上。

们是不一样的东西的能力。"这"和"那"的概念也开始出现，同时开始明白事物之间的关系是可以变化的。这里请注意"事物"这个词。对于儿童来说，概念化的思维只能产生于他所见、所听、所闻、所感、所尝和所遇到的事情上。

**关联**

接下来遇到的问题是，相同和差异都有不同的程度。这里的问题不是两样东西是否一样，而是它们在多大程度上相关联。这就引出了关联——你看待事物的方式改变了你所看到的。

关联的一个重要方面就是恒有性——理解同一事物具有不同形态的能力。例如，一个红苹果和一个青苹果都是苹果；一个高个子女人和一个矮个子女人都是女人。这对于理解即使是非常简单的指令都很有必要，比如"请拿走你的玩具"，如果一个孩子不明白他的卡车和泰迪熊都是玩具，那他就无法遵从这个指令。

关系是关联的另一个方面。它是理解看起来毫不相干的两个事物间关系的能力。举个例子，苹果和橘子都是水果，小狗和小猫都是宠物——或者都是毛茸茸的，或者都有四条腿。通过这种方式，儿童创造出自己特有的分类体系，来帮助他们整理每天收集来的如洪流般的信息。能对事物关系做出广泛的理解，有助于在未来的学习中迅速将新信息（未知）与既有知识（已知）

关联起来。

**系列化**

一旦孩子们意识到自己可以对事物进行分组，下一步就是理解一个组内的事物是如何关联的。这项能力被称为系列化，它由有序和无序组成。

找出或者确立顺序意味着理解重样和排序。首先，让我们从重样开始。

重样就是组内重复出现的事物——斑马身上的条纹、楼梯上的台阶、棋盘上的格子、夏威夷风格 T 恤衫上的花朵。重样帮助我们组织复杂的信息，使得理解起来更加容易。一些式样，如斑马纹，很容易发现，另外一些则不容易辨别。例如，夏威夷风格 T 恤衫上的花朵图案看上去是无序的，但通过近距离观察你会找到式样重复的地方。

排序就是把一组事物按照一定顺序排列起来。常见顺序包括字母和数字顺序、空间顺序（从大到小，由前往后，自上而下）、时间顺序（从早到晚，周一至周日，过去—现在—将来）、音阶顺序（do-re-mi）等。这些常见顺序提供了令人安心的正确性的校准。当一个儿童能够背诵 A–Z 的字母表时，他能感受到安心、自豪，以及与这个世界的和谐一致。

然而如果事物没有现成的顺序，会怎样呢？例如，在"跳房子"游戏中，由谁开始？这里没有正确或者错误的答案，只需要参与者达成共识。但他们如何达成共识呢？

儿童只有掌握了秩序的概念——重样和排序——才能在没有现成顺序指导的情况下，将一定的顺序带入无序状态。

在跳房子的例子中，确定玩家的参与顺序就是在创造一种新的顺序。他们也许决定让年龄最小的孩子先玩，或者个子最高的孩子先玩，或者抛硬币来决定。不管哪种，其理解、辨识和排序管理的过程都是必要的学习。这就是"什么是正确的"（既成观念）和"决定什么是正确"（独立决策）的区别。这两种能力，儿童都需要有。

## 吉尔笔记

### 见你所见

医生们正在测试一个七岁男孩的智力。医生交给这个男孩一组积木，让他按照一定的顺序摆放，此外没有给予他更多的指令。这个男孩迷惑了一阵儿，然后摆放出了积木。

没有任何一个医生能够理解这个男孩的逻辑。这些积木既不是按照颜色、大小、形状、图案摆放的，也看不出其他任何的属性。医生们都未曾见过这样的排列顺序，所以他们让男孩解释为什么如此摆放。男孩回答说，每一块积木摇晃起来发出的声音是不一样的，因此他按照音调从高到低的顺序将它们排列出来。

那天，医生们收获很大。

感知是一个有趣的东西，因人而异。因此只要有时间，我都会给孩子们机会向我展示他们是如何看待事物的，而不是在活动中将知识强教给他们。这样做的结果总是能给我带来惊喜。

## 章节总结

- **感觉工具**：感觉工具包括熟悉的感觉（视觉、听觉、嗅觉、味觉和触觉）、平衡感（前庭系统）和直觉（本体感受——我们对空间方位和运动的感觉）。
- **学习的起源**：感觉工具提供了大脑学习以及与外界交流所需要的基础信息。
- **运动和感觉**：运动促进了感觉器官收集信息以供大脑分析。儿童运动越多，感官受到的刺激也就越多，这有利于学习。

- **作为"教师"的经验**：经验是最好的老师，所有经验源于感觉器官。
- **感官学习的四个步骤**：
  辨识（它是什么）
  联系（它像什么）
  判断（我喜不喜欢它）
  反应（有了它，我会做什么）
- **感官整合和感官剖面**：大脑想要获得完整的画面，必须学会整合多重的感知觉。大量的多样的身体经验有助于大脑学习管理和理解感觉信息。这个过程最终将形成个体独特的感官剖面。
- **多感官刺激**：对于大脑早期发育来说，在大量的多样化的经验中获得尽可能多的感觉器官的参与是非常必要的。
- **促进孩子的感官发育时需要注意**：
  跟随孩子的兴趣
  尊重孩子的反应
  让孩子用自己的方式探索
  成为一个感觉榜样
  对新的感官经验保持敏感
- **感觉激发了批判思维**：
  分类（归类和区分）
  关联（恒有性和关系）
  系列化（有序和无序）

第七章

# 感觉：视觉、听觉、嗅觉、味觉和触觉

现在我们已经了解感觉器官是怎样促进运动和学习的，让我们再进一步，看看熟悉的几种感觉：视觉、听觉、嗅觉、味觉和触觉。

## 视觉：眼部能力、视力和感知

视觉世界是我们对事物的第一印象。但视觉不仅仅是清晰聚焦。事实上，看、视力和感知是视觉的三个不同方面，随着儿童的成长不断发育。

### 眼部能力

> 视觉不仅仅是清晰聚焦。事实上，看、视力和感知是视觉的三个不同方面，随着儿童的成长不断发展。

在孩子的眼睛睁着的每一分钟，它们向大脑传送着大量的视觉信息。研究发现，新生儿的眼睛已经具备了所需要的所有结构。然而，研究也指出新生儿的视力很有限。那是因为大脑加工和翻译视觉刺激的能力还不成熟。换句话说，眼睛和大脑还在试着相互认识。

同时，当眼部肌肉具有了力量，能够按照大脑的指令操作时，大脑也需要学习如何引导和控制双眼。因此，看是视觉的物理过程，或者说看是视觉发生的动作。它由四个元素构成：聚焦、双眼协同、定影和眼动追踪。这四者统合起来就是我们所说的"眼部能力"。

第七章　感觉：视觉、听觉、嗅觉、味觉和触觉

### 聚焦

聚焦是指看清楚事物，并且眼睛能够自动地从一个焦点转向另外一个焦点的能力。这项能力在生命第一年里会逐步发育完善。

最初，新生儿只能看见模糊的形状，他们只能看到 8～10 英寸（1 英寸 = 2.54 厘米）远的地方。但在最初的几周里这样的视力就够了。测量一下你的胸和微笑之间的距离，你就知道为什么了（能够看见妈妈的微笑和寻找"食粮"）。

在生命的第一年里，细致度加强了，色谱出现了，深度知觉开始发育，焦距也在拉长。也就是说，当婴儿准备好开始独立行动时，她能看清前面的路了。

### 双眼协同

双眼协同即双眼视觉，就是两只眼睛同步工作的能力。一些刚出生的婴儿已经具备这种能力，而另外一些则需要花一点儿时间逐渐实现同步。随着双眼的同步，深度知觉也就出现了。

深度知觉是指我们的立体视觉能力，这对于理解空间的多维性，如近与远、浅与深等很关键。如果没有深度知觉，即使是最简单的事情——像抓球、下楼梯或者骑自行车——都是不可能实现的。

### 定影

定影是指有意保持双眼停留在某单一物体上而不来回晃动的能力。这很重要，因为专注和理解要求在某一事物上停留足够长的时间以供大脑进行识别和翻译。定影同时还是眼动追踪的前奏。

### 眼动追踪

眼动追踪是指头部保持不动时眼睛跟随一个运动体的能力。

成熟的眼动追踪能够显示出流畅的眼球运动，但实际上，这是一系列即时定影的集合，很像一个电影摄影机。通过近距离观察，你会发现一个小婴儿的眼部运动是短暂且生涩的。但随着眼部肌肉变得强大，它们会更快速且更准确地运动，不流失焦点信息，这就形成了看上去流畅的眼部运动。

众所周知，眼动追踪为阅读打下了基础，因为阅读要求精准的眼部控制。但请记住，即使一个孩子能够眼动追踪，也不意味着她为阅读做好了准备。

## 充电游戏

### 逃跑的气球

**游戏目的：**

眼动追踪活动可以加强眼部肌肉，为实现进行阅读和观察学习等要求高度精确运动的能力打下基础。

**游戏方法：**

训练眼部肌肉时，保持头部的稳定很重要。对于一群摇摇晃晃的学龄前儿童来说，这似乎是个挑战，但其实很容易。

让孩子们坐成一列，一个接一个，面向你。让每个孩子扶住前一个孩子的头部。告诉孩子把自己想象成冰冻人，保持头部一动不动。等到孩子们进入情境，告诉他们有一只气球正要逃跑，我们必须用眼睛追踪它。

吹一只气球，但是不用系住它。把它拿到队伍的右侧放开它，让孩子们的视线追踪这只气球。然后在队伍左侧重复这个动作。注意：这只气球很快就会飞离孩子们的视野范围，所以有个更简单的办法，就是拿着气球在孩子们的视野范围内移动，尽可能走到孩子们视野范围的边缘以便他们的眼部肌肉得到更好的牵引。当看不见气球时，让他们喊出来："气球逃走啦！"

第七章　感觉：视觉、听觉、嗅觉、味觉和触觉

## 吉尔笔记

### 孩子什么时候开始阅读？

我经常发现成人如此热衷于让孩子及早地开始独立阅读，而不考虑孩子是否已经为此做好准备。这种现象不仅是认知上的，还有行动上的。阅读对眼部能力有很高的要求，这取决于儿童早期眼睛运动的类型和数量。

说到眼部运动，我指的不是盯着显示屏的时间。这样的平面活动对于发展三维视觉的作用很有限。在屏幕上实现焦距的远近调节是不可能的。更重要的是，小屏幕（尤其是智能手机或平板电脑）不能让眼睛通过扫视来强化肌肉力量。事实上，这些吸引眼球的限制想象的影像会锁住孩子的眼睛，让孩子只是毫无意识或认知地凝视所见到的一切。

那么，当你教一个孩子开始阅读，而他的眼睛并没有准备好时会发生什么？当阅读时，他也许会：

- 双眼发红、感染
- 经常揉搓眼睛
- 泪眼婆娑
- 频繁眨眼
- 转过脸，让眼睛得到休息
- 让他烦躁
- 视线会不断跳出跳进

> 在婴儿六至八个月的重要发育期，我们试图通过让孩子看电视或听收音机从而学习语言，这种方法其实并没有效果。

但与暂时的视觉疲劳相比，更糟糕的是，如果早期的经验是困难的、令人沮丧的，甚至是痛苦的，会留下一个持续的消极印象，成为日后阅读更大的障碍。

在我看来，如果你想要孩子爱上阅读，可以做两件简单而有效的事情：

- 每天都通过很多有趣的、好玩的三维视觉刺激来锻炼她的眼部能力。
- 花时间和她一对一阅读。孩子们都喜欢被个体专注，和他们近距离分享一本书让你可以指出其中重要的图像、观点和语句。

## 视力

视力是指将眼睛导向个体感兴趣的具体领域的能力。它由三部分组成：视觉解构、周边视觉、聚焦和散焦。

### 视觉解构

我们承认，这个词很拗口，但无论你是否听过这个词，此刻正在阅读的你都在练习这个动作。视觉解构，让我们的视线能够仅聚焦于关键的信息上。例如，当你在挑选洗衣粉时，你也许已经有了想要的包装袋的颜色，当你的视线扫过货架，你的视觉解构让你忽略掉所有不想要的颜色，如此一来你就能很快地找到想要的东西。换句话说，视觉解构，就是知道应忽略什么的能力，恰恰也就是聚焦和专注的定义。

对于小朋友来说，这就不是那么容易了。对于什么是重要的，他们可参考的信息很少，因此他们通常会全盘吸收。这也正是孩子们容易分心的原因之一。但随着视觉经验的增多，他们的眼睛和大脑会更加成熟，并且在有针对性地读取视觉信息方面更加协调一致。

### 周边视觉

当视觉解构让我们聚焦时，周边视觉则让我们保持对周围事物的警觉。它被定义为视线焦点以外的视野范围，在这两者之间，我们能够理解到完整画面。

周边视觉在日常生活中具有很重要的作用。例如，在运动中，运动员用周边视觉来评估和回应比赛中的急剧变化。在学习中，周边视觉对阅读来说也很重要。当你在浏览这些文字时，你的周边视觉正扮演着侦察员的角色，指向下一阶段要阅读的内容。正因为如此，周边视觉经常被大脑用于预备下一步的行动。

### 焦点切换——聚焦和散焦

为了使视觉更加优化和有效，眼睛必须能够自动从短焦过渡到长焦，训练焦点准确投递到意识关注的点上。聚焦使双眼视线合拢以近距离观察事物，散焦则保持双眼视线平行以看清远处的事物。

第七章 感觉：视觉、听觉、嗅觉、味觉和触觉

## 感知

视觉感知是指大脑如何翻译、理解和分析眼睛所看到的能力。正如我们在第六章讨论的，每个个体的感官知觉都是独有的，这意味着我们看事情都会有些许的不同。但由于眼睛通常指引着我们的感官探索，视觉感知在儿童早期发育中发挥了尤其重要的作用。

## 吉尔笔记

### 艰难的阅读

几年前，我遇到一个叫亨利的出租车司机。他那时已经近六十岁了。当我们偶然谈到关于书的话题时，亨利和我交换了个人经历。我问他最喜欢的一本书是什么，他突然顿住了。亨利很谦卑地坦言他不会阅读。他回忆起童年时在学校的痛苦经历，以及某一天他发现老师们已经放弃他了。

我问他，当看到文字时，他看见了什么，他尽力地去描述。在我看来，亨利也许患有视知觉障碍而没有被诊断出来。我建议他去找行为验光师看一看，或许能帮到他。

几个月之后，我收到来自亨利的消息。他看东西时有所不同了！

### 视知觉障碍

视知觉关系着大脑和眼睛如何进行对话。当有别的事物介入这种交流时，大脑便不能正确地翻译视觉信息。棘手的是：视知觉障碍对患有它的人来说是很正常的事——他们很难意识到自己的问题——因此它很容易被忽略或者误诊。通常，患有视知觉障碍的人都被认为智商低、有学习障碍、注意力不集中或者行为失当——此类问题纠缠了亨利的大半生。

通常，患有视知觉障碍的人会有以下一种或多种症状：

· 看漏单词或字母
· 在单词或字母周围看到幻影

- 很难进行眼动追踪
- 很难在页面上区分黑和白
- 阅读或写作的时候容易颠倒单词的字母顺序（例如把 on 看成 no）
- 在句子中颠倒单词的顺序
- 颠倒数字的顺序

### 视知觉障碍的信号

如果你正为一个孩子有阅读困难而担心，考虑一下他是否患有视知觉障碍。以下是一些识别信号：

- 不喜欢阅读或阅读困难
- 拼写困难
- 理解困难（不知道段落从哪里开始，也不知道应该向什么方向阅读）
- 容易视觉疲劳
- 盯着一个地方发呆
- 注意力集中的时间很短
- 行为偏移
- 规避策略
- 中央轴缺陷或侧偏问题（详见第十二章）

如果你发现了上述一种或几种症状，我建议对 6 岁或 7 岁以上的孩子做一次行为验光检查作为筛查的第一步。关于验光的这个分支，研究的是眼睛实际看到的是什么，这与标准的视力测试不是一回事。

但请记住：一个儿童的眼睛是不断发育的，如同他身体的其他部位一样。你怀疑的所有问题也许会随着其发育的不断成熟而改善或消除。当然，任何人都会遭遇糟糕的一天或一周，只有当一个孩子在相当长的时期内表现出有阅读困难且没有任何学习方面的进步的时候，这些症状才值得关注。

## 听觉

研究显示听觉在胎儿 18 周左右时开始发育，使其感受到外面的世界。但是，为什么它会发育得如此早？

研究人员相信，听觉是新生儿的生存工具。当她的其他感觉器官发育时，听觉帮助她适应周遭环境，熟悉着什么是常态、什么是非常态。这也许可以解释为什么轻柔的音乐能够舒缓宝宝的情绪，而刺激性的声音会惊吓到他们。这符合逻辑，因为不管你是醒着还是睡着，耳朵总是打开的。实际上，一个小婴儿能够很自然地偏着头去睡觉，而让她的耳朵面朝上。

### 塑造好的倾听者

听的能力和倾听的能力是两码事。你不需要任何人来告诉你良好的听力技巧有多么重要。诚然，跟随指令，与他人和睦相处，有时甚至是能确保安全，都有赖于成为一个好的倾听者。

以下几件事有助于我们帮助孩子调试好她的耳朵：花时间来说话或阅读，听取她对声音世界的理解，积极地游戏、唱歌或者听音乐，做一些单音节的声音游戏。

总之，这样会成为一个好的倾听者，或者说是有意识的噪音制造者。

将听转化为倾听，意味着在耳朵和大脑之间发展出一种收集和翻译听觉信息的纽带。其中包括了听觉辨别、听觉解构，以及我们所说的"耳朵追踪"。

### 听觉辨别

听觉辨别是指听见并辨别声音的能力。它通过听、联想、理解声音世界逐渐发育起来。例如，当一个婴儿听见她父母不同的声音或者她的玩具发出的不同声音时，她就已经在运用听觉信息来更好地理解她的世界了。

听起来很简单，听觉辨别为学术成就的取得打下了基础。比如用一个音来辨别个体声音的能力，就是从声音到字母发音的初始步骤之一。这对于词汇量的增加、阅读和拼写都是一个重要的门槛。

### 听觉解构

> 孩子们还没有足够的经验来判断应该听什么、不应该听什么。相反地，这会让他们看起来像根本没有在听一样——然而事实上，他们听见了你所说的……当然也包括其他的声音。

停下来一小会儿，然后听听你周围的声音，你也许会听到孩子在愉快玩耍的声音、鸟儿叽叽喳喳或者汽车驶过的声音。但更可能的情况是，除非你刻意停下来去听，你不会听到任何上述的背景声音。那是因为你已经形成听觉解构能力，就是根据声音对你的重要性听取或者排除它们的能力。换句话说，你根据经验知道什么声音属于或不属于你的听觉范围，使你能够将注意力集中在这本书上。然而，如果快乐的童声变成哭叫，你的耳朵很可能就会调到发生变化的这个频道上来。

孩子们还没有足够的经验来判断应该听什么、不应该听什么。相反地，这会让他们看起来像根本没有在听一样——然而事实上，他们听见了你所说的……当然也包括其他的声音。

### 耳朵追踪

由于声音总是萦绕在我们周围，听是理解这个多维世界的重要工具。我们称之为耳朵追踪。它是指辨别地点、远近和声音背景的能力，这项能力为具备很多生活和学习技能打下了基础。耳朵追踪的主要构成是听觉定位、听觉联系和听觉排序。

### 听觉定位

听觉定位是从不同位置和距离来跟踪声音的能力——并且能识别声源是固定的还是在运动状态中。它还能够计算你离声源的距离更近还是更远了，是在其左还是其右、其上还是其下等。听觉定位帮助儿童更好地理解所处环境的范围和维度。

### 听觉联系

一个声音来自哪里或者去向何处会影响它的意义。例如，远处一辆汽车的引擎声无关紧要，但如果这个声音是在近处出现的，那就需要立刻采取行动了。听觉联系帮助儿童对变化的环境有所预测和应对。

### 听觉排序

我们极少只听见单独一个音。实际上，绝大多数的声音都按照一定的顺序、节奏或者方式出现——包括演讲、音乐、大自然的声音、机器的噪声等。

## 充电游戏

## 制造噪声

**游戏目的：**
耳朵追踪帮助儿童理解他们所处的三维世界，同时训练听力技能。

**游戏方法：**
让三个孩子充当噪声制造者，让他们分别站到操场的三个角落。把其他的孩子集中到一起并让他们闭上眼睛，向他们解释说，有人会在操场上制造噪声，我们必须要找出那些声音来自哪里。

示意其中一个孩子制造出噪声，然后停止。让其他孩子睁开眼睛并且跑向噪声的来源处。

在不同的距离和位置重复这个活动。一旦孩子们找到了噪声来源，让噪声制造者在更多方位弄出噪声来挑战孩子们的听力。

运动塑造孩子的大脑

在耳朵捕捉到一系列声音的同时，大脑通过翻译声音的顺序来确定声音的含义，这就是听觉排序。这在学习说话和理解口语的过程中尤为重要。举个例子，N（"en"）和O（"oh"）的发音放到一起就是"NO"，而调换它们的位置就变成了"ON"。

## 吉尔笔记

### 屏幕并不是你的替代品

由于我的专业领域是对儿童和运动的研究，我确定你会知道我对于儿童看电视、电影、电脑、智能手机、平板电脑等此类物品的态度。直截了当地说，任何把儿童带离鲜活的游戏的东西都与我格格不入。实际上，研究已经表明，"屏幕时间"在多个方面都对儿童发育有着消极影响，其中就包括对语言和沟通交流能力的影响。

#### 所有的语言刺激都是好的刺激吗？

"常识"告诉我们，任何形式的语言刺激都有助于学习。但实际上，研究显示，在6～8个月龄的发育关键期，处在电视机和音响设备所制造出的声音环境中，并不能加强一个幼儿学习语言的能力。

> 儿童主要通过与人的直接互动学习语言。

这项研究进一步阐明，儿童主要通过与人的直接互动学习语言。当你每天说、笑、唱、吹时，就是在给孩子提供她所需要的刺激。简而言之，当涉及语言学习时，你是不可替代的！

#### 分心打断注意力

接着，"常识"也许会争辩，即使"屏幕时间"不是学习语言技能的有效方式，那它也没有什么害处，所以无碍。真的吗？其实，错了。另外有一些研究人员发现来自电视和放映设备的声光会让孩子分心，阻止他们全然地投入活动中，这会影响他们集中注意力。

第七章　感觉：视觉、听觉、嗅觉、味觉和触觉

注意力集中意味着排除干扰。很多成年人即使在嘈杂环境中也能做到这一点。但我们不能期望幼儿也能。他们甚至还没有学会过滤环境中不重要的视觉或听觉"污染"的能力。

更重要的是，在你被打扰之后，你很难再将注意力完全放到任务上来，不管你多大年龄。挫败感随之而来，甚至会让你想要全盘放弃。当这个动力机制植入幼儿的大脑中时，不仅使他集中注意力的能力岌岌可危，他的耐力也会受到影响。

### 环境很重要

生活是忙碌的和嘈杂的。我并不是建议把孩子放到一个隔音空间里，但需要注意儿童活动的环境。我很想告诉家长应把幼儿的玩耍时间当成家庭作业时间来对待。当大一点儿的孩子写作业时，电视通常应该是关闭的。同样这也应该适用于更小的孩子，不管是在家里还是在儿童保育中心。

### 共同注意

同时请注意，"你参与到游戏中"和"屏幕非嵌入式的入侵"是完全不一样的。那是因为你的参与为孩子提供了他学习语言所需要的社会互动。专家们称这是共同注意。

举个例子，当一个家长或者看护人正盯着某个东西看时，婴儿的注意力也会转向那个东西。当你和孩子玩耍的时候，你很自然地谈论着你们俩都在看或者做的事物。每次你这样做的时候，你都在通过描述这个事物来帮助他理解这个世界。很快有一天，他会成为向你讲述的那个人。

## 嗅觉、味觉和触觉的早期刺激始于口唇期

现在，你的脑海中对于感觉器官如何工作已经有了一幅画面。通过与大脑的合作，感觉器官认识并区分不同的感觉。随着时间的推移，大脑学会了根据重要性和相关度来选择性地收集感觉信息。并且，通过这一切，大脑不断学习追踪并理解世界，这反过来又开发了个人的喜好、反应和行为模式。这适用于视觉和听觉，也同样适用于嗅觉、味觉和触觉。

在国外有这样一句俗语：跟着感觉走。就是指对嗅觉、味觉和触觉的早期刺激始于口唇期。你看，一个婴儿用嘴就可以帮助他判断物体的大小、形状和材质，与此同时他的味觉、嗅觉和触觉也被开发了。在这个过程中他也在使用视觉和听觉。

我们已经说过，多感官刺激对形成一个平衡的感官剖面很关键。口唇期只是一个开始。随着儿童开始自己移动，他也带着感觉器官，一边活动一边收集信息。对他来说一切都是新的，感觉工具包里的工具一样也没闲着。咖啡桌尝起来味道如何？奶奶的项链闻起来怎么样？豌豆泥摸起来是什么感觉？

作为父母、教师和照顾者，我们需要确保儿童的这些探索是安全的。我们很容易把关注点放在孩子能够看和听的事物上，切记

第七章 感觉：视觉、听觉、嗅觉、味觉和触觉　75

不要冷落了其他的感官，否则，大脑也会因为吃不饱信息而饿肚子。毕竟，我们也曾不知道豌豆泥摸起来是什么感觉。

> 在国外有这样一句俗语：跟着感觉走。就是指对嗅觉、味觉和触觉的早期刺激始于口唇期。你看，一个婴儿用嘴就可以帮助她判断物体的大小、形状和材质，与此同时她的味觉、嗅觉和触觉也被开发了。

## 吉尔笔记

### 尊重混乱

对乱玩的传统定义是指孩子们能够用双手来使用不同材质的材料。例如：

**潮湿或黏性**

泥巴
烂泥
橡皮泥
黏土
面团
手指画颜料
雪
肥皂、泡沫浴、沐浴露
水

**干性或纹理**

沙子
尘土
金粉
记号笔
蜡笔

几乎任何能自由散落的东西都是乱玩的素材，而且它们通常即使经过彻底的清理仍然会显露出痕迹来。然而，我对乱玩的定义会有所不同，会更加混乱一点儿。

### 越乱越好玩

众所周知，感官游戏对儿童发育非常重要，但它似乎往往被狭义地定义为只是动手的、触觉方面的经验。我想说的是，为什么要止于手呢？

大脑通过整个身体的经验获得最好的学习，因此，我推荐在条件允许的情况下进行整个身体都参与的乱玩。例如，用你的脚趾头而不是手指头画画，会带给你一个全新的展示自我的方式。或者试试用胳膊肘来做泥印！当一个儿童的整个身体都沉浸在游戏中时，她所有的感觉器官会共同绘制出对周围世界和自我的完整画面。

### 精细运动

回忆一下你最后一次用双手玩面团的情景，很可能的情况是，你当时根本不能把它放下来——不断地揉捏、做造型、打洞、按压等。

乱玩是对手指头运动的号召，活动手部细小肌肉来锻炼力量、耐力和协调能力，从而帮助幼小的手臂学习使用蜡笔、铅笔、钢笔或者敲键盘、弹钢琴、弹吉他等。

### 清洁和脏乱相伴

> 如果孩子们不能理解何谓"脏乱"，那么他们又如何理解何谓"清洁"呢？

清洁是什么样子的？作为一个成年人，你也许会说，"清洁就是我的双手并不觉得黏糊糊或者脏兮兮的，就是我的皮肤上或者指甲缝里没有任何脏东西，就是我的手闻起来没有味道，就是当我接触某些珍贵的、洁白的东西或者与人握手时感到很自在"，换句话说，清洁意味着没有脏乱。

从这个角度考虑，如果一个孩子还没有理解什么是脏乱，她怎能明白什么是清洁？

### 乱到疯狂

凌乱是一种状态，但如果将凌乱和疯狂放在同一个句子里，绝大多数成年人都会留个心眼。一不做，二不休，已经弄乱就不妨弄得更乱。当凌

第七章 感觉：视觉、听觉、嗅觉、味觉和触觉

乱出现时，疯狂的凌乱接踵而至——从对整洁的期望中逃离出来的一场彻底的自由。

这对孩子来说是一次情绪的释放，但这同样也是儿童学习超越此前边界的一次机会——即使是一下子走得太远。毕竟，被告知雪会让你觉得冷是一回事，感受到雪进入你的衣服、接触你的皮肤又是另外一回事。

至于清洁，坦白地说，乱和更乱之间并无太大区别。

### 乱的力量

制造变化对于幼儿来说是一项重要的学习经历。当他发现自己能够制造出变化——不管大的还是小的，偶然的还是有意的，整洁的还是凌乱的——他会为自己独立做事的能力感到兴奋不已。

乱玩是一种生动的表现，孩子可以看到因为他的力量所导致的巨大变化，他不仅改造了自己，也改变了周围的空间。是的，对你来说收拾凌乱的场面没有什么乐趣，但他从中获得的体验让这一切变得有价值。

### 混乱之后

当一个孩子观察或者参与到清扫过程中的时候，他就在学习尊重环境。通过亲眼看着整洁的环境变得脏乱而后又回归整洁，他会学习到自己是更大事物中的一部分。这是一种非常纯粹的体验。

## 章节总结

### 视觉

- **眼部能力**：眼部工作的四个机制共同创造了眼部能力：聚焦、双眼协同（双眼以一个整体形式工作的能力）、定影（让眼睛一动不动地持续注意一个物体的能力）和眼动追踪（保持头部不动而用眼睛跟随物体移动的能力）。
- **视力**：即将视线引导到大脑感兴趣的特定地方，涉及视觉解构（只注意重要的视觉信息）、周边视觉（视觉焦点以外的视野范围）和焦点切换。
- **感知**：使视觉数据产生意义，大脑和眼睛必须建立起恒久的、瞬时的交流。
- **早期阅读**：鼓励儿童进行阅读是很好的，但更重要的是记住他们的眼睛正在发育当中。他们也许还不能够掌握阅读所需要的持久的、可控的眼部能力。
- **阅读障碍**：儿童出现阅读障碍可能有多种原因，包括视知觉障碍。

### 听觉

- **听觉辨别**：是指区分不同声音的能力。它是语言发展和拼读的基础。
- **听觉解构**：是根据声音对你的重要性听取或者排除它们的能力。
- **耳朵追踪**：是指理解声音位置、背景和顺序的能力。
- **人类互动和语言发展**：当婴儿与他人开始产生互动时，语言发展就开始了。"屏幕时间"不能替代真实的互动。

### 嗅觉、味觉和触觉

- **口唇期**：自然赋予了婴儿用嘴来感知世界的本能，这一过程同时刺激了嗅觉、味觉和触觉的发展。
- **混乱游戏**：为儿童带来了许多感觉。

## 第八章

# 平衡感：前庭系统

任何一个幼儿园教师都会告诉你孩子入学前最重要的三项准备：坐得住、能集中注意力和保持专注。前庭系统掌管着这三项能力。

## 前庭系统

前庭系统打造我们内部的平衡感。它与其他的感觉器官协同合作——尤其是眼睛——使我们不管是静止时还是运动时都能保持直立。此外，它还有助于提升我们的听力，促进学习。

那是因为平衡支撑着我们做每件事情。请想象一下，如果我们在钢丝上进行日常生活，例如，在钢丝上吃早饭、骑车、读书，如果你总是担心跌倒，你的大脑如何能够将注意力放到其他事情上？这就是前庭系统在关照着你。

因此，形成一套对平衡、方向、运动和重力的很强的感知能力并且自动地实现它，是儿童入学准备及一生发展的先决条件。

前庭系统掌管着日常生活的五个主要方面：姿势、平衡、警觉性、注意力和静止不动。让我们依次来了解一下。

> 形成一套对平衡、方向、运动和重力的很强的感知能力并且自动地实现它，是儿童入学准备及一生发展的先决条件。

### 姿势

从出生开始，一个婴儿的生理性驱动就是站起来——能够直立。事实上，直立的驱动力是如此强烈，它几乎涉及全身的每一块肌肉。

在一岁前后，随着孩子的肌肉发展出力量和耐力，其大脑也在学习怎样让反射和肌肉运动协调一致。同时，前庭系统使大脑熟悉运动的感觉，从而形成方向感、稳定性和平衡感。只有当这三个方面都具备了才能开启直立的旅程。

### 平衡

不管我们是在跑步（动态平衡），还是舒服地躺在椅子上（静态平衡），前庭系统始终在后台工作着，使我们保持平衡——与我们的空间定向一起保证着内部感官的"舒适度"。

但平衡感并非与生俱来，它是后天习得的。习得平衡感的唯一途径就是运动——用不同方式多次体验不同的运动。那是由于运动始终挑战着大脑，来适应并记录它对于平衡或非平衡状态的理解和体验。只有当大脑获得这种理解后才能调试，以适应不断变化的环境，确保我们不会跌倒。

换句话说，没有运动，就没有平衡。以下是其工作机理：

前庭系统位于内耳迷路

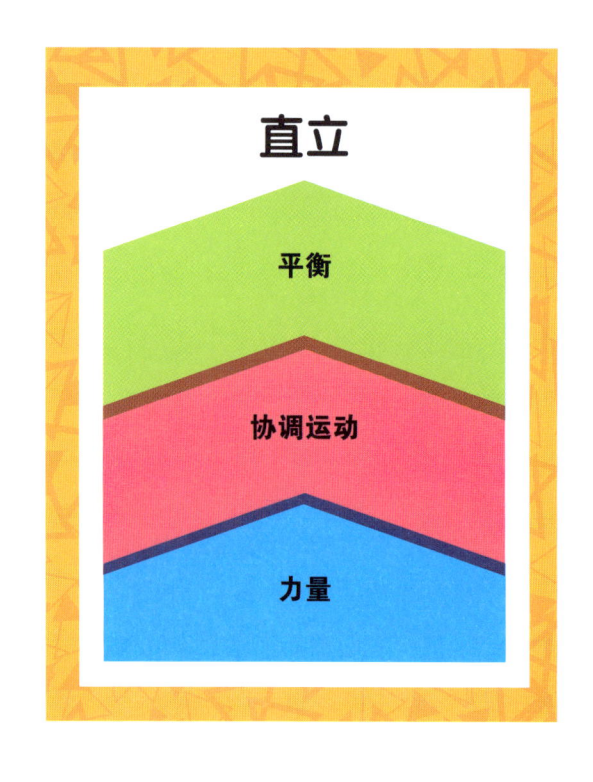

**直立**
- 平衡
- 协调运动
- 力量

## 内耳迷路

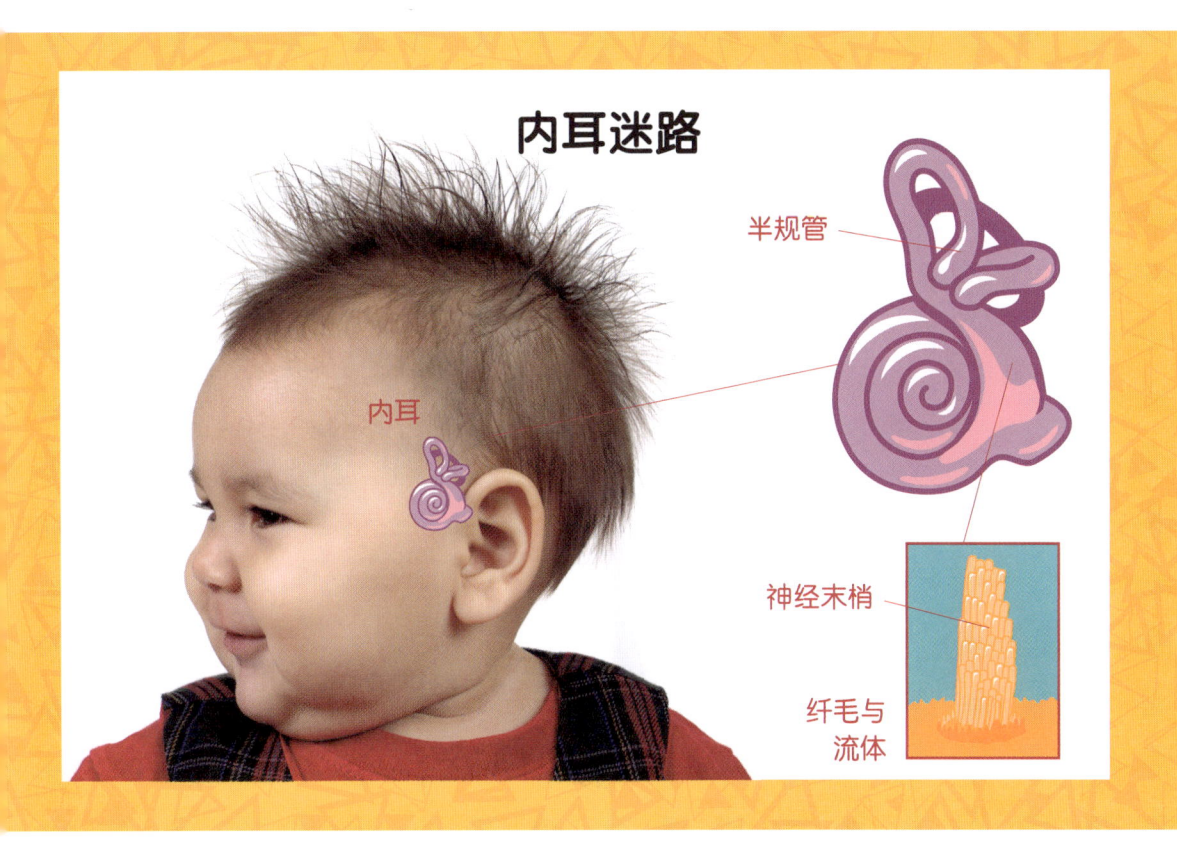

**半规管**

**内耳**

**神经末梢**

**纤毛与流体**

和大脑中间区域。在内耳中有长满纤毛的半规管——带有微小神经末梢的纤毛。这些纤毛（想象为海藻）受到身体运动的影响，在流体的来回冲刷下来回移动。当身体运动时，流体拱着纤毛挺立，刺激这些神经末梢。这向大脑提供了身体需要做什么来获得、保持平衡或重新获得平衡的必要信息。

例如，如果你原地打转很多圈，你也许就晕了，感觉你的脑袋还在旋转，那就是内耳里的流体产生了一个微小的旋涡效应。即使你停下来，它仍在起作用，因为流体从旋涡状态中恢复需要一定时间。当流体恢复常态后，你才能找回平衡。

### 警觉性和注意力

成人很少去想平衡，除非我们开始失去它。当这一天到来时，前庭系统会前来补救。

## 运动塑造孩子的大脑

想象一下你即将从马路牙子上跌下来的感觉。你的大脑警觉到了这种情景，它立即向肌肉组织发出命令，你的双脚试图维持平衡，然后你的双手也会张开来缓解这个跌落，以防你的双脚没有及时反应过来。这一切的发生并不需要你有意识地进行。

这就是你的前庭系统在发挥作用，与其他系统例如网状激活系统（RAS）协同合作。网状激活系统向大脑发出信号，要求立即处理焦点问题，关闭对其他事情的注意力。这可以看成是大脑的早期预警系统。

在上面这个例子中，网状激活系统协助解除了一个潜在的身体危险。但更常见的是，网状激活系统帮助大脑处理聚焦性的认知任务，如听力、阅读、学习和解决问题等。有些时候你甚至能"看见"它在工作。这就是所谓的坐立不安。

> 让你想不到的是：孩子们常常坐立不安，其实是因为他们正试图集中注意力。静止不动恰是前庭系统成熟的高级表现之一。而要让前庭系统发展就得让孩子运动。所以，如果我们想让孩子学会安静，就得先让他们学会运动。

孩子们常常坐立不安是因为他们正试图集中注意力。在复杂的思维任务如课业中，大脑也许会感到疲倦而分散注意力。这时，网状激活系统激活了肌肉运动（坐立不安）来唤醒大脑，并把注意力带回到思维任务上。换言之，坐立不安有助于聚精会神！

### 静止不动

我们都知道安静地坐着对幼儿来说是极大的挑战。不幸的是，很多成年人认为蠢蠢欲动是一个选择性的行为而不是生理性的需求。事实是，静坐是前庭系统成熟的高级表现之一。正如我们在前面说过的，前庭系统是在运动中发展的。因此，如果你想让孩子学会静坐，你就要让他多动。

当你遇到运动中的孩子，请记住以下重要事项：

- 儿童不是通过练习坐的技术来学会静坐的。随着前庭系统的成熟，他们就会发展出静坐的能力，而这需要运动。
- 在非必要情况下强迫一个孩子安静地坐着只会令你失望。他"运动的生理性需求"最终会战胜"顺应你的意愿"。

## 第八章 平衡感：前庭系统

- 当他不按照你的要求坐着时，他的表现并不是一个错误的行为或者"顽皮"。事实上，这正是孩子试图集中注意力的信号。

### 建立前庭系统

你是否注意到孩子是有多喜欢倒立？因为这样做会感觉很好。感觉好是因为这个动作刺激了他们的前庭系统。

所有的孩子每天都需要前庭刺激——可以的话最好一天多次。他们从每天鲜活的游戏中能够获得一些，尤其是：

- 慢慢地旋转
- 慢慢地滚动
- 倒挂（由儿童发起这个动作）

进行这三种活动，要让儿童来主导。任何时候只要他觉得舒服，他就可以旋转、打滚以及倒挂，他获得满足后自然会停下来。

完全可以向孩子建议做这些活动，但一定要让孩子来主导——当然需要你适当的监护。有时，你会发现孩子抵制某种活动。如果出现这种情况，仍有很多方法来锻炼前庭系统。例如，如果一个孩子不热衷于攀爬游戏，为什么不尝试着倒挂呢？

这里，速度也很重要。慢速地从事前庭系统活动对于大脑吸收和消化身体的感觉非常必要。八秒钟左右的旋转或翻滚对构建平衡感比较合适。

但有时动作迅速也同样重要。它可以刺激肾上腺素，让人产生愉悦的感觉。儿童需要的是两种速度都能胜任。例如，如果一个孩子无论做什么都非常快速，那他很有可能在慢下来的时候失去平衡，这意味着他需要更多地去锻炼前庭系统，所以让他慢一点儿是个好主意。

## 充电游戏

### 舒适的茧

**游戏目的：**

旋转非常有益于前庭系统的发展。慢慢地旋转为大脑吸收感觉信息提供了时间。

**游戏方法：**

让孩子们手拉手站成一条线。从一端开始，让孩子们慢慢地移动使得这条线弯曲成螺旋形。确保他们缓慢地移动。当他们走成螺旋形的时候，圆圈会越来越小，笑声会越来越大。当螺旋形已经紧得不能再紧时，让孩子们慢慢地向相反的方向移动，从而使这个螺旋形重新变回一条线。

当孩子们做了几次这样的活动后，唱起《舒适的茧》这首歌。在歌的结尾，让孩子们放开彼此的手，做个蝴蝶飞的动作。

#### 舒适的茧

毛毛虫，转啊转；
它有一个舒适的茧，
舒适的茧啊舒适的茧。
毛毛虫，转啊转；
它有一个舒适的茧，
变蝴蝶，自由飞……

第八章 平衡感：前庭系统

## 章节总结

- **前庭系统**掌管着我们内在的平衡感。
- **平衡**支撑着我们日常生活的方方面面，是孩子全面发展的关键。
- **平衡是习得的。**儿童的平衡感，并非与生俱来，而是通过运动习得。
- **前庭系统掌管着我们日常生活的五个方面：**姿势、平衡、警觉性、注意力与静止不动。
- **实现直立是一种生理性驱动，**需要力量、协调动作和平衡。
- **网状激活系统，**引导大脑定位焦点和集中注意力。
- **平衡的最高级表现是静止不动，**但儿童不能通过练习静坐技巧来学会静坐。
- **刺激前庭系统的三种方法：**慢慢地旋转、慢慢地翻滚和倒挂。

第九章

# 直觉的核心：本体感受

前庭系统提供身体内部的平衡感，而身体对在外部世界移动的识别与感知是通过直觉系统管理的。这就好比你有一套随身携带的全球定位系统（GPS），帮助你弄清自己身体与外部环境之间的联系。

## 本体感受：身体的 GPS 系统

直觉也被称为本体感受。本体感受传感器（本体感受器）存在于所有肌肉、肌腱、关节、韧带以及内耳的神经末梢中。它们把感知到的位置信息、与外界环境的联系、当前的外部环境，以及所接触到的物体等信息发送给大脑。这个过程不管你睡着还是醒着，每时每刻都在自动地不间断地进行。正因为如此，直觉在你每天所有要做的事情中都起着重要的作用。

直觉协调四种内部关联的导航工具，为大脑提供以下信息：

- 身体意识：我是什么样子的？我的身体是如何构成的？

第九章　直觉的核心：本体感受　　87

## 直觉

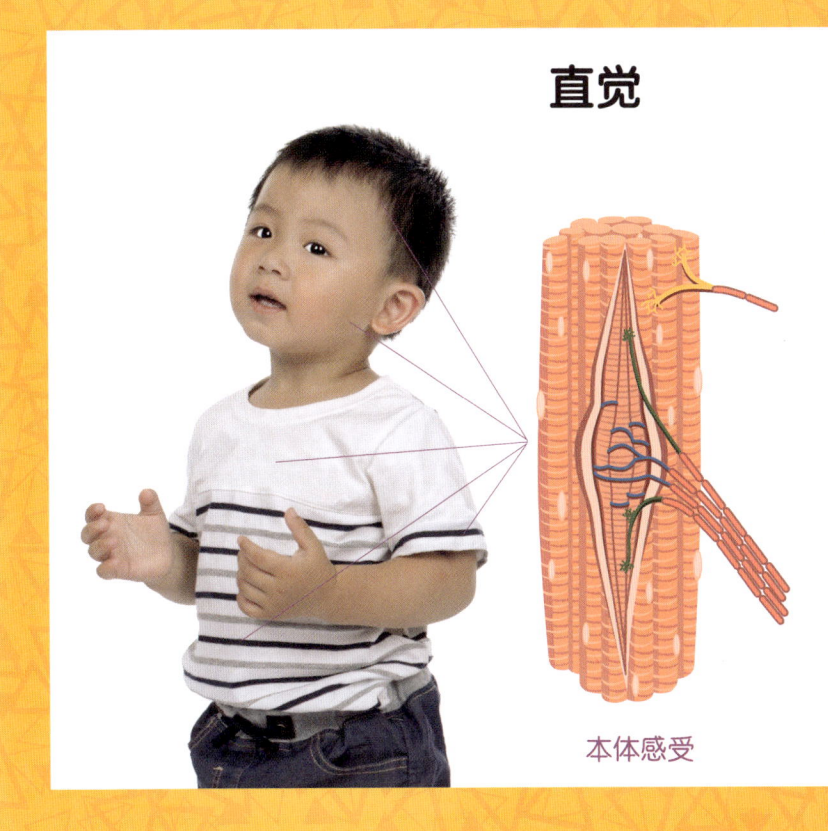

如何形容直觉，最佳的解释为潜意识。换句话说，你的身体知道你在哪儿，甚至在你自己还没意识到的时候。

本体感受器可以测量身体的全部肌肉、肌腱、关节以及韧带的收缩与弯曲情况，并将这些信息传递给大脑。此外，它们与内耳共同作用，来识别身体的方向以及在空间中的位置。

**本体感受**

- 空间意识：我的身体有多大？这个空间的大小是否容得下我？
- 身体潜意识：我的潜意识是怎样的？
- 力量管理：我应该付出多大的努力，使用这件工具来穿过这片区域？

## 身体意识

为了更好地使用自己的身体来进行探索与学习，宝宝首先必须探索和了解自己的身体。而这一切都开始于身体意识的产生。

身体意识，简单来说就是能够区分鼻子和脚趾。这取决于两个重要的因素：

- **身体定位**：身体定位是一种对身体的内在感觉，它能够让你对身体大概是什么样子的、从哪里开始、从哪里结束有一个基本的概念。正如

## 运动塑造孩子的大脑

我们前面谈到的，宝宝在刚出生的时候并不知道他身体的存在。听上去可能有点怪，但实际上他这时候还意识不到手脚是他自己的一部分，所以也就没法控制它们。在成长的初期阶段，为了能够更好地控制身体，宝宝有一个定位自己身体的过程。

- **身体设计**：身体设计是指对身体各部位的相互协调以及工作方式的内在理解。当小朋友意识到自己身体的存在之后，乐趣就来了！他会把身体当作自己的新玩具一样不停地进行试验，来看看自己到底能做些什么。通过这个过程，宝宝会逐渐了解身体是由不同部位组成的，而不同的部位可以做不同的事情——互相配合或者独立完成。

### 身体与大脑的关系

当宝宝移动的时候，本体感受器帮助大脑与身体之间建立联系。这好比大脑与身体在进行相互之间的交谈，它们说得越多，发现的东西也就越多。

比如，婴儿会花一些时间才能意识到自己的拇指，然后把它放进自己的嘴里。宝宝一旦吃到了自己的手指，他会开始吮吸，这能让他有安全感。这就是一个身体与大脑相互配合作用的例子。这种新的身体—大脑的联系产生了更多的身体—大脑的信任感，而这种信任感对于宝宝形成幸福感以及自信与自尊有很大的帮助。

> 身体是我们最重要的参照物，也是我们判断周边环境的标尺。大还是小，宽还是窄，高还是矮，空荡荡还是拥挤等，都是要测量的内容。

问题来了，小朋友不断长大，身体也在不断地变化。所以，不断地学习与再学习身体定位与身体设计是一个必要的过程。

举例来说，你可能会发现宝宝在某个阶段显得十分笨拙，然后突然有一天他就掌握了一周前还完全不会的技能。挑战与成长的阶段交替产生是因为大脑在不断地努力适应身体的变化。而加快大脑适应速度的唯一方法就是运动。

### 空间意识

我们说身体意识是保证身体与大脑联系的内在意识，那么空间意识就是身体如何适应以及穿越空间的内在意识。

为了穿过一个拥挤的房间，你可能需要不断地转身，挤过狭小的空间。因为你知道如果你侧着身子走可以穿过狭小的空间，而且在这个过程中你完全是下意识地这么做。宝宝刚刚蹒跚学步的时候，也正是他们学习空间是什么概念的时候，所以他们会经常撞到东西或者是被卡住。比如，一群小朋友在垫子上围成一圈坐下的时候，有的小朋友可能会不小心坐到别的孩子身上，因为他还不能准确地判断空间与位置的大小。而成年人可以很容易地准确判断出自己坐下所需要的空间。事实上通过视觉判断空间是一项高级的技能。如果宝宝还做不好，说明他们还在学习定位自己的身体。

身体是我们最重要的参照物，也是我们判断周边环境的标尺。大还是小，宽还是窄，高还是矮，空荡荡还是拥挤等，都是要测量的内容。这对成年人来说可能并不算什么问题，但对小朋友们来说这件事可就复杂多了，他们总是会想：这个空间能让我过去么？能容得下我么？其实这也可能是为什么小孩子总是喜欢爬上爬下到处乱钻的原因。他们需要用这种方式来探索世界。

对于身体与空间关系的理解不仅仅帮助小朋友避免撞到东西，还直接帮助他们搞清楚物体之间的位置关系并选择合适的方法去穿越。举个例子，如果某个小朋友不具备这个能力，那么把信封塞进信箱或者把牛奶一滴不漏地倒进杯子里，对他来说都是巨大的挑战，因为类似的任务需要判断物体的大小和形状，然后把它们（信封和信箱、杯子和牛奶）适当地组合起来。

空间意识影响以下方面：

- 手写：具有良好空间意识的宝宝学习写字更容易，能更好地按照一定书写比例写下单词或者句子。
- 关键问题的解决：空间意识为更好地理解三维空间提供了基础。而三维空间是理解很多数学以及自然科学概念的重要工具，比如几何与物理学。
- 体育：能不能准确地抓住球是你上场还是当观众的关键。

## 身体潜意识

身体潜意识也是直觉的一种。换句话说,你的身体知道你在哪儿,甚至在你自己还没意识到的时候。

事实上,直觉永远不会休息。比如,作为一个成年人,不管你睡觉时多么不老实也不会掉到床下去。这是因为你身体的潜意识在过去的很多年里已经磨砺得足够强了,所以即使你睡着了也能感觉到床的边缘在哪里,并保证自己不会掉下去。遍布全身的本体感受器不间断地监控着你在空间中的位置并把相关信息源源不断地发送给大脑,而大脑则处于潜意识状态来处理这些信息以确保你的安全。

在完全清醒时,我们的直觉与眼睛以及前庭系统协同工作,帮助我们感知空间以确保自身的安全。这种感知需要估计事物的大小、形状、范围、状态、结构以及周围的各种物体:客厅沙发和咖啡桌之间的空间有多少,或者学校的书架与图画展示区之间的距离又是多少?远处的那个玩具离我有多远?我应该如何以及何时转变方向跑才不会撞到墙?我应该爬多高?

当小朋友开始一天的活动时,他不知道在接下来的一天中会遇到哪些问题。他会撞到东西上,把东西打翻,错误地估计了空间,对了,还有一次又一次地摔倒。

事实上,如果想知道小朋友的身体潜意识发展到什么程度,可以试试下面这个小游戏:

1. 把你的左手拇指放到脑袋上,确保它不在视线范围内。
2. 用你的右手食指去触碰你的左手拇指。

很有可能一开始的时候,你很确定你的拇指在哪里,但是等你直接去碰的时候……没碰到!你看,你没有练习过这个小游戏,所以你的身体潜意识没法帮你成功。多试几次以后,

你就可以很容易地完成这个游戏了。

而这也就是小朋友们每天要经历的。他们对空间的假定还缺乏经验，但经过很多次的尝试后（当然有很多次的失败），他们的身体潜意识就会慢慢地出现，并帮助他们更好地依靠直觉在外部环境中生活了。

> 直觉帮助我们判断手头上的工作需要消耗多少能量。

## 力量管理

直觉帮助我们判断手头上的工作需要消耗多少能量。比如，摘一朵蒲公英花看上去很简单，但当你去揪的时候，那朵花可能特别结实，怎么也揪不下来。而在你真正意识到这个问题之前，你的本体感受器可能已经把信息传给了你的大脑，于是大脑就命令肌肉释放出更多的能量。你的手和胳膊也会相应地用更大的力，直到把花揪下来。

有时候小朋友并不了解自己力量的大小。宝宝经常会因为用力太猛把铅笔尖折断，或者突然把玩具卡车重重地撞在墙上，或者在拥抱别的小朋友时

### 充电游戏

### 重量是什么？

**游戏目的：**
通过体验不同重量的感觉，来帮助本体感受器来适应不同的外部环境。

**游戏方法：**
通过调整不同的配重，来让小朋友体验不同重量的区别。比如，让孩子们推着玩具卡车或者婴儿车，小车上可以放任何触手可及的东西，比如一些书。

你还可以让小朋友斜着拉或者推小车通过小坡、穿过小空间。总之你可以不断改变游戏场地的地形，让宝宝获取不同的体验。

太过用力而把对方撞倒！

上面的这些情景，常常被称为笨拙，甚至被叫作顽皮。但实际上这可能只是小朋友的直觉还没有训练好而已。

根据过去的经验来改善未来的行动，这种模式被称作运动计划（motor planning）。这也就是重复的好处之一。每一次新的尝试，本体感受器都会和大脑协同工作来确定需要多大的力量。可能需要很多次尝试才能达到合适的程度，但每次尝试大脑都会和肌肉进行一次重新调整，直到我们所说的"刚刚好"。

## 章节总结

- 直觉，或者说本体感受，是我们随身的 GPS 系统，管理着我们对所生存的世界的外部感觉。
- 直觉是由四种探索工具构成的：身体意识、空间意识、身体潜意识以及力量管理。
- 宝宝出生时是没有身体意识的。通过运动，他们必须完成自己的身体定位并学会身体设计——身体各部分是如何独立或者协作工作的。
- 身体自信是大脑与身体之间无缝交流的基础，身体自信对于宝宝形成幸福感以及自信与自尊有很大的帮助。
- 空间意识就是身体如何适应以及穿越空间的内在意识，它对理解空间中物体的相互关系十分重要。
- 身体潜意识是身体在空间中定位自己位置的能力，不管你是睡着还是醒着，它都一直存在。它起源于身体与本体感受器之间的联系。
- 力量管理帮助我们确定需要使用多少能量，来完成指定的目标。

# 第十章

# 自立的源泉：动作工具

现在我们已经了解到，宝宝会通过知觉系统来获取外界信息，所以我们把知觉系统称作学习的源泉。但是把得到的信息转换成可用的知识可比收集信息要困难多了。这需要实实在在地去进行一些尝试或者说实践工作才能实现。比如，我们来到一个从来没去过的地方，你可以买一张地图，可以问路，或者用GPS导航，但是只有当你自己确实走过一遍这个地方，你才会对这个地方有真正的直观认识。事实上，第一个登上珠穆朗玛峰的人，埃德蒙·希拉里爵士曾经说过："我们并没有征服那座山，我们征服的其实是我们自己。"这句话对宝宝们在孩童时期的成长来说再正确不过了。

在宝宝进行"实践"的过程中，有三个重要的工具——力量、协调性与控制力——帮助宝宝把信息转化为知识，真正实现学习这个过程。只有当宝宝开始把学习付诸行动时，他们才真正掌握了知识而不是单纯地了解信息。

当宝宝有机会以及有能力用他自己熟悉的方式调查、了解外部事物时，他对外界的早期学习过程就开始加速了。事实上，宝宝一旦对某个东西产生了兴趣，就会花很多时间，用各种方式深入地研究和学习它。学习的过程就好像在吃自助餐一样，宝宝首先要有想要知道的意愿，然后通过各种方式（行动）来获得他想要的内容（经验）。在这个过程中宝宝获取的东西以及探索未知的能力（学习能力）的速度会呈指数增长。

不管在什么时候，对所有人来说，自己主动学习的过程是一个效率更高的过程，这也是人类的本性。然而，与成年人不同的是，小宝宝们在这个时候还需要努力发展自己身体的运动能力，以获得自由探索外部世界的能力。

## 不仅仅是"大运动"与"精细运动"

在宝宝早期成长的过程中，"运动"这个词经常被"大"与"精细"两个词修饰。在后面的章节中，我们有一些不同的观点与看法想和大家分享。不过在这里不是要讨论这两个词在语义学上的意义，而是想看一下这两个被广泛接受的修饰词是如何体现大众的思维方式，以及是如何影响我们对儿童早期运动行为实践方式的。

首先，把肌肉的动作分为"大"与"精细"，将儿童早期成长中各部分之间的联系割裂开来。我们应该用一个整体的、完整的视角来看待儿童的成长过程，并且尊重每个宝宝各自成长的特点。

> 任何事物都不是孤立存在的。人身上的每块肌肉，不管大小，它们都以不同形式对学习的过程起到一定的作用，所以我们不能将动作简单地分成"粗大动作"与"精细动作"这两个部分。

其次，"大"经常与操场上的打闹联系起来，而"精细"经常与坐在教室里安静学习的小朋友联系起来。于是很多成年人就会有一种偏见，就是"精细"比"大"更重要。正像我们刚才讨论的那样，人身上的每块肌肉，不管大小，它们都以不同形式对学习的过程起到一定的作用，所以我们不能将动作简单地分成"大运动"与"精细运动"这两个部分。

类似的，"大"经常与健康以及身体素质联系在一起。实际上小肌肉的健康与强壮在宝宝日常行动的过程中也同样起着十分重要的作用。

最后也是最重要的一点，"大"与"精细"的概念把儿童的运动能力划分为成长发育测量表中两个普通的选项，而忽视了儿童的运动能力实际上是成长发育测量表中其他指标的根本基础。

## 动作工具协助宝宝发展力量、协调性与控制力三方面的能力

新的理论需要新的词语来解释。我们选择"动作工具"（the motor tools）这个词，来讨论宝宝在漫长的身体发育过程中所获得的能力：

- **力量**：使用大小合适的力以及能量在一段时间内调动肌肉的能力
- **协调性**：通过不同的方式同时调动不同的肌肉来完成复杂的动作模式的能力
- **控制力**：适应与提升动作精细度以及准确度的能力

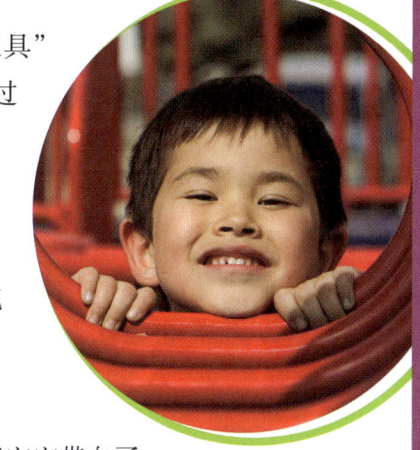

就像知觉工具把外部世界带给宝宝一样，动作工具把宝宝带向了外部世界。当能够熟练掌握这两种工具的时候，宝宝就可以自由地去感知和发现世界的精彩了。在探知世界的过程中，宝宝无时无刻不在形成着自己的运动特点、认知特点、情感特点以及社交特点，然后慢慢变成一个与众不同的自己。毕竟当你还没有桌子高的时候，去够桌上的饼干罐绝对是一场人生的大冒险！

让我们用好动作工具吧！

## 章节总结

- **知觉工具与动作工具**：知觉工具帮小朋友获取信息，动作工具帮小朋友通过实践将信息转化为知识。知觉工具把外部世界带给宝宝，动作工具把宝宝带向了外部世界。
- **不仅仅是"大"与"精细"**：在儿童早期成长过程中，任何事物都不是孤立存在或发生的。人身上的每块肌肉，不管大小，它们都以不同形式对学习的过程起到一定的作用，所以我们不能将运动简单地分成"大"与"精细"这两个部分。我们应该用一个整体的、完整的视角来看待儿童的成长过程，并且尊重每个宝宝各自成长的特点。
- **长久的过程**：动作工具用于解释宝宝在身体的逐渐生长中不断获取新的运动技能，包括力量、协调性与控制力三个方面。

第十一章

# 力量：不仅仅是大运动技能

谈到力量这个词，我们一般不会把它联系到小朋友身上。但是，如果你仔细思考一下，事实上，孩子们为了拥有自己的立场并且变得独立起来，他们会不断地追求体能、认知、情感和社交方面的力量并且获取它，不管是实质上的还是只是形式上的。因此在幼儿时期，力量是伴随着身体的成长而不断增强的。

## 宝宝的力量需要身体的每块肌肉

> 力量应该被定义为可以充分且有效地、可多次重复地、可根据需要持续不断地、运用身体的能量完成大脑所要求的任务。力量的含义在这里是一个意义更广泛的抽象概念，它包含身体的每一块肌肉，不管是大块肌肉还是小块肌肉。

力量不单单是为了健康这么简单，它还远远超越了我们对大运动技能的定义范围。在我们看来，力量应该被定义为可以充分且有效地、可多次重复地、可根据需要持续不断地，运用身体的能量完成

大脑所要求的任务。力量的含义在这里是一个意义更广泛的抽象概念，它包含身体的每块肌肉，不管是大块肌肉还是小块肌肉。举个例子来说，穿越广场时腿部用到的力量与手指敲击键盘时的力量是对等的。

为了易于理解，我们将力量的概念分解为四个基本要素：

- 力气
- 耐力
- 柔韧性
- 敏捷度

## 力气

经常被使用或被刺激到的肌肉一般发育得更好。所以对小朋友来说，增加运动的多样性可以为更多的肌肉提供锻炼的机会。

对小朋友来说，肌肉的强化更多是在潜移默化中完成的。我们可以确定的是"锻炼"对他们来说与我们传统意义上的意思完全不同。举例来说，当婴儿踢腿时，腿部肌肉的力量在收缩的过程中得到锻炼，而这些肌肉对未来的爬行以及行走有着至关重要的意义。对学龄前儿童来说，他们到处乱跑与成年人跑步的目的并不相同，这只是他们力量成长过程中的一种自然反应。

力气从某种程度上来说是我们一切体力工作的基础。简单来说，如果没有力气，我们可能什么也干不了。而从更深入一点来看，力气也是一种心态。那是一种蔑视一切挑战的"世界，我来了！"的心态的动力源泉。力气和渴望推动着人们去不断尝试。而在儿童时期，不断的尝试是最为重要的品质。小朋友能够有自信和勇气不断地尝试和挑战，是比成年人口中所谓的"成功"重要得多的素质。

## 耐力

对成年人来说，耐力是衡量一个人长期做某一件事或者某一个动作所坚持的时间的一个指标。当然，对于小朋友来说，耐力的定义在技术上并没有什么不同。但如何衡量小朋友的耐力水平与衡量成年人的方法是有很大区别的。这是因为小孩子长期坚持一个动作的能力还受到其他许多因素的影响，比如平衡感。

事实上，小朋友的耐力是通过他们对事物的热情展现出来的。你可以通过宝宝的性情看到耐力的影子——诚实、机敏、乐观、勇于尝试等。比如，当小朋友学习爬高的时候，她第一次尝试时可能并不能直接爬到最高处，甚至连续十次都不能，但是她会一直尝试着往上爬并乐此不疲。这就是在行动中体现出来的耐力——在体力、情感以及认知能力上的坚持。

当肌肉具有足够的力量以及耐力时，他们会一遍又一遍地重复同一个动作。就像我们前面讨论过的那样，重复可以生成肌肉的记忆能力，而这种记忆能力可以让大脑解放出来去处理其他更重要的事情。

### 柔韧性

柔韧性是指能够自由调整身体完成不同姿态的能力。我们会注意到宝宝在刚出生时柔韧性都很好。这是因为宝宝的骨骼结构与成年人不同。婴儿的骨骼数量（270～300）比成年人的骨骼数量（206）要多一些。而且宝宝有更多的软骨，其柔韧性比普通骨头要强很多。随着宝宝的成长，为了形成更强健的骨骼结构以支撑日常生活的需要，他们的骨头会逐渐融合与僵化，骨骼数量会变少但更结实。

这种骨骼结构的变化对早期成长有很好的帮助作用，而且这个窗口期可以让宝宝更好地认识自己的身体并且更深入地探索自己的身体。

### 敏捷度

敏捷度指快速、敏捷移动自己身体的能力。敏捷度是一个缓慢形成的过程，它对宝宝自尊以及自信的形成有十分重要的作用。我们称之为身体自信，一种与生俱来的身体与大脑之间的"信任"关系，它让身体的行动更加自然和协调。身体自信使得身体与大脑真正地合为一体。

这种"合为一体"很可能是小朋友具备良好的运动能力的钥匙，它基于体质而不是缘于某一两块肌肉的良好发育而造成小朋友只是擅长某一两项运动。

## 培养通用体质

人体之所以会形成现在的构造，主要是为了能够实现更有效率的行动以及减少能量的消耗。正因为如此，我们在做任何事情的时候都会有选择如何更舒服和更简单的倾向。随着时间的推移，这种倾向就形成了每个人被称为天赋或者天资的东西。比如，一些小朋友跑起来像风一样，还有一些擅长打棒球，另一些小朋友跳起舞来又优雅又轻盈。

成年人（尤其是父母）希望孩子们都能找到并发展自己的天赋，这其实是一种拔苗助长的行为。对孩子的成长来说，找到和发展某种天赋只是成长过程中很小的一部分。如果我们仅仅专注于孩子擅长的或者喜欢的东西，我们可能是在鼓励孩子逃避其他未知的来自认知、社会以及情感发展上的问题，而这可能造成孩子整体发展的不均衡。换句话说，只是擅长踢足球、跳芭蕾或者跑步等，并不能代表孩子具备了应对和处理其他各种事物的能力。

宝宝如果有一项或者多项擅长的技能当然是好事，但是我们还应该关注那些宝宝不擅长的事情，并且要鼓励他们去尝试。比如，如果她喜欢画画，但是讨厌爬攀登架，你可以建议她坐到攀登架的顶上去画一幅画给你看，问她如果爬到最高处会看到些什么。你可以这样说："我想知道你在最上面能看见什么？"或者"你能不能把看到的东西画出来给我看看？"这也就是说，你可以用当前孩子擅长的东西来开发她不擅长的技能。顺便说一下，如果这个方法不管用，你可以用一些挑战性更低的方法来吸引她。比如在攀登架旁边放一个箱子，让宝宝只向上爬一点儿然后站在箱子上，问她看到了什么。通过这种突破宝宝边界的做法，可以在她能接受的范围内，让她获取更直观的身体和感官经验，这对于激发宝宝的学习热情有着很好的作用。

当然还有另一种情况，当宝宝发现一项自己不擅长的活动时，她会试图绕过或者逃避做这项活动。在这个时候，我们可以多尝试几种方式来引导宝宝。比如，如果她不能很好地抓住球，你可以试着让她抓沙包或者泡泡。条条大路通罗马，尝试使用不同的方式来引导宝宝，可以让练习的过程变得更有趣。

最后还要强调的是，不断地尝试是关键。让宝宝学习克服各种困难，可以在让身体更好发育的同时，也让心理得到更好的历练。但我们也必须牢记，

# 运动塑造孩子的大脑

尽量努力完成一件事与用同一个方法不停地尝试同一件事直到让宝宝产生沮丧感和挫折感是完全不同的。

## 休息

所有的肌肉都需要休息，每个小朋友都本能地知道这个道理。前一分钟他

### 充电游戏

### 疯狂螃蟹爬

**游戏目的：**

通过多种方式来增强体质。

**游戏方法：**

用宝宝天然的好奇心来挑战他们的身体。在这个游戏中，尝试寻找各种爬行的方式。首先可以给宝宝们示范螃蟹是怎么爬的。让他们坐在地板上，手放在背后，抬起屁股，然后横着像螃蟹一样爬行。但是这个游戏叫作"疯狂螃蟹爬"，所以当他们熟悉基本技巧之后，你还要让他们做一些更有趣、更有挑战的动作，比如：

- 螃蟹爬着转弯
- 螃蟹爬着越过类似滚筒一样的小障碍物
- 螃蟹爬着穿过一根抬起的横杆或者桌子
- 螃蟹爬着绕过锥筒
- 螃蟹爬着穿过圆圈
- 和所有小朋友一起螃蟹爬着跳波浪舞
- 螃蟹爬着在地上或者操场上赛跑
- 螃蟹爬着寻宝
- 螃蟹爬上小坡然后像蜗牛一样滚下来

**或者其他小朋友想出来的螃蟹爬游戏！**

## 碎片技能

碎片技能是指一些单一的、无相互关联的、经常局限于某一领域的技能。拥有这种技能往往会产生身体能力很强的幻觉，但事实上这会掩盖很多缺失的应有的技能。一般来说，任何一种比较强的碎片技能都涉及肌肉记忆能力，比如体育或者舞蹈。但我们不应该在宝宝成长阶段太过关注单一碎片技能的培养。事实上，在早期对身体各种技能的平衡培养比某一技能的单独提升对宝宝未来长期的成长来得容易，并且有更大的帮助。

作为成年人，我们在宝宝成长过程中错误地使用了太多"最短路径"理论。比如，我们常常会给宝宝一支铅笔，然后告诉她如何握笔、如何写字，接着督促她练习，直到完成任务。这就出现一个问题，如果你的手只是用来写字的话，这个训练使用铅笔的过程绝对是恰当的，但是画画的时候呢？弹钢琴的时候呢？或者跳芭蕾、打棒球的时候呢？没错，专注于重复练习某一项技能，对于调节肌肉、肌腱以及韧带适用于该项技能有很大帮助，但是这种重复并不意味着这些肌肉同样可以很好地完成其他的技能。

> 在早期对身体各种技能的平衡培养比某一技能的单独提升对宝宝未来长期的成长来得容易，并且有更大的帮助。

们可能还在疯玩，下一分钟他们可能就会突然慢下来安静一会儿。这种猛升/猛降的模式一方面是因为小朋友习惯这种游戏方式，另一方面是由小朋友的内在身体限制决定的。由于高强度的肌肉活动会产生大量的乳酸，这会让人有酸痛、肌肉僵硬等不舒服的感觉。这就是身体告诉我们应该慢下来休息一下了。

在这里，休息并不意味着必须要停止游戏。其实可能只需要使用不同的肌肉，比如，从爬攀登架的游戏转换成蛙跳的游戏，即把上肢运动改为下肢运动就可以了，或者你只需要把高耗能的运动量调低一会儿而已。

我们很容易看出来哪个宝宝需要休息了，比如，她的游戏热情明显降低，对尝试的兴趣也大大减少；她会变得心不在焉、疲惫以及健忘。当然，这也可能是宝宝在耍小脾气。正确认识孩子的疲惫状态也是对孩子的一种尊重。在孩子疲惫的时候，无论你多努力地教导宝宝做某件事，他们还是无法意识到你的坚持，而更多的时候他们是在思考自己的感受。

## 吉尔笔记

### 天生健康

我们天生都是健康的。但是和成年人不同的是，孩子们不会特意通过锻炼而保持健康，他们通过做游戏来保持！

对宝宝来说，是否健康可以用他们的欢笑来衡量，做游戏能够很好地保证他们的健康。把宝宝们每天做的事情与你每天在健身房里做的运动做一下比较，你恐怕要再去挥汗如雨几个小时了。

| 成年人的健身内容 | 宝宝的游戏内容 |
|---|---|
| 热身 | 醒来，伸懒腰，爬下床 |
| 健身房 | 操场 |
| 单杠 | 攀登架 |
| 仰卧起坐 | 秋千 |
| 俯卧撑 | 独轮车比赛 |
| 耐力训练 | 抢夺玩具、拔河比赛 |
| 负重练习 | 搭积木 |
| 爬楼梯 | "比谁先爬到顶！" |
| 脚踏车 | "比谁先到门口！" |
| 划船机 | 骑小木马 |
| 有氧运动 | 跳绳 |
| 健美操 | 抓人游戏 |
| 无氧运动 | 《左三圈右三圈》的儿歌游戏 |
| 健身球 | 所有球类 |
| 交叉训练 | 跳 |
| 循环锻炼 | 在家里进行障碍训练 |
| 动感单车 | 骑车 |
| 组和套数 | 重复、重复、再重复 |
| 臀大肌、腹肌和大腿 | 坐旋转木马 |
| 打太极拳 | 打闹 |
| 瑜伽 | 把书从头看到尾 |
| 拉伸 | 踮起脚尖够饼干罐 |
| 运动饮料 | 果汁 |
| 平静下来 | 睡前故事与晚安之吻 |

## 章节总结

- **不仅仅是大运动**：力量是身体大肌群与小肌群提供全部能量的充分且有效的运用。
- **不仅仅是力气**：为了达到最好的成长与学习水平，肌肉需要力气、耐力、柔韧性与敏捷度。
- **通用体质**：每天进行形式多样的活动可以让宝宝得到全方位的身体锻炼，为未来的学习奠定基础。
- **碎片技能**：如果让小朋友过度专注于某一项技能的提升，可能会造成其他重要能力得不到充分锻炼，所以我们每天应该让宝宝的活动内容尽可能地丰富多彩。
- **休息**：任何年龄的人的肌肉都需要休息。要时刻注意身体疲惫的信号，转换运动方式，使肌肉得到轮流休息。
- **孩子们不会特意通过锻炼去保持健康**，他们通过做游戏来保持：自由地玩耍，探索身体的秘密，对宝宝来说不会像健身那么枯燥。

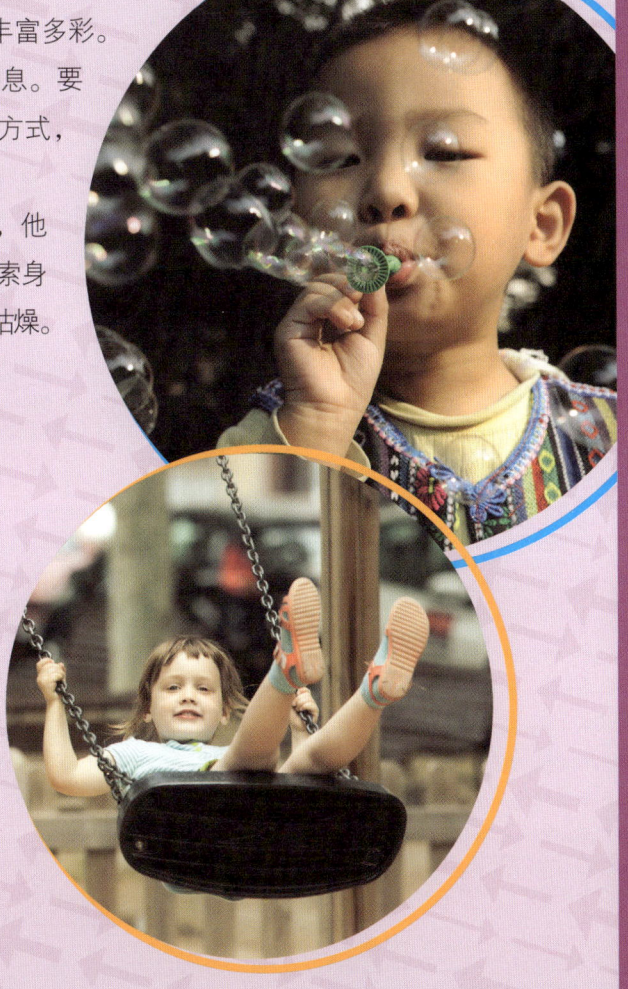

第十二章

## 协调：中央轴、身体韵律和时空意识

就像一台保养良好的发动机一样，有效的运动能力需要身体的各部位与大脑实现良好的配合与协调。

协调性是指身体作用肌群的时机正确、动作方向及速度恰当、平衡稳定且有韵律性。以生物几何学的观点，协调性的形成是人类在出生后相当长的时间内，首先产生以人体中央轴为坐标原点的意识，随后再结合逐步产生的节奏感与时间感，共同作用于身体各部分的结果。

在这个过程中，良好的协调性不仅仅体现在对身体的控制上，它对大脑的思考能力、推理能力以及创造能力都有十分重要的影响。

### 初探人体中央轴

人体中央轴并不是肉眼可见的，但它对小朋友的成长起到了至关重要的作用。

我们可以想象有这样三条线，将人体分割成几部分：第一条线垂直于地面，经过肚脐从上至下，分割身体的左右两侧；第二条线平行于地面经过肚脐，从左至右，分割身体的上下两块；第三条线垂直于地面，经过肚脐，分割身体的前后两边。这三条线构成了人体中央轴，是人体复杂运动模式的中枢坐标点。

人在出生后很长时间，才能完全形成对人体中央轴的完整意识。一般认

第十二章　协调：中央轴、身体韵律和时空意识　**105**

为，人体中央轴意识的形成是从出生至七岁或九岁（甚至更长）时间段内完成的。随着人体中央轴意识的逐渐发展，宝宝对身体的控制能力从单一部位的简单运动慢慢过渡为多部位协同运动。

当这些多部位协同运动模式形成后，宝宝的大脑会迅速建立相应的神经结构来进行记录，并且会在大脑中建立或强化大脑的连接神经束（胼胝体）。

## 人体中央轴

前后中央轴

左右中央轴

上下中央轴

而胼胝体是连接左右两侧大脑半球的横行神经纤维束，是大脑半球皮层中最大的联合纤维。大脑两半球之间的连接程度，决定了人体的灵活性、适应性以及思维的深度。我们可以简单地将其理解为左右脑的连接使得大脑处理的速度与能力得到了双倍的提升。

### 当左脑遇见右脑

关于大脑左右半球的功能已经有了很多的研究和争论。我们普遍认为，每个人的大脑都有一个起主要作用的半球，这也决定了我们如何思考。从大多数研究结果来看，左脑主要负责分析、实践、逻辑推理、概念等功能，右脑具有发明创造、想象、艺术等功能。但这种理论忽略了一个事实，即当我们做任何事情的时候，大脑的两个半球是同时起作用的，因为只有当它们同时起作用的时候，大脑的工作才是最有效率的。

> 人体中央轴是人体复杂运动模式的中枢坐标点。

神奇的大自然使得大脑能够根据童年时代的经历建立不同的神经网络。更重要的是，它还包括了跨越左右两半球的神经束的发展。当然，大脑的发展一定是从某一点开始的。根据目前的研究成果，大脑一般是从右脑开始生长的。从广义上讲，右脑主要收集和感知当前收到的数据（感官、想法和信息），而左脑一般用于分析和组织数据进行推理和计划。这也就是为什么小朋友大都右脑发展得较好，即主要是为了左脑进行思考、分析、对比和分类而收集更多的信息。

而为了能够获得思考更复杂的问题的能力，大脑的两个半球需要协同工作。这就要求左右脑之间有强大的瞬时交互能力。当小朋友能够独立地移动时，也意味着大脑协同工作的能力已经逐渐成熟了。而随着人体中央轴认知能力的不断提升，小朋友的身体控制能力也在加强，学习也变得更快更容易，分析能力以及将学到的东西转化为行动的能力也会呈指数增长。总而言之，对中央轴的感知能力的提升对大脑的发育有着至关重要的作用。

### 运动与人体中央轴

三条人体中央轴都是通过复杂的、相互配合的人体活动而逐渐形成的，包括双侧对称、同侧、偏侧以及交叉的运动模式。让我们来分别了解一下这几个模式。

第十二章　协调：中央轴、身体韵律和时空意识

# 大脑半球

术语汇总

| 大脑右半球 | 大脑左半球 |
|---|---|
| 直觉预测能力的运用 | 逻辑分析能力的运用 |
| 首先关注概要 | 首先关注细节 |
| 寻找相同点 | 对比不同点 |
| 随心所欲 | 情绪控制 |
| 自发 | 计划 |
| 思考现在时 | 思考下一步 |
| 关注现在 | 面向未来 |

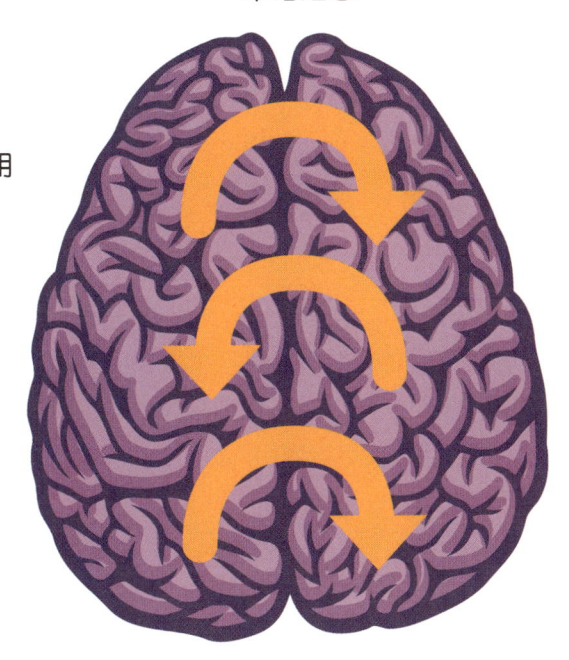

**双侧对称动作**

父母们总是想早一点儿知道宝宝是左撇子还是右撇子。专家们普遍认为惯用手的倾向是出生时就已经确定的。当然，我们也确实发现一些宝宝生来就有喜欢使用某一侧手的倾向，但实际上这个时候惯用手的倾向还没有完全出现，只有当人体中央轴发育到一定阶段后，才会真正确定。

对婴儿来说，他们绝大部分有意识的活动都是双侧对称或者说是镜像化的动作——即身体左右两侧的动作基本是同时进行的。比如，我们注意到当婴儿想去够他的奶瓶时，一般都是两只手同时伸出去拿。当他要骑到什么东

西上的时候，他一般会同时用两只脚骑上去。同时使用身体的两侧可以帮助小朋友提升对身体的控制力、肌肉力量和协调能力，并且可以使左右两侧的身体以及大脑均衡地发展。（顺便说一句，如果小朋友不时地用一只手做某件事，很大的可能是因为在当时的情况下使用那只手会更加方便，而与惯用手无关。）

尽管双侧对称在婴儿成长初期有着这样那样的好处，但它阻碍了身体对复杂动作的学习。事实上只有当宝宝能够完全有意识且无障碍地变换自己的脚和手时，爬行和行走才能成为可能。因此当宝宝开始满地乱爬时，大自然就已经将他们带进人体中央轴发育的初期阶段了。

### 同侧动作

同侧运动指当移动身体的一侧时，另一侧可以保持静止不动。你现在可能觉得这是简单至极的事，但对婴儿来说，他们还只习惯于镜像化的动作，这时候跟他们谈什么同侧运动简直就是要他们玩了。

当你看到小朋友开始故意只用一只手做事情的时候，恭喜你，他已经有同侧动作的苗头了。小朋友完全掌握这种能力是一个缓慢的过程。比如，幼儿学习挥手说再见时，他挥动一只手的同时，另一只手也会不自主地跟着动。还有当小朋友爬梯子的时候，都是移动一侧的手脚，而不是像成年人一样双手双脚交替上升。

不要小看一个简单的挥手说再见的动作，这对小朋友未来在学校的学习有着重要的作用。同侧动作能力能够帮助小朋友在一只手写字的时候，另一只手保持不动，这保证了小朋友能够专注于自己想写的东西，而不会受到更多的干扰。

第十二章　协调：中央轴、身体韵律和时空意识

> **换手**
>
> 　　有些小朋友在学习写字或者画画的时候，会不停换手。虽然这并没什么大问题，却是个小线索，意味着这孩子需要花点功夫发展人体中央轴了。
>
> 　　为了帮助他们尽快提升感觉，你可以给他们两个小旗子或者其他成对儿的东西，然后鼓励他们挥舞一只手里的旗子，而另一只手保持不动。当然，这时候可能会需要你帮忙抓住小朋友不应该动的那只手，以保持那只手静止。
>
> 　　其他同侧动作的练习还包括轮流闭上眼睛、双腿站直不动拍球、玩儿童滑板车等。

**偏侧动作**

　　偏侧动作是指当身体的一部分在做某个动作的时候，身体的另一侧做相反的动作，比如，人在向前爬的时候手和脚在做相反的动作。

　　爬行是偏侧动作开始发展的最初表现形式。尽管对成年人来说只不过是小儿科的活动，但在儿童成长过程中，爬行是一个十分复杂的动作。从技术角度来说，爬行需要三条人体中央轴共同作用。而这个作用过程不仅仅是让婴儿成功移动到他想去的地方，还在潜移默化中有力地刺激了左右脑的协同发展，使得左右脑之间的神经通路发育得更加快速和有效。

> 爬行是偏侧动作开始发展的最初表现形式，是一个需要三条人体中央轴共同作用的十分复杂的动作。

　　偏侧运动需要两侧大脑的同时运转才能够实现。在这个运动过程中，双侧大脑的协同思考能力也得到了提升。而两侧大脑的同时运转使得宝宝在这个阶段能够用到一个全新的技能：构思。当宝宝爬行时，他的大脑必须勾画出哪条腿先动，然后哪条胳膊要跟着动的计划，然后遵照执行。这对宝宝来说是一种全新的移动方式以及全新的思维方式，所以这也是宝宝在成长过程中的一项重要进步。而通过构思活动的方式，宝宝的大脑将实现另一个飞跃：了解关于未来的概念——不是已经发生或者正在发生的事情，而是可能发生的事情。换句话说，有意识的活动唤起了计划

与构建意图的想法。

关于以上理论的最好例子是我们称作"餐椅游戏"的一个现象：某一天，有一个玩具从餐椅托盘上掉到了地上，妈妈弯了一下腰，玩具就又神奇地出现在托盘上了。几天以后，这个神奇的事情又发生了一次，玩具消失了，玩具又出现了……慢慢地，不知道从什么时候开始（实际上是从左右脑通路逐渐发展开始），宝宝逐渐意识到消失的玩具将会重新出现。

于是，宝宝开始思考，如果我自己主动让玩具消失了会发生什么事情呢？于是他开始着手验证自己的假设，把玩具推到地上。当然，妈妈会把玩具捡起来。于是他再推，玩具又回来了。在这个过程中，宝宝有了这样的意识：如果我做X，Y就会发生。这也就是因果意识初步建立起来了。

因果意识的建立是宝宝成长过程中的另一个重要里程碑，这意味着宝宝从此具有了推理能力。

**交叉动作**

双侧对称动作、同侧动作以及偏侧动作都是指左右腿和左右手在本侧的动作。而交叉动作是指手或腿穿过所在的一个或多个人体中央轴面的动作。

主动的交叉动作是最为复杂的人体中央轴动作，需要极高程度的协调性。如果对人体中央轴的感觉没有发展到很好的程度，小朋友做交叉动作时会显得十分不协调。比如，小朋友如果需要用右手去拿他左侧的东西，他可能会倾斜整个身体去够东西，即通过旋转躯干来减少交叉动作的影响。因为对宝宝来说，转动身体面向左侧比仅仅用右手去够左侧的东西（穿过人体中央轴面）要容易得多。这说明宝宝还没能掌握交叉动作的诀窍。

交叉动作一方面使得动作变得更加有效率，另一方面进一步强化了大脑的连接神经束（胼胝体）。因此，交叉动作对幼儿未来进入正式学习阶段有着重大的意义。

举例来说，当幼儿刚开始学习写字时，他们经常会把字母写反，比如会把b写成d。成年人会把这种情况视为拼写困难。但实际上这仅仅是因为幼儿还没能完全掌握人体中央轴的意识。毕竟b与d的区别只在于那个小圈圈

第十二章 协调：中央轴、身体韵律和时空意识

的方向。如果小朋友还没有搞清楚自己的前后左右，大脑自然也无法把前后左右的概念作用于其他物体。

正因为如此，对于人体中央轴线，小朋友们需要经历许许多多复杂且有效的体验，他们才能够更好地实现对整个身体的自如控制，并更好地理解他们所生存的这个三维世界。幸运的是，在大多数时候，日常的玩耍与探索就可以帮助小朋友们逐渐具有人体中央轴线的意识，他们的小脑袋瓜儿会一点一点地了解左右、上下以及前后的概念。

## 充电游戏

### 把自己黏住！（不需要真胶水）

**游戏目的：**

交叉动作对幼儿未来进入正式学习阶段有着重大的意义，它可以强化大脑的连接神经束（胼胝体）。但由于小朋友们很少会遇到能够练习交叉动作的机会，因此这个游戏也许可以帮助他们。

**游戏方法：**

大声地问小朋友们，如果手上有胶水那是什么感觉？然后假装在每个小朋友的手上倒一点儿胶水。

让小朋友们给你演示，如果他们把沾满胶水的手放在膝盖上会有什么结果？然后你可以夸张地大叫："不好啦！我的手被黏在膝盖上了！"然后让手被"黏"在膝盖上的小朋友们走一圈。

鼓励小朋友们始终把手放在膝盖上，强化"黏住"的概念，然后说："这个胶水好黏啊！我们必须特别使劲才能把手拿起来。现在跟我一起喊，1——2——3 拉！"

接着，我们可以在身体的其他一些部位继续玩"胶水"游戏，越夸张搞笑，效果越好。

当小朋友们完全掌握了"黏"的概念之后，就可以加入一些交叉动作了。比如，把右手"黏"在左肩膀上，或者把左手"黏"在右膝盖上，或者可以把一只或者两只胳膊都放到后背上去。

### "丑小鸭"阶段

**动作溢流**

幼儿在成长时会有一段时间走路摇摇晃晃，行为笨拙迟缓，我们一般称之为"丑小鸭"阶段。而在人体中央轴发展理论中，我们称之为动作溢流。这种情况的发生一般是由于大脑发育还不够完善，对于新的复杂的外界刺激身体无法及时做出反应，于是为了补偿，大脑会发送一些完全多余的对肌肉的命令，最终就会表现为像笨拙的丑小鸭一样走路跌跌撞撞。幼儿并没有意识到他做出了这些多余的动作。

比如，你可能会注意到，当小朋友画画的时候，可能会突然站起来，或者趴在桌子上，或者做出其他什么怪动作。他可能会显得很烦躁，胡乱摆动自己的脚，或者乱动自己的手。与其相类似，在学习跳的时候，他经常会在跳起的瞬间也把自己的胳膊举起来。

然后我们来看看小朋友们舌头的动作……

**伸伸舌头**

不知道你有没有注意到，当小朋友专注于某件事的时候，偶尔会伸着他的小舌头？发生这种情况有很多种可能，这是很常见的事情，而且看起来也不会有什么危害。具体如下：

1. 动作溢流。舌头正好落在人体左右中央轴正中间的位置，既可以伸向左边，也可以伸去右边。所以这也使舌头成为人体动作溢流的一个很好的候选者，不管身体的哪个部分动起来，都有可能让舌头也跟着动起来。

2. 平衡。位于中间的舌头有时候可以帮助大脑找平衡。比如，你会经常看到小朋友用右手画画的时候，而他的舌头会向左伸着，好像为大脑提供了一个移动的配重。

3. 抓取反射的延迟释放。我们已经在第五章中提到嘴和手之间的反射链。如果一个小朋友还没有释放他的抓取反射，当他的手准备做更细致的动作时，他可能伸出舌头或者不断地张合嘴巴，即由抓取反射带动的原始吮吸镜像化动作。注意：如果你怀疑他的反射释放过程有问题，那么给小朋友一个泥团来揉捏。有趣且有丰富感知体验的游戏会帮助他释放这种反射，看，多有趣啊！

4. 习惯。当对人体中央轴的意识逐渐成熟之后，伸舌头的现象也会相应逐渐减少。但是如果小宝宝仍然有这个现象，那恐怕伸舌头已经成为他的习惯了。

最后还想强调的一点是：在人体中央轴发展的这几年中，你可能会发现宝宝在身体进入不同的成长阶段时，笨拙的丑小鸭阶段会反复出现很多次。我们一般会把这种情况归结于宝宝身体的成长与变化。同时，我们必须要意识到，宝宝的大脑在成长与强化的过程中也会时不时地需要一些像蒸汽机放气一样的减压过程，这也是丑小鸭阶段出现的原因之一。

> 宝宝是左利手还是右利手，并没有什么区别，重要的是允许宝宝通过自然选择的过程来完成利手的选择。

## 优势手：左还是右？

越复杂的系统，越需要组织、分工、管理这种流程化活动，努力获得最好的结果。对于人的大脑与身体，也是同样的道理。这也是经过多年的人体中央轴发展之后，利手性会逐渐产生的原因。

为了使得身体能够完成更加复杂的工作，大脑通过生成利手性来更快地达到目标。现在，大脑不用向两个部位同时发布命令了，如果想做什么事情，只需要专心管理一边的手，而对另一只手则不需要用太多精力。这种得到精简的信息传递将会变得更加顺畅，动作控制精确性也会有大幅度的提升。同时，大脑反应时间也会更快，能量分配也更加有效。当然，现在还有一个重要问题需要解决：左手还是右手？我们必须要注意一个事实，宝宝是左利手还是右利手，并没有什么区别，重要的是允许宝宝通过自然选择的过程来完成利手的选择。

### 左利手

大约 90% 的人都是右利手。这种分布比例也很好地说明了为什么人们以前都会觉得左利手是一种不正常的现象，以至于要去努力纠正它。

而现在，我们已经知道，如果我们干扰了自然选择利手的过程，可能会导致宝宝生理与认知上的混乱，而这种混乱可能会导致宝宝在其他领域的发展迟缓，比如在书写和字母拼写上面遇到困难。

因此在利手形成问题上，我们应该相信自然选择的力量。在这个过程中我们应该以顺其自然的态度来对待。

### 混合支配

大脑渴望效率与秩序，所以大脑不仅选择支配手，还会选择支配眼、耳、脚、大脑半球。而在这些当中，支配手是很容易看到的，但其他还有一些，比如支配脑半球，很难被检测出来。

### 支配脑半球

总体来说，我们每个人都有一个支配脑半球，但这并不意味着这是对大脑整体思考的一种限制和束缚。相反地，我们可以将其视为大脑的缺陷补偿机制。当需要进行新的思考或者学习的时候，大脑一般倾向于从支配脑半球开始，但是不会一直使用这个半球。

一般来说，利手倾向与眼睛、耳、脚、大脑半球支配倾向是相同的。但总有一些例外，比如，宝宝有可能是右利手，但是左眼是支配眼，这被称为混合支配。

不管宝宝的支配取向是单侧的还是混合的，这种取向都是与生俱来的。了解这种取向对学习的过程十分重要。大脑一般都会更多地依赖于起支配作

### 双利手（双撇子）

双利手是指左右手具有相同的力量和精确性。它经常与混合支配混淆。事实上，即便是显示出极强的双利手能力的儿童仍然是有支配手、眼、耳、脚、大脑半球的，只是这种支配性很难通过观察发现。虽然双利手在运动、跳舞以及其他需要高协调性的体育项目中显示出极大的优越性，但它对课堂学习效果并没有明显的增强作用。反而是尽早了解儿童潜在的支配性情况，可以更好地理解其独特的学习过程。

用的一侧（手、脚、眼、耳、大脑半球）。事实上，支配侧决定了大脑获得并且处理外界原始信息的效率，对宝宝在成长过程中将获得何种特殊技能以及在哪些方面显示出潜力具有重要的意义。

**混合支配的过程**

我们可以把支配过程想象成一列火车。完全单侧支配的小朋友有一辆"特快列车"能够高效地完成大脑的任务。但是对于混合支配的小朋友来说，这辆火车可能停在不同的车站，继而通过选择不同的路径到达大脑。当这两类小朋友获取新信息的时候，他们可能通过不同的方式进行感知，因为他们的大脑是通过不同的路径去处理这些信息的。

在混合支配的例子中，从信息输入、流转到输出大脑的通路，可能并不是最短或者最有效率的路径。这既有优势也有劣势。我们可以看到，信息传递在大脑中的路径越长，更多的边缘路径越有可能被使用到。这种情况一方面有更多的可能造成混淆与错误的表达，但另一方面这些边缘路径可能带来更多的创新与洞察力。所以尽管会浪费多一点儿的时间，但对个人而言这些副产品还是十分有意义的。

**混合支配对在学校学习的影响**

混合支配很少影响到学习过程。即便发生影响，也一般出现在在学校学习的时候。因为在学校里所有的学习成绩和学习成果都会按部就班地按照时间表进行横向对比，所以如果小朋友受到了影响，就很容易在这种对比中观察到。

有混合支配情况的小朋友，可能在某些学习领域会比其他同学表现得差一些。这可能会让小朋友产生沮丧感、自我怀疑或者增加小朋友和家长的焦虑。在大多数情况下，这种不良的后果很难被发现。所以在因为小朋友表现差而打算送他去做什么神经测试之前，不妨先在家或者学校简单地测试一下他的混合支配情况。

**支配情况的测量**

做一些简单的小游戏就可以很容易地测试手、脚、耳朵、眼睛的支配情况。但在开始测试之前，我们应该了解人体中央轴在宝宝小时候的发育是十分缓慢的。对大多数小朋友来说，在学校生活刚开始的时候，他们的人体中央轴感觉并没有发育完善，所以在这个时间段测试支配情况

## 116　运动塑造孩子的大脑

也只能反映当时的状态，而可能在下一周、下一个月以及下一年都有很大的变化。而正因为这样，请注意永远不要把一些永久性的标签贴在孩子的身上。如果想获得最准确的支配情况数据，我们最好选择在宝宝 7 岁之后再进行测量。只有在这个时候，绝大多数小朋友的人体中央轴感觉才发育成熟。

如果你只是为了有趣而想知道一下当前宝宝的支配情况，下面有几个小游戏可以帮到你。

**支配手：玩球**！如果小朋友已经开始上学，那么分辨他是左利手，还是右利手，或者是双撇子是十分明显的事情。如果你还是不太确定，那么你可以让小朋友把球或者沙包扔给你，看他用哪只手。多试几次就可以做出基本的判断了。

**支配脚：后院足球赛**。你来做守门员，让小朋友尝试着把球从你的两腿中间踢过去。让他从不同的角度以及距离踢几次，用得最多的那只脚很可能就是支配脚。

**支配耳：接电话**。让宝宝坐好，把你的手机放在他面前，并且离他的两只手等距。然后给这个手机打电话，让宝宝去接听，观察他用哪只耳朵听。多重复几次这个实验，看宝宝是不是一直用某一边的耳朵接听。他一直用的那边耳朵很有可能是他的支配耳。（做这个游戏的时候，你也可以尝试着教宝宝学习接电话的礼仪。）

**支配眼：单筒望远镜**。拿一个小纸筒放在宝宝面前，并且离他的两只手等距。让宝宝透过纸筒往外看，观察他喜欢用哪只眼睛。如果有必要，可以做一个叫作"我是大间谍"的游戏，让他用纸筒监视远处的东西，以此保持宝宝对游戏的兴趣。

现在，我们怎么办？

如果你怀疑自己的宝宝有混合支配的倾向，请参考以下几个建议：

1. **不要惊慌**。混合支配是宝宝天性的一部分，而且你会发现这对宝宝的正规学习只有很小甚至完全没有影响。此外，你应该了解，混合支配的宝宝比别的孩子在思维方式上更加的主动、独特、富有活力，这也使得他们可能学到很多其他孩子无法学到的东西。

2. **让宝宝活跃起来**。一个始终保持活跃的宝宝能够更好、更快地获取人体中央轴的感觉，这让他们的大脑能够更好地发育。积极鲜活的游戏——尤其是同侧动作、偏侧动作以及交叉动作——可以使大脑发育得更快、更好。

3. **每天给宝宝安排一些锻炼人体中央轴感觉的"小零食"**。如果有混合支配倾向的小朋友在学习过程中显示出一些困难，那么可以在每天上课前或者在一个固定时间安排一些锻炼人体中央轴感觉的小游戏，会对宝宝能够尽快适应有着很好的作用。这就好像是帮助宝宝的大脑做一些热身运动，使得大脑能更好地处理信息和控制身体。

4. **寻求专业指导**。如果有必要，请咨询这方面的专家，他们可以为宝宝做一些测试来确认宝宝的学习困难到底是因为混合支配还是其他的一些原因所造成的。

5. **顺其自然**。请牢牢记住，宝宝有自己的成长方式，没有对错之分，顺其自然才是正确的。

## 身体韵律与时空意识

人体中央轴使得复杂的协调性动作成为可能。而身体韵律和时空意识则好像身体的"指挥家"，让身体的每个部位同步地动起来。

我们每个人都多多少少有韵律感和时间感。那是因为妈妈在怀胎的 10 个月里心脏一直在有规律地跳动，所以即便那些看上去笨手笨脚的家伙也不会完全没有韵律感和时间感。身体韵律是人对时间的内在感觉，它使得身体各部分可以有效地配合起来。时空意识是人体为了更好地与外部世界进行交互而形成的对距离和时间的外部判断和感知能力。如果一个人完全没有韵律感和时间感，那对这个人来说可就不是笨手笨脚的问题了，他的麻烦就大了。因为这两种能力不仅仅对人体的各部分如何活动起到规范与协调的作用，还决定了人如何思考、如何交流以及如何表现。

### 身体协调

**行走**：行走要求有一个"左—右—左—右"这样的平稳的节奏。正在学走路的宝宝走起来跌跌撞撞，是因为他们正在竭力将自己身体的节奏调整得与幅度更大的腿部运动相适应。

**跑步**：在更大的时间与空间范围内保持稳定的节奏，以形成一个优雅且不费力的步伐。

**速度**：速度不仅仅是指快或者慢，它还包括控制你的节奏从快至慢或者从慢到快。

**跳跃**：顺序动作，比如兔子跳和跳绳，都需要一定的韵律感和节奏感。

### 交流

**说话**：和音乐一样，每种语言都有它特定的节奏。每个音节都好像交响乐中的一个节拍，这些节拍组合起来形成了语言。宝宝对于各种声音、讲话、音乐的听觉经验，为他以后开口说话奠定了基础。

**听力与表达**：节奏和时间感帮助宝宝理解语言和声音中的细微差异。变调、停顿、加速——都对理解有着重要的作用。

### 认知发展

**记忆**：通过将秩序感和节奏感赋予信息，韵律感和时间感让我们可以更好地记忆。在记忆的过程中，如果将节奏与一些彼此独立的外部信息相结合，可以使这些信息形成一个完整的记忆单元，比如《ABC》歌谣能帮助宝宝更好地记忆26个字母。

### 社会情感的发展

**时间**：小朋友们对时间的概念只有一种："现在！"由于他们可以借鉴的过往经验还很有限，因此小朋友们的时间观念一般都来源于正在经历的事情。而如果你所了解的只有你现在所经历的东西，那么你也很难理解等待的概念。小朋友的时间观念随着年龄的增长而逐渐扩展。在这个过程中他们也会逐步显示出他们的耐心。

**差异性**：正如我们上面讨论过的那样，小朋友们感知和了解这个世界时一般都是以自己作为基本的参照系。这也就是宝宝对于其他时间、其他地点、其他人以及其他想法等这些关乎"差异性"的概念难以理解的原因。在

## 物体存继性：眼不见，心见

差异性的概念最早出现在宝宝刚出生的几个月内，这也是婴儿开始意识到并理解"暂时"这个概念的基础。物体存继性指人类可以明白当一个物体无法被看到、听到或摸到时，这个物体依然可以存在，并且对其性质和样貌拥有主观的了解。而有的研究表明，刚出生的婴儿并不能认识到物体存继性，当一个物体从宝宝的视线中消失了，它对于宝宝来说就不复存在了。

物体存继性依赖于人类的记忆。宝宝的大脑是一个逐步发育的过程，在这个过程中才逐渐形成短期以及长期记忆。于是在发育的初期，对宝宝来说一切物体都是处于"眼不见心不烦"的状态，只要不在视野中出现的物体，宝宝都不会有直观的感受。这也解释了为什么小宝宝都特别喜欢玩"躲猫猫"的游戏。因为对他们来说，每次爸爸重新出现在视野中都是一个新的惊喜。

到了8～10个月龄的时候，宝宝的记忆能力有了很大的提升。经过数月的重复，宝宝的大脑开始有了质的飞跃，他们可以意识到即使物体没在眼前出现，它也是客观存在的。这个飞跃也标志着差异性意识的出现，宝宝可以感知到外部还存在很多超出他控制范围的事物。

如果当你离开屋子的时候宝宝会开始大哭，那么这说明宝宝已经能够意识到物体存继性。很显然，你现在已经能够被他记住了。

---

宝宝逐步认识外在环境的同时，他们也开始产生对差异性的认知。而在这个过程中，韵律感和时间感起到了重要的作用，正如小朋友如果想参加跳绳运动，他必须要首先掌握这个运动的节奏。

### 时空意识

当宝宝开始熟悉自己身体的内在韵律后，他就可以与外部世界的运行节奏进行交互了。这个过程开始于婴儿阶段，表现为宝宝开始逐渐建立起每天的生活规律。时间的规律性（吃饭时间、洗澡时间等）让宝宝对节奏以及规律有了最初的本能感受。

随着宝宝逐渐长大，他逐渐开始独立地与外部世界进行交流。通过类似敲鼓和跳房子这样简单的游戏，他不断发现新的节奏与行动模式。而所有的这些学习成果，让宝宝能够在未来自如地判断交通情况，例如过马路，以及知道如何应付如加入谈话而不会显得没有礼貌之类的生活情景。时空意识是人们判断距离以及时机的能力。时空意识的发展是通过大量生活经验的积累，使得宝宝对于世间事物之间的因果联系有了直观感知后逐渐形成的。正因为如此，时空意识也是分析、预测等更高层次的认知能力的基础。

举例来说，小朋友在玩球的时候，一般有三种情况：小朋友可能处于静止状态，而球在动；小朋友在动，而球静止；或者小朋友和球都在动。球和小朋友都有各自的运动状态，但如果把速度、距离、外部环境等因素都加上的时候，抓住一个球好像就不如想象得那么容易了！

即便是在玩最简单的抓球游戏，宝宝也不可能"记住"所有球的运行方式。所以为了抓住球，宝宝必须学习预测球可能的轨迹。当这种预测能力出现的时候，关于时间的概念——过去、现在以及未来——已经进入宝宝的小脑瓜了。

## 不耐烦区域

"我们还没有到么？"宝宝在安全座椅上喋喋不休。

"马上就到了。"你这样回答，希望宝宝能安静一点儿。但你也知道宝宝接下来会发生的事：坐立不安、激动、胡言乱语甚至崩溃地大叫。这时候，你进入了宝宝的不耐烦区。

> 对于小朋友来说，时间显得不真实，不可接触。因为它既不能被看到，也不能被听到、尝到和闻到，更不能被触摸到。

宝宝没有耐心是因为现在对他来说就是他所了解的全部。由于缺乏生活经验以及记忆能力的不成熟，宝宝暂时还没有"过去"这个概念。由于不了解过去的概念，他们也不能理解"未来"这个更加复杂的概念。而由于不理解未来的概念，宝宝也没法理解"等待"的意义。

对小朋友来说，时间是一个太过抽象的东西。它既不能被看到，也不能被听到、尝到和闻到，更不能被触摸到。随便问一个两岁的小朋友他昨天做了什么，其结果基本上是你看到一双迷茫的大眼睛。但如果你问他昨天是不是去了马戏团，他就会给到你答案。他记得马戏团的事，却没法和"昨天"这个概念联系起来。

对于总是感觉时间紧张的成年人来说，我们很难想象孩子居然对我们每天恨不得把一分钟掰成两半用的时间完全没有概念。为了更好地理解这个现象，我们有必要讨论一下宝宝们是如何学习时间这个东西的。

## 学习时间是什么

宝宝学习时间的概念是一个循序渐进的过程。首先，宝宝会注意到白天和黑夜的区别。紧接着，他会将时间与每天的日常作息联系起来。比如，早餐、午餐、晚餐作为每天日常的生活内容，为宝宝带来更真实的时间观念。

接下来，"在……之前"与"在……之后"的概念让宝宝开始有对时间流逝的理解。"在你穿鞋之前先穿上袜子"是最早关于顺序的概念。而这也为宝宝理解过去以及未来这样的抽象概念奠定了基础。

而关于时间的单位：秒、分钟、小时、天这样复杂的概念，会随着宝宝生活阅历的丰富以及语言词汇的增加而逐渐被他理解。

接下来是分辨时间。当宝宝学习了数字以及数字顺序后，他就可以开始看表了。然后最终他会把这些数字与生活中一些基于时间的事件联系起来。

## 说说时间

对小朋友来说，对时间的概念是从每天的生活经验积累以及听到的关于时间的词汇中自然而然被了解的。所以选择关于时间的词汇也是非常重要的。

想一下这个情景：对一个还完全不知道一分钟是多久的小朋友说"稍等一分钟"能起到什么作用？以下是成年人常用的一些时间短语。请试着想象，以下这些词语对小朋友们意味着什么：很快、马上、几乎、差不多、不长、后来、接着、瞬间、在一分钟内、五分钟、同时、只需一分钟、现在不、到、直到、以前、期间、之后、昨天、今天、明天、下周、下月、上周、上月、从……开始、一次、从不。

难怪宝宝们没有耐心！

小朋友们需要慢慢去感受时间。你可以通过在特定情境下采用具体的描述性的语言去帮助宝宝理解这些词语与其所指定的时间概念的联系。

**"我一会儿就和你玩。"** 为了帮助宝宝理解"一会儿"的含义，你可以选择一个特定的时间，定一个闹钟，当闹钟响的时候，就是你要陪宝宝玩耍的时间了。

**"我接下来就和你玩。"** 如果你没法具体地描述，你可以把表述时间的词语与其他内容结合起来。比如说："我接下来就和你玩——等我先打扫完房间。"

如果你不确定宝宝是否能够理解抽象的时间概念，你可以把这些概念具体化地进行描述。比如说："等你早上睡觉醒来的时候就是明天了，那时我就陪你玩。"

## 小朋友是如何学习时间的

**节奏**：在子宫里的时候，妈妈的心跳是宝宝对于节奏以及时间最早的体验。这种与生俱来的对心跳声的直观感受能帮助宝宝理解"时间流逝"这个抽象概念，而且也是宝宝未来学习如何计算时间的基础。

**作息**：当新生儿习惯了自己每天的作息时，这种在时间上的规律性和可预测性能让他们感到安心和舒适。

**事件的顺序**：当作息时间基本确定之后，宝宝开始对事件的顺序性有所感知。这也是宝宝从只知道"现在"到理解更多时间概念的开端。在未来的时间里，他们会逐渐理解过去、现在与未来的时间概念。

**时间与环境**：最开始的时候，白天与黑夜对宝宝来说没有什么区别，但可以预测的阳光与黑暗的交替让宝宝慢慢对时间有了直观的感受。

**时间的语言基础**：一般情况下，我们会用一声明快的"早安"和宝宝开始新的一天，用一声轻柔的"晚安"来告知宝宝一天的结束。我们可以发现这些词语都含有时间标签。渐渐地，父母或者监护人通过这种方式也将时间的观念传递给了宝宝。

**是……的时间了**：是起床的时间了；是吃早餐的时间了；是上学的时间了；是出门的时间了；是玩耍的时间了；是吃饭的时间了；是睡觉的时间了。小朋友可能还不会认表，但每个孩子都知道"是……的时间了"的意思。

## 第十二章 协调：中央轴、身体韵律和时空意识

**认识数字和数字的顺序**：认识数字并且了解它们的顺序是辨识时间的基础。只有当我们能认出 1~12 的数字以及能明确它们的顺序，我们才能掌握如何看时间的本领。

**时间测量**：当宝宝掌握了自己测量时间的能力时，他们才能理解做事情需要花费时间这个抽象的概念。简单来说，计时的游戏能帮助宝宝学习时间的测量，比如一分钟之内宝宝能往桶里铲多少沙子。

**时间语言的进阶**：用来形容时间的词语基本都是宝宝在早期的学习中学会的，包括：分钟、小时、天、星期、月份、年等。宝宝的词汇水平也伴随着他对"多久"意义的了解而提高。

**多久**：对于成人和儿童来说，等待是对于时间的情感上的表达。随着宝宝对时间长度理解的深入，他们的耐心也在增强。

**数字＝时间**：当宝宝把数字与时间联系起来时，他就能把什么数字代表一天中的什么时间段辨别出来了。

**现在是什么时候了**：在宝宝学会认表的那天，他就能够知道现在是什么时候了。同样地，他也知道了现在不是干什么的时候，比如，现在不是吃冰激凌的时间。

现在，我们虽然不能保证精确的措辞可以帮助你令宝宝完全摆脱不耐烦区域，但可以确定的是，如果你能够保持更大的耐心，宝宝就能更早地度过这个阶段。

最后还要提醒的是：当你说"一分钟就来"的时候，请真的一分钟就来。如果你十分钟以后才出现，你很可能会有把宝宝对时间的概念搞迷糊的风险。他可能会认为一分钟是实际上的十倍的长度。

更重要的是，你应该用你的实际行动教会宝宝诚实守信的意义，这才是你最值得花时间要做的事情。

## 充电游戏

### 时光飞逝

**游戏目的：**

让小家伙们循序渐进地理解时间的抽象概念。

**游戏方法：**

找一个计时器定一分钟（或者随便一个你觉得可以让小朋友明白时间长度的东西）。首先让小家伙们感受一下一分钟有多长，然后看看他们能够用这点时间干什么。下面是一个可以让宝宝们做事情的清单，但是不管怎样，一定要让小朋友们独立完成他们自己的"时光飞逝"的游戏！

- 一分钟之内你能跑多远？
- 一分钟之内你能用小铲子往桶里放多少沙子？
- 一分钟之内你能打多少个滚？
- 一分钟之内你能堆多少块砖？
- 一分钟之内你能在单杠上吊多久？
- 一分钟之内你能动多少下脚趾？
- 一分钟之内你能拍多少下球？
- 你能在一分钟之内静止不动么？
- 你能刷一分钟牙么？
- 一分钟之内你能亲妈妈多少下？

## 章节总结

- **中央轴与协调性**：中央轴帮助小朋友学习将身体分为几个单独的部分，这可以帮助小朋友更好地控制身体各部分独立工作或协调工作。
- **三条人体中央轴**：这三条虚拟的线将身体分为左右、上下和前后三部分。这三条轴是人类做复杂动作的支点。
- **中央轴与大脑**：中央轴感觉的发展能够帮助建立或强化大脑的连接神经束（胼胝体），从而使大脑的思考能力不断加强。
- **人体中央轴运动**：中央轴发展有四种类型：双侧对称动作；同侧动作；偏侧动作；交叉动作。
- **动作溢流**：当大脑和身体努力协调配合时，人有时会出现多余的肌肉动作。
- **动作规划**：独立的动作需要动作规划。
- **支配性**：当宝宝的动作变得更加复杂时，大脑需要更有效率的身体控制，这导致了支配手、支配眼、支配耳、支配脚和支配大脑半球的出现。
- **支配性与学习**：大脑会优先接收与处理支配侧提供的信息，以提升效率。
- **身体韵律与时空意识**：此两者共同作用产生了节奏感与时空意识。它们对人的身体发育、理解能力、社会交往能力、感情发展以及交流能力等许多方面有着广泛的影响。
- **物体存继性**：小宝宝还没有意识到看不到的东西仍然存在。
- **时机的判断**：时空意识对于我们与外部世界的互动起着至关重要的作用。
- **时间观念**：宝宝不仅仅是通过学习看表来了解时间观念的。时间是一个虚幻的东西，需要在生活经验中逐渐感受与理解。

## 第十三章
# 自控能力：比精细运动更进一步

### 什么是自控力

到现在为止，我们关注的内容一直集中在小朋友们是如何一点儿一点儿地发展他们的运动能力的，而对怎样让宝宝用自己的小脑袋瓜儿去控制自己的活动还没有做过任何讨论。实际上宝宝们学会的一些运动技能已经体现了他们的一些自控能力。

在本书中，自控力指的是根据大脑的指令，通过主动而精确的动作以实现自身目的的能力。传统上来说，我们普遍认为年长的孩子才拥有较好的自控能力。但实际上，宝宝们在很小的时候就已经展现出这种能力，比如，小婴儿可以一直抓住自己喜欢的玩具而不会放手，说明他们对自己的手和胳膊已经有了良好的控制能力，能依据自己的需要做出相应的反应。尽管如此，他们离可以熟练地写字还有很大的距离。

控制力既适用于对小肌肉群的控制，也适用于对大肌肉群的控制，比如，芭蕾舞演员需要用强壮的腿部肌肉去做跳跃等大的动作，但同时也要控制它们，使得自己的姿态显得更加优雅，更有艺术感。

## 自我组织

当宝宝开始有意识地控制自己的活动，并逐步开始了解自己能力的时候，一个新的概念出现了：自我组织。对宝宝来说，自我组织意味着能够通过对自身现有能力的熟练使用，来实现自己的意愿。

例如，宝宝能够坐在餐椅上自己吃东西，就是其自我组织能力的一种早期表现。他们没办法自己做食物，但是他们能把食物放进自己的嘴里。随着一天天地长大，他们会逐渐学会使用厕所、自己穿衣服、自己洗手、排队等待等需要自己思考和处理事情。当然，我们应该理解，知道如何使用尿盆与知道什么时候使用尿盆还是有很大区别的。

> 自控力是根据大脑的指令，通过主动而精确的动作以实现自身目的的能力。

在学校或者团队活动中，自我组织能力也许并不显得那么重要。但是自我组织能力差的小朋友会比别人花费更多的时间和精力去解决问题。稍微有一点儿自我组织能力的宝宝在穿衣上可能不会有什么困难。但如果自我组织能力还不够强，那么即使是最聪明的宝宝也可能会在撕开零食包装上花费大量的精力。

最重要的是，良好的自我组织能力，不仅能让他们更好地适应外部环境，还可以让他们在学习新知识、面对新问题时，能够始终保持着乐观与自信的态度。

## 学会适应

现在，我们看到小朋友们已经可以很好地控制自己的活动了。但是，这还不能让他们把所有的事情都处理好。这说明他们还需要进一步学习适应能力，这是自控力的关键方面。

良好的适应能力，取决于三个维度的学习：

- 位置——改变方向的能力
- 节奏——改变速率的能力
- 力道——改变力量的能力

## 位置

由于人类生存于一个三维空间之中，因此我们可以在这个空间的任何一个方向上改变自己的位置。

比如，小朋友们在玩跳房子的游戏时，玩家需要把沙包扔到特定的区域内。她一开始可能把沙包扔到目标偏左、偏右、偏上、偏下的位置，但她下一次扔的时候一定会根据上一次的结果调整扔出的位置。

在跳房子这个游戏中，目标是确定的。但在人生的学习中，有些时候我们并没有预设的目标。这也就是为什么自控力在早期教育中起着十分重要的基础作用。让宝宝实际感受到位置的变化——上一点，下一点，左一点，右一点，或者同时向几个方向移动——能够帮助他们在一点点的尝试中学习调整位置的秘诀。这样不管谁为他们设立了怎样的目标，他们都能够自己去尝试完成。

### 节奏

绝大多数小朋友看上去只有一个节奏：快！我们一般都会觉得那是小朋友们天真无邪、精力充沛的表现。但其实还有更深层次的原因：慢下来，并不容易。把身体的节奏放慢是一种生理的要求。它需要具备精神的集中、耐心和控制力，而这些往往是学龄前儿童普遍缺乏的能力。

节奏是一种调节自身能量分配的能力，它对于例如长跑或者在学校上一整天的课这种长时间的活动来说，有十分重要的意义。此外，具备控制自己身体速率的能力，可以帮助小朋友理解调整自己身体的意义，并能够认识在执行不同的任务时要适当地分配不同的体力与精力。而在这个过程中，小朋友们会逐渐认识到他们每天都要听好几遍的"当心"这个词的真正意义。

学习调整自己的身体是一个逐步深入的过程。"足够了"——对于小朋友是一个比较难以理解的概念。小朋友们往往不了解自己的极限在哪里，比如，最多能跑多远，吃多少块饼干才不会肚子疼。家长、老师或者其他监护人经常扮演监督员的角色，为小朋友们划定界限。当然，孩子们需要耐心的指导，但是如果孩子永远没有尝试过到达"太多了"或者"太远了"的边界，他们也就永远不会了解自己的极限在哪里，那是什么样子。而这种对自我能力认知的缺乏，可能会造成孩子自我控制能力的缺失以及习惯于把事情往坏处想——不管饼干看上去有多好吃。

## 力道

学会调整自己的力道是体现我们对自己动作控制的精确性的第三种方法。正如我们在第九章所讨论的，这种调整既可以依靠直觉也可能是自己控制的。

例如，当小朋友第一次使用铅笔的时候，他们可能会折断很多的铅笔才能掌握如何把字写好还不会折断笔头的力道，然后他们会始终使用这种力道去写字。慢慢地，他们还会摸索出当力量轻一点儿时笔画会更细、当力量重一点儿时笔画会更粗的规律。

学习对力量的控制，是小朋友们了解自身能力，并对自己行为的结果做出评估和预测的重要尝试之一。如果我用力推这个，X 可能发生；如果我用力推那个，Y 可能发生。

当小朋友们初步了解这种自身行为将会导致什么结果的关联关系时，意味着他们在计划与策略能力的学习上有了一个重要的飞跃。能够搞明白自己的行动可能导致的结果自然会让小朋友们产生这样的疑问："我能做些什么？"当一个宝宝具有这种控制力的时候，她开始通过自身的直接经验进行探索和学习。

如果其中的一些肌肉没有顺利地完成任务，书写就变得非常困难。这是一个全身的学习过程。

现在让我们回到攀岩架上来。攀爬、悬挂、摇摆，以及其他高耗能的活动，加强了上半身和核心肌肉群的力量，这对开发精细运动技巧有很大的帮助。扭动、晃动、悬挂、摆动开发了肩膀、肘部、手腕和手指的灵活性和敏捷性。推、拉、拖、提等动作增强了力量，并且让孩子们对物体重量、压力和阻力有了一个直观的了解。

胡乱玩耍也是如此，同样锻炼了手部和指间肌肉的力量和敏捷度。橡皮泥、沙子、水、泥浆，以及其他的触觉材料为大脑、手部，甚至为将来有一天真正写出整洁的字提供了感官体验。

> 学习对力量的控制，是小朋友们了解自身能力，并对自己行为的结果做出评估和预测的重要尝试之一。

## 吉尔笔记

### M 代表攀岩架（Monkey Bars）

**精细运动的发展：一项全身运动**

儿童的手是很有魔力的学习工具。通过运用手她得以控制她周围的一切，创造她所想象的景象，并逐步通过简单的手势，再通过涂鸦，最终通过绘画来表达自己。

父母和老师们明白控制精细动作的重要性——尤其是到了书写阶段，所以这就是为什么他们经常要求我给他们这方面建议的原因了。

这里我想说，让孩子们把铅笔放下，去玩攀岩架吧。

### 关于运动控制的大自然指令

一个孩子对她身体和肌肉的控制以及协调发展，是一个循序渐进的过程——从上到下，从里往外。它开始于头部，作用于脚趾，同时也从躯干开始，发展到手和腿。

这个由大脑建立起来的优先顺序，使得协调运动所必需的大肌肉群首先可以很好地发展。然后，它们会支持负责精细运动的小肌肉群的发展。众所周知，仅仅手部就有 60 多块肌肉、几十块骨骼、成百上千条韧带和肌腱。

所以你可以看到，在儿童成长发育的过程中，手部（脚部）的发展来得更晚。

### 什么是精细运动技巧？

这里不是说在孩子的成长过程中，他们的手部不会积极地参与。在孩子很小的时候，他们会进行简单的、无意识的、整

只手抓握的手部动作。接下来，早期反射解除了，孩子们开始自主控制他们的食指和拇指练习捏握的动作。每一天，都会有更多的有意识的手部和指间运动出现。

但是这些运动中没有一个是运用精细运动技巧。精细运动是指那些在动作细节中几乎察觉不到的、高度准确的、具有控制感的动作，比如，用笔写字。但是书写并不代表所有的精细运动技巧。事实上，这种技巧体现在身体中的大部分部位：

- 保持身体核心肌肉群处于直立的状态；
- 肩部肌肉群承受手臂的重量，并使手臂可以自由旋转；
- 上臂肌肉支持下臂和手部的重量，并使手放在纸面上；
- 下臂提供支点，并使手腕旋转；
- 手腕保持手部平稳，并使手部移动到适当的位置；
- 手指配合，握住铅笔；
- 五只手指共同将铅笔放置于页面上，并与页面形成适当的角度，向下按压，并保持适当的压力，以使纸面上留下印记，接着做微小的向左、向右、向上、向下的动作，完成整个字的书写。

## 眼睛的协调能力

眼睛能帮助我们更精确地控制自己的身体动作，而且我们很大程度上要依靠眼睛来决定自己怎么样、什么时候以及向哪儿移动。但实际上，当小朋友们能够不需要视觉配合自如地做动作的时候，说明他们的小脑袋瓜儿已经能够更好地控制自己的身体了。手眼协调能力是指小朋友在不需要看着自己的手的情况下使用手做事情的能力。

这种类型的控制只有当眼睛与手形成配对关系时才能实现。比如，小婴儿在看到想要的玩具时，会一直盯着玩具用手去够。这时是眼睛帮助手来实现大脑的指令。相反地，小朋友看到天上的气球时会一直用手指着气球，这时是手帮助眼睛来定位移动物体的轨迹。

手眼协调能力对早期教育有着至关重要的作用。同样地，眼睛对身体其他部位控制能力的发展也意义非凡。

举例来说，一个好的足球运动员不用一直盯着球就能控制好球。他可以时不时地看一下球门的方向然后继续控球前进，丝毫不用停顿。同时，他还可以用膝盖、胸口、头顶部位做到同样的事情。换句话说，"眼睛在球上"并不仅仅意味着要一直盯着球，还意味着需要控制好球，并把球带向自己的目标。

## 吉尔笔记

### 为"手指着书本阅读"辩护

成年人经常问我，如果小朋友在阅读的时候会用手指一个字一个字地指着读书，这样做是不是不好？我的答案是：没什么不好。

普遍观点认为，小孩子应该只用他们的眼睛读书或数数。但是这一观点忽略了一个事实，那就是儿童在动态地学习几乎所有的事情，为什么阅读和数数就要有所不同呢？

对初级读者来说，手指经常为眼睛扮演着一个侦察员的角色，使视线能够按照逐字逐句的轨迹进行移动。这能帮助孩子集中注意力在语句的内容上，而眼神就不必进行从一个字跳到另一个字的机械移动了。当眼部肌肉成熟以后，这种眼部运动就会变得更加熟练，此时，手指就不会再被需要了。

同样地，用手指数数也是一种自然的多感官的进入数学世界的大脑识数方式。当孩子已经熟练掌握如何数数的时候，她就有可能不会再需要手指的帮助了。

第十三章 自控能力：比精细运动更进一步 133

## 充电游戏

### 交通警察

**游戏目的：**
孩子们通过不同的方式练习调整自身运动越多，他们越能更好地控制自己的身体。

**游戏方法：**
在游戏开始之前，我们先扮演"交通警察"。在游戏过程中，尽量让每个孩子都有机会扮演这个指挥的角色。

选择一个宝宝认为做起来比较简单的基本动作，比如，对于学龄前儿童来说双脚跳跃的动作。

好了，游戏开始。现在处于交通堵塞状态，所有的汽车都必须再次发动。让孩子们在道路上像车一样排成一排。当"交通警察"发出指令时，这些"小车"就必须按照他所指的方向行驶。

例如："翻斗车跳动得非常厉害，你能给我展示一下如何在原地跳跃吗？非常好！现在，你能给我展示一下如何向前跳跃吗？"当孩子们对向前跳跃的动作非常熟悉时，就变换另一个动作。（如果你有口哨，请用它，就像真正的交通警察一样！）"现在，你能给我展示一下如何向侧面跳跃吗？"然后继续这个游戏，直到孩子们接触了多种多样的跳跃方式。下面有个清单，我们可以在游戏中用到：

| | | | |
|---|---|---|---|
| 向前 | 高 | 笔直 | 两者之间 |
| 向后 | 中 | 弯曲 | 在其前面 |
| 向右 | 低 | Z字形 | 在其后面 |
| 向左 | 重 | 双脚分开 | 下方 |
| 绕圈 | 轻 | 双脚并拢 | 跟着指挥 |
| 加快 | 流畅 | 上面 | 团队行动 |
| 放慢 | 不稳 | 底下 | 一次一个 |

当孩子们厌倦了这个游戏，我们可以把跳动的翻斗车改成奔跑的赛车、爬行的垃圾车或者其他孩子们用动作可以展现的实物。针对每一种交通工具，我们变换它们的方向、动作的方式和节奏，可以让孩子们通过不同的方式来有机会控制自己的动作。

如果宝宝已经很好地掌握了这个游戏，尝试着同时给出两个指令，比如："向前移动，然后再向右。"

## 章节总结

- **自控力**：是根据大脑的指令主动并且精确地实现自己目标的能力。
- **肌肉**：大肌群与小肌群都需要控制力。
- **自我组织能力**：是儿童在自身能力范围内，通过控制身体，实现自身需求的能力。在早期教育中，自我组织能力是儿童能够合理优化学习时间与精力分配的重要基础。
- **控制能力**：是通过改变位置、节奏和力道来适应与调整以满足自身需要的能力。

- **自控力与抽象概念的发展**：两者本质上是相互联系的。身体控制能力的发展使得智力向抽象思维发展，比如，渐进的思想，实验的思想，调试的能力，对强度的认知、评估以及预测能力。
- **眼睛的协调能力**：是不需要眼睛配合就可以自如地控制身体的能力。
- **精细运动的发展**：开始于大肌群。
- **全身学习**：让儿童使用自己的身体来促进大脑的学习。

第三部分

# 语言：通往正式学习的桥梁

## 第十四章

# 口头语言和身体语言

到此，我们已经探究了运动是如何支持早期儿童发育的各个方面，并为将来的学习打下深层的、持久的基础。暂时回到动觉模型中，我们已经描述了条件反射是如何促进运动并支持知觉和动作工具的发展。现在，让我们来看看怎样把这些早期的身体和感官意识转换为更高层次的思考、推理和创造力，这些将会在接下来的课堂学习中用到，而这个转换者便是语言。

## 语言是什么？

传统意义上的语言被认为是说出来的或写出来的语句，但是事实上，我们交流沟通的能力远远不止这些。广泛意义上的语言，包括如下沟通方式：

- 口头的（言语，歌唱）
- 身体的（表情，手势，运动，触摸，舞蹈）
- 音乐的（节奏，节拍，旋律，和声）
- 符号的（文字，艺术）

毋庸置疑，语言是学习的关键中枢。但是仅仅认识文字、歌词或字母还不够，将语言应用于经验性的情境中，才是真正的学习，并且可以从中得到一个简单的、动态的、可以无限重复的公式：

经验 + 语言 = 理解

## 动觉模型图

| 感官：视觉、听觉、嗅觉、味觉、触觉 | 平衡感（前庭系统）：姿势、平衡、警觉、专注、静态 | 直觉（本体感觉）：身体与空间意识、身体潜意识、力量管理 | 力量：力气、柔韧性、灵敏性、耐力 | 协调力：中线、支配力、节奏感、短暂意识 | 控制力：定位、步测能力、抗压与施压、眼睛的协调能力、协调感 |

感官 —— 反射 —— 动作

语言：
口头语言
身体语言
音乐语言
符号语言

语言建立了儿童具象与抽象世界的桥梁。具象世界是他们能感知触碰到的物理存在，抽象世界是他们逐渐发展起来的通过更高层次推理、批判性问题、解决、想象及发明的抽象存在。简而言之，语言将生活中的经验转化为思考的工具，这就是抽象概念。

沟通好比一个繁忙的双向街道，既要理解他人又要使他人理解。如果这还不够，还需用到语言的各种形式：口头的、身体的、音乐的、符号的。在整个沟通过程中，语言成为关注的焦点，决定着人际关系中的那些敏感点、复杂点和神秘之处。

许多成年人认为熟练地掌握语言意味着成为一个健谈者。我们就从这里开始讨论吧。

## 口头语言

### 单词，单词，更多的单词！

普遍认为，经常接触语言环境的儿童可以更好地为进入口头的和书面的世界做准备。具体来说，儿童需要经常接触发生在不同生活场景中的真实语言，尽可能多地接受感官和运动方面的刺激。

原因很简单：儿童听见什么，就会说什么。

儿童的耳朵对声音和频率的反应，在早期发育过程中会比其他任何时候都更加敏感。最初，单词对小婴儿来说是一种噪音，可是当他反复听见同一个单词，他就慢慢明白这个噪音是有意义的。

同时，嘴部肌肉的控制也在加强，他开始模仿看见的嘴部运动和听见的声音，直到有一天，他发出了第一个单词！这很有可能更像是一种声音，但已经很棒了。在你意识到之前，他正在不停地咿咿呀呀。

接下来，便到了儿童学习口语历程的一个重要时刻：有一天，他清楚地知道他在说什么。他第一次清楚地喊出"爸爸"，并且指着爸爸，这表明他第一次使用经过思考的口语。

### 词汇的掌握

从这以后，儿童对声音的模仿越来越容易，很快就掌握了不少单词，并且还会掌握更多。这就开始了词汇的积累，并与生活中那些熟悉的有形的东西联系起来：妈妈、爸爸、瓶子等等。

看护者可以在儿童周围摆放许多单词卡来帮助儿童增加词汇量。每天都跟他面对面地说话可以帮助儿童进入口语世界。每天把日常生活中遇到的人物、地点和事物都讲给他听，这可以在任何时候、任何地点进行，比如做家务的时候，或者去动物园的路上。每一份体验正在为孩子如饥似渴的大脑提供补给，这包括感官输入、身体体验以及你告诉他的无数单词。

一些简单的歌曲和旋律也可以帮助儿童扩展他们的口语世界，儿歌可以帮助儿童形成语感，同时还可以带给他一些新的单词和声音。

与此同时，通过你的声调、语调变化和语速，你已经为宝宝创造了调节声音的机会。当你用高音来表达激动时，或者在该安静的时刻悄声说话，宝宝可能并不明白你在说什么，但是他已经开始感知你的情绪，并且他会很好地将其应用在接下来的牙牙学语中。

### 可转用的语言

当宝宝掌握了一些词汇后，接下来就是：将他所学到的语言转用到新的情境里。例如，沙滩上的沙子和沙盒里的沙子很类似，在见到这二者很多次以后，儿童开始理解，无论在哪里，沙子就叫作沙子，这就是开始转用语言了。

接下来的步骤便是，将沙子的颜色和质地与其他事物联系起来：沙堡是用沙子做的，砂纸摸起来和沙子很像，妈妈的头发是沙色的，等等。当儿童学会这样的联想后，他学习、理解和交流的能力也会以指数般的速度增长。

> 儿童需要经常接触发生在不同生活场景中的真实语言，尽可能多地接受感官和运动方面的刺激。原因很简单：儿童听见什么，就会说什么。

## 吉尔笔记

### 让每个词汇都更有意义

对小朋友们来说，不是每个单词都是值得关注的。这也就是为什么我经常告诉家长和老师要注意自己措辞的方式，争取让宝宝能够更好地理解每个词语的含义。

#### 特异性：试着让每个单词更有营养

学习并理解每个单词的意思对宝宝来说是一个艰难且漫长的过程。所以最重要的一点就是，说话时尽可能的具体、有趣。比如，家长通常会这样表扬宝宝画的画："你画得真漂亮。"这也许能让宝宝感到高兴，但是并不能让宝宝得到更多的有用的信息。但如果我们调整一下表扬的方式："我喜欢你用黄颜色画的那个圈圈。"那么宝宝对于黄色以及圆圈的理解就能够更加深入。

### 多样性：使用不同的词汇

不管你身处何地，你都可以向宝宝详细地描述周围的东西。比如，在花园里种着很多不同的花，你就可以给宝宝详细地讲述一番："这个是雏菊，你看它的花瓣为什么是白色的？"然后你可以做一个对比："这个是玫瑰，你看它的花瓣为什么是红色的？"类似地，你可以用很多不同的方式以及很多不同的词汇进行对比，来让宝宝理解它们的含义。

### 个性化：让词汇更有意义

当体验中含有个人色彩时，会更有学习效果。所以我们应该放低自己的身体，和宝宝一起趴在地板上去享受学习的过程并分享生活的经验。用宝宝的名字与需要学习的事物建立一些联系，同时与他们已经知道的事物做一些类比。当然，在你教宝宝怎么做的时候还要让他们自己多动手。

### 做好榜样

平时说话时要注意使用标准的发音和正确的语法。孩子们并不知道什么才是正确的，他们只会单纯地模仿你。

### 使用语境

选择那些可以用于很多种情境中的词语，这样小朋友可以学习到这些词语的各种不同用法。（我们将在第十六章详细讲解）

### 多对话

向宝宝展示词语是一个多么神奇的东西。多和他们一起讨论一些开放性问题，并且尽可能地创造让孩子教你的机会，毕竟有听众总能让人感到高兴。

第十四章　口头语言和身体语言　141

### 沟通的演变

　　学习将所想的意思用口头表达出来是一个持续的过程，贯穿整个幼年时期（有人则认为是一生）。但这并不仅仅是学习单词，在第 142 页和第 143 页，我们画了一幅儿童交流能力的步骤图，注意其中口头的和非口头的交流之间的相互作用，并记住，这是一个双向的过程，包括理解他人和被他人理解。

## 身体语言

　　成人一般会很关注儿童的口头语言，但是事实上孩子们最先学到的语言并不是口头的，而是身体的，我们通常也叫作肢体语言，比如温柔的抚触、安抚的语调、微笑的脸庞。对于新生儿来说，不需要通过语言，而只通过这些肢体语言便能让他感受到爱。

　　当你和一个孩子交流的时候，不管他多大，他都不仅仅在听你说的话，还在感受你的肢体动作。身体语言将你要表达的信息转化为多感官的体验，帮助他更好地理解你的意思。这会触发他大脑中的智力和情绪联系，并留下长期的印象，将来他便会用这样的模式来表达他自己。换句话说就是：口头的语言（声音，语调，单词）+ 非口头的语言（姿势，手势，表情，触摸）= 情绪互动的最大化。

### 我们的第一语言

　　研究表明，肢体语言的比例占到人类交流方式的百分之五十以上。姿势、手势、面部表情和触摸都帮助我们更好地交流情绪、意愿和信仰。既然儿童生下来不会说话，肢体语言自然是他们学习的第一语言。

运动塑造孩子的大脑

# 交流的演变图

**出生之前**：开始熟悉即将面临的世界的所有日常声音（外面的声音很有趣！）

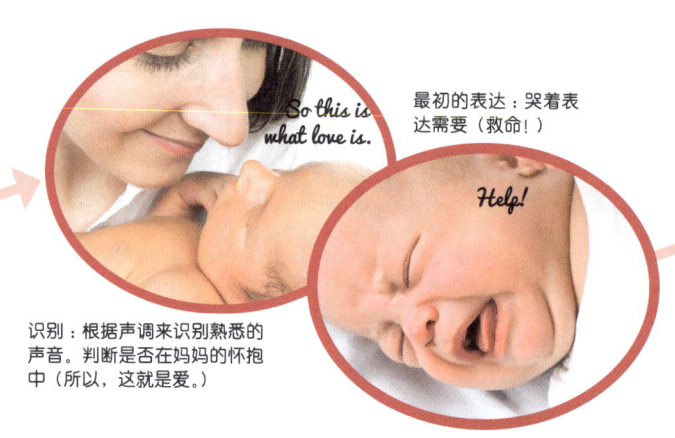

**识别**：根据声调来识别熟悉的声音。判断是否在妈妈的怀抱中（所以，这就是爱。）

最初的表达：哭着表达需要（救命！）

**理解加固**：有规律地对熟悉的和情境式的词语做出反应，比如尿布（我明白了！）

**词汇积累**：开始快速地积累词语，而且这一过程变得越来越容易，可以一次说出一个词语（妈妈，爸爸，奶奶）

**说出第一个单词**：清晰地表达出心中的那个词——经常是爸爸、妈妈（看，我能说出来了！）

**最初的句子**：可以将两三个词语串成句子了（我，饼干。）

**复杂度加强**：展示了更加复杂的语言技巧，比如完整的句子或歌曲："麦克当纳爷爷有一个农场……"（咿呀咿呀哦）

**可转换语言**：可以理解并在不同的情境中运用同一个词语，比如在盒子里和盒子外的玩具。（火车！）

第十四章 口头语言和身体语言 143

不同的情绪表达：用咕咕叫或哭声来转换有意和无意的内容（咕咕咕咕）

入迷：仔细聆听你的每句话、每个单词（再讲一些。）

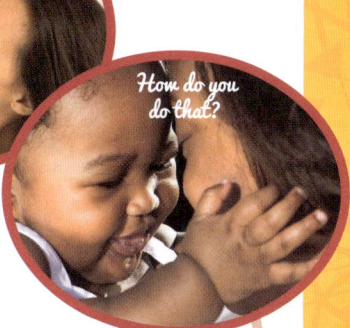

最初的反应：开始理解父母的微笑、高兴的声音和温柔的触碰，并且做出反应（我可以每天看到你咯。）

探索：开始用耳朵、眼睛和手部多感官地探索你的讲话（你是怎么做到的？）

有意的对话：抬起手臂要求抱抱、主动地挥手。咿咿呀呀无休止（吧吧吧）

理解并反馈：对于熟悉的词语开始间歇性地正确识别与反馈（哦，那就是我想说的！）

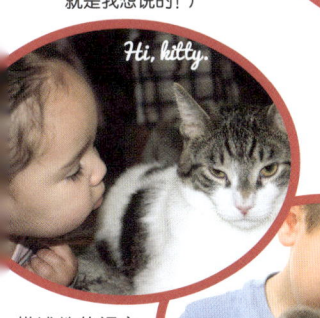

模仿声音：开始发出简单的重复的声音进行口头表达，处于牙牙学语阶段（啊呜）

开始理解：开始想要参与对话，但是说的话仍然不清楚（请再说一遍。）

描述性的语言：学会用标签来表达和联系事物，比如，一个柔软的毛茸茸的猫咪（嗨，小猫！哦，好痒！）

抽象或概念性的语言：开始理解并运用概念性的语言表达不同的意思，比如，坐下，坐直（坐下，坐直）

现在，就到了书面文字了（让我给你讲一个故事。）

事实上，不管哪个年龄的孩子，肢体语言通常都是他们所掌握的最好的交流沟通工具。比如，婴儿不需要很长时间便能学会如何得到他们需要的东西，比如用手指着想要的玩具或者大发脾气；再如他们无聊的时候便会情绪低落或噘嘴生气。

### 学习与其他事物联系起来：成人与儿童之间的特殊语言

儿童也许并不能完全理解你说的话，但是他们对肢体语言却非常敏感。这也是为什么成人要同时注意自己说的话和说话时的姿势。

理解信息的全部（包括口头的和非口头的）是理解复杂的人际关系的第一步。在这方面，孩子们参考的对象便是我们。有许多成人和儿童之间交流的特殊语言，这里举几个例子。

#### 有参与感的和有趣的

积极的倾听是一种最好的表示"你对我很重要"的方式。蹲下来或者弯下腰，和孩子的视线保持平行，与他进行眼神的交流，注意听他讲的每一句话，做口头或非口头的积极互动，比如点头、微笑、拥抱。边听边做出夸张的表情，这样他就知道被理解是一种什么感觉。这些简单的信息反馈可以鼓励孩子更多地交流和表达，并有效地增加孩子的自信心。

同时，请一定记住，幼儿是一个正在学习的讲话者。他需要时间来找到正确的单词，因此当他讲话时，不要心里有预设，不要打断他，不要帮他说出来。相反，我们应当用"等待法则"："为什么我要说话？（Why Am I Talking？）"如果当孩子正在思考如何表达时，你先说了出来，他可能会错过一个重要部分：学习！

#### 保护性的和坚定的

有时候要求儿童仔细听成人的话是件很重要的事情，尤其是涉及安全问题的时候。在这种情况下，你的语速会不自觉地加快，充满着保护性的和坚定的语气。你提高了音调，站得更高，肌肉变得紧张，随时准备出击。儿童会感受到这种变化，但是注意不要滥用。

### 强势的和攻击性的

保护性的和坚定的肢体语言与强势的和攻击性的肢体语言之间是有区别的，后者表达的意思是"因为我已经说过了！"在你和幼儿之间，沮丧和生气都对你们的关系不利。攻击性的表达会破坏他对你的信任，他会感到困惑和害怕。在当今社会，每个人都会时不时地生气，但是请记住，生气和表达出你生气了有很大不同，当你生气时，你可以走远一些，放松肌肉，深呼吸，重新组织好你的语言再说出来。

### 鼓励与同感

同感是儿童发展健康的社会技能的基础。儿童首先要感受到被他人理解是什么感觉，尤其是那些他寻求支持和指导的人，然后才能学会理解他人。不论是在他感到高兴或者不高兴的时候，开放的、易亲近的肢体语言和"我能理解你"的态度可以为孩子提供安全感。一个拥抱比"你很安全"更有力，它表示"我理解你的感受，我很关心你"。一个大大的笑容和拍拍后背比"我为你感到自豪"更有力，它表示"你对我来说很重要，我很关心你"。

### 分神和游离

小朋友能感受到你是否在状态中。当然，作为教师、儿童照料者和父母，我们有时可以伪装一下，但是儿童需要且值得被我们更加重视，这是他们建立自尊的基础，也是他们学会重视他人的基础。

## 口头语言和身体语言：通向社会化之门

语言的作用是与他人交流互动。所有形式的语言是人们建立相互之间关系的共同基础。

### 情景对话

孩子们一旦开始学习说话，就很难停下来，就像他们有了一个新玩具。这是因为他们还不知道在不同场合下有不同的声音，包括有时候需要安静下来不说话。而且和学习说话一样复杂的是，要将不同的单词和音量应用到不

> ### "这可真是犀牛"
>
> "妈妈,这也太犀牛(Rhinoceros)了吧!"当一个三岁小朋友的妈妈冲他做鬼脸的时候,他这么说道。
>
> 犀牛(Rhinoceros)?这是个什么词,他从哪儿听来的?经过一番调查后,这位母亲发现宝宝是想说"可笑"(ridiculous)。原来,米莉阿姨前两天刚刚教会他"可笑"(ridiculous)这个词。而在宝宝最喜欢的书里有"犀牛"(Rhinoceros)这个词,他一定是把这两个词搞混了。
>
> 尽管这只是一个关于孩子的有趣的小故事,但它说明宝宝实际上拥有使用复杂的社会语言的能力。他不但正确记住了"可笑"这个词可以用于一些搞怪的场景中,还从故事书中记住了"犀牛"这个单词。尽管他使用了错误的词,但是他实际上已经搞明白了很多东西。
>
> 这个故事说明了语言的用处:是人类交流的工具。这个例子也同时说明仅仅记住词语还不能算是掌握了语言的用法。

同的情景当中,这需要经历之后才知道。

对大多数孩子来说,最初是用"嘘"的方式来提醒他们悄声说话,他们很快就能领会,通过一点儿练习和强化训练,他们学会了控制音量,这可以帮助幼儿明白语言是有微妙之处和细微差别的。他们不仅能将单词说清楚,还能在具体情境中表达出来。

### 有礼貌

在孩子很小的时候就应当教他们一些简单的礼貌用语,比如"请,谢谢,劳驾"。这是将来他们对他人尊敬的基础。同时,还要让他们明白,对不同的人讲话时要采用不同的单词和语气,比如对老师和对同学就有所不同,这也是一种培养社交技能的很好的锻炼。你很容易发现教孩子学会有礼貌,最简便的方法就是身体力行,你对孩子和他人很有礼貌,他便会模仿你的方式。当然和其他事情一样,你要耐心地教育,为小孩子树立行为模仿的榜样。

## 充电游戏

### 你能用多少种方法说出____？

**游戏目的：**

宝宝的身体与声音是他们表达自身想法的工具。学习通过不同方式表达自己可以帮助他们掌握情景语言。

**游戏方法：**

开始的时候，让孩子们试着用不同的方式说出某一个单词，比如"请"这个词。你可以让孩子们尝试用不同的语调说出来。比如："如果你们用非常非常轻的声音说出'请'这个词应该怎么做？大声说呢？高兴的时候说呢？伤心的时候说呢？"

然后可以鼓励孩子们充分利用自己的身体语言来表达这个词的意思。比如"如果你长得非常高，'请'这个词听起来是什么样子的？或者你非常矮呢？""如果你从高处不停地往下滑落，'请'这个词听起来是什么样子？"甚至你可以加一些搞怪的元素："牛是怎么说'请'这个词的？"

其他的语言对孩子来说也是很有吸引力的。比如用墨西哥语说"请"，他们说"*por favor*"；用法语，他们说"*s'il vous plait*"。

### 自信的语言

尊重他人是必不可少的，展示自信也是，这意味着学习为自己说话。

在一些社交场合中，成人有时会替他们的孩子说话，尤其是周围都是成人的时候，这使得孩子没有机会使用自己的语言，这可能就丧失了一个学习机会，孩子也可能会认为大人不相信他们可以为自己说话。

在任何时候，都要避免将成人的说话方式灌输给孩子，相反，应当在孩子在想怎么说的时候保持安静，尊重他自己的观点。慢慢地，幼儿会发展自己的词汇、语法，以及社交技能，还有自信心、怜悯心和团队合作能力。

## 章节总结

- **语言有四种形式**：口头的（言语，歌词），身体的（表情，手势，运动，触摸，舞蹈），音乐的（节奏，节拍，旋律，和声），符号的（文字，艺术）。

- **经验＋语言＝理解**：幼儿需要经历一些具体情景来习得自己的语言。

- **双向通道**：掌握任何形式的语言都意味着学习理解他人和被他人理解。

- **词汇获取**：丰富的对话和描述性的语言可以帮助幼儿掌握词汇。

- **表达**：孩子们通过听取我们的语音、语调和观察我们的肢体语言，学习语言的细微之处。

- **可转用的语言**：学习如何将单词从一个场景转用到另一个场景是隐喻和抽象思维的最早形式。

- **让每个词汇都更有意义**：试着让每个单词更有营养，使用不同的词汇。将词语与孩子们已经知道的东西建立关联。做好榜样，让孩子们参与到对话中。

- **身体的语言（肢体语言）**：是儿童最早理解和学习的语言。

- **口头的语言＋非口头的语言＝情绪互动的最大化**：肢体语言可以将你要表达的信息转化为多感官的体验，从而使你的信息被理解和被吸收得更容易。

- **特殊的肢体语言**：当你说话的时候，不仅要注意你说出来的话语，还有你说话时的姿势。

- **社会化之门**：儿童通常通过模仿成人，学会人际互动的微妙之处。

- **有礼貌**：要尽早开始，你要做给孩子们看，比如说"请，谢谢"。

- **自信的语言**：鼓励孩子自己说话，并尊重他们说的话。

第十五章

# 音乐与运动

要学会说话需要先掌握口头的和身体的语言。但是在儿童早期发展中，还有两种人际互动的形式：音乐和符号性的语言。接下来，让我们来谈谈音乐吧。

## 音乐可以培养儿童许多学习能力

研究表明，音乐对于儿童早期发展有着巨大的、积极的影响。经常接触音乐，如听歌、唱歌、跳舞或者演奏乐器，可以培养儿童的许多学习能力，包括：

- 演讲能力
- 听力技巧
- 图形和排序（数学技能）
- 节拍和节奏
- 社交技能
- 情感控制技巧

- 记忆力
- 身体协调性

音乐本身对孩子的学习和成长来说都是一种重要的力量。如果将运动和音乐结合起来，比如敲脚趾、拍手掌、跳芭蕾，其效果会加倍增强。

## 音乐的元素

为了更好地阐述后面的内容，我们先来看看音乐的元素有哪些（节拍、节奏、音速、音高、力度、旋律、和声、音程和歌词），以便更好地理解为什么音乐对儿童来说是一种很有力的学习方式，以及当运动和音乐联系在一起时学习效果是如何加倍增强的。

**摇篮曲**

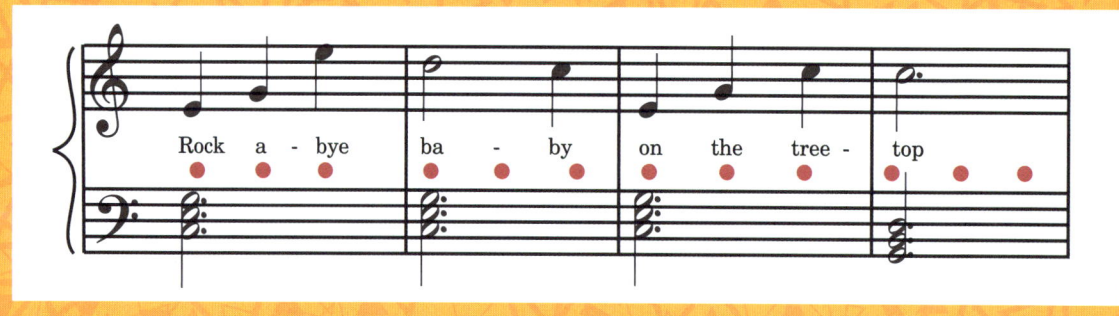

Rock a bye ba - by on the tree - top

### 节拍

节拍控制着音乐篇章的时间进程。它的持续跳动带领着音乐各要素一起工作，节拍可能保持平稳，也可能突然加速或减速，从而达到不同效果。

为了更好地理解什么是节拍，我们来看上面这个例子，请注意其中红色的小点，不管歌词和音乐怎样变化，这些红色小点都等距排列。

第十五章　音乐与运动

当我们听音乐时，我们会本能地注意到节拍。尤其是如果你跟着音乐跺脚、点头或者拍掌，很有可能就是跟着节拍在动。有专家认为我们会有这种本能反应，是因为我们从胎儿时起就听到妈妈的心跳。

节拍从很多方面强化了儿童的运动发展，包括身体的节奏感、协调性、平衡感和空间推理能力。当然，节拍还奠定了我们日常生活的口语模式。而且，我们对节拍共有的这种直觉加强了儿童的归属感——他感觉到自己和世界是同步的。

> 如果说节拍创造了协调一致的感觉，那么节奏则打开了个性之门。

## 节奏

节奏描述了每个音符演奏或演唱的长度，创造兴趣点，强调每首歌曲的独特性。从这个角度来说，节奏呈现乐曲的"核心故事"，就像我们说话时

### 摇篮曲

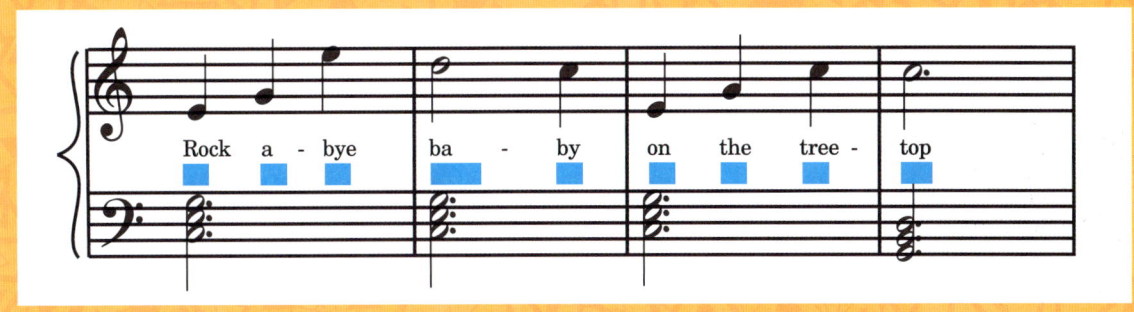

Rock a bye　ba by　on the tree top

用我们的语言表达中心思想一样。

请注意例子中节拍和节奏的不同之处。红点是节拍，蓝色方块是节奏，你可以分别跟着红色的点和蓝色方块各唱一遍，你会感觉到其中的区别。

我们都有自己特有的节奏感，对音乐以及对其他很多方面。尽管我们不会自觉地意识到，但是节奏在我们做的每件事中都有体现，如说话的方式、走路的方式以及思考的方式。就其本身而论，节拍创造了协调一致的感觉，

而节奏则打开了个性之门。

### 音速

音速是指音乐中的节奏和时间，用于表达情绪。一首快歌通常是激动人心和充满活力的，而一首慢歌往往更抚慰人心和充满深思。音速能够改变一首歌的势头，根据需要从快到慢或者从慢到快。

儿童会跟着音速有意识地自觉调整他们的动作。而且，作为一种瞬时的艺术形式，音乐包含着时间元素，表达着基本的时间概念，包括乐头、乐中、乐尾。

我们注意到音乐也是儿童初步形成预设、猜想的基础。

例如，在 Itsy Bitsy Spider 这首手指游戏的歌里，蜘蛛的故事发生在暴风雨之前、期间和之后。这首歌将简单的旋律、歌词和动作结合起来，从而创造出一种有形的时间体验。

### 音高

音高描述了音符之间的联系，它随着音阶起伏。音高就像句子里的单词，用来交流某个想法。无论是否与歌词在一起，都会讲述歌曲的故事。

为了理解音高是怎样促进音乐讲述故事的，让我们去除歌词，轻轻哼唱"Twinkle, Twinkle, Little Star"，注意音符是怎样将你带到天空，又回到陆地。

现在，请加上动作。当你哼唱时，很有可能你的面部表情和身体语言都自然而然地随着音高而有所变化，这些身体的变化和音高的变化一起帮助儿童理解每个音符是怎样传递不同信号的。音高的变化自然影响了音调、语调和口音的变化，这些都帮助了儿童的语言发展。

第十五章　音乐与运动　　153

## 充电游戏

### 一人一歌词
### 让我们用《小星星》来举例

**游戏目的：**
音乐是提升听力技巧以及培养时间概念的重要工具。

**游戏方法：**
　　这个游戏的方法是让每个小朋友都只唱一首歌中的某一个词，最后在统一的节奏下一起再唱一遍整首歌。只要是孩子会唱的歌都可以唱。让孩子们围坐成一个圈，并决定从哪个人开始，按照顺时针方向轮流唱。

| | |
|---|---|
| 第一个人：一 | 第一个人：亮 |
| 第二个人：闪 | 第二个人：晶 |
| 第三个人：一 | 第三个人：晶 |
| 第四个人：闪 | 第四个人：满 |
| | 依次下去 |

　　等孩子们找到了窍门，可以让他们按反方向逆时针再唱一遍。接着你可以加入一些有趣的元素，比如，每次你摇一下铃铛，孩子们就换一个方向。

## 力度

　　力度是音乐中音量的变奏（大声/柔和）和情绪的强调（好斗的/甜蜜的、愉悦的/悲伤的或凄凉的），在歌曲中表达情绪的含义。例如，*Grand Old Duke of York* 这首歌能激发孩子们的热情，是适合学龄前儿童的进行曲。想象一下，如果我们像唱摇篮曲一样来唱进行曲，会变得很搞笑，歌曲的含义也会减弱。

　　力度帮助幼儿全面地理解人类之间的交流、关系和情绪。将动作加在音

> 力度帮助幼儿全面地理解人类之间的交流、关系和情绪。

乐里，儿童便会用身体表达出这些感受和关系。例如，当儿童表演 *Grand Old Duke of York* 时，他们会合唱，有种集体感和归属感。他们站得笔直，自豪地踏步，仿佛在山上行走，体会着上和下的概念，而且这首歌里还有"既不是上也不是下"的概念，儿童开始理解"中间"这个概念，以及其中的细微差别。

### The Grand Old Duke of York

The grand old duke of York,
He had 10,000 men.
He marched them up to the top of the hill,
And he marched them down again.

And when they were up they were up.
And when they were down they were down.
And when they were only halfway up,
They were neither up nor down.

### 旋律

旋律是一系列串起来的音符所形成的节拍、节奏、音速和力度，是我们所听见的曲调，也是所有音乐的基本组成部分。

并不是各个要素随机地、无意识地组合起来就成了音乐。所有好的音乐（即使是最简单的儿童歌曲）都是音乐技巧和创造性的修辞结合的产物，它和听者之间产生自觉的、情绪的互动。事实上，当一个人听音乐时，他大脑的各个区域同时受到刺激，这也许能解释为什么旋律和歌词是如此的令人难忘，也正是这样的效果使得音乐成为幼儿最好的教学工具之一。一段旋律可以带给我们身体、意识和情绪的积极回应。

## 和声

和声在音乐中扮演协调者的角色,就像人体中央轴帮助我们协调动作一样。如果和声协调、完美,你会得到一段丰富的、迷人的、和谐的音乐;如果和声搭错线了,这段音乐将变得混乱。

想象一下当你所在国家的国歌奏响时,或者你最喜爱的一首流行乐曲在聚会上响起时,几乎是无意识地,人们就会沉浸在音乐之中。

对儿童来说更是如此,和声的概念(为了效果饱满而添加复杂的因素)是孩子们最早学到的生活的错综复杂之处和微妙敏感之处,因为生活不总是那么单一,一次只发生一件事情,而是个复杂的综合体。

再想想对话的复杂性。为了和别人沟通,你必须要将你的话语和对方的协调一致,这要求你知道什么时候该倾听,什么时候该说话,如何告诉对方你的想法,以及如何回应对方的想法。当然,小孩子是在逐渐学习如何处理复杂的社会情境。

## 音程

19世纪的作曲家德彪西曾经说过,"音乐是音符之间的距离"。这个"距离"便是音程,即两个音符之间的音高差异。换句话说,音程是一座小桥,将一段乐曲的听众或者演奏者从一个故事带入下一个故事。

在音乐里,音程可以是颤音这样微小的摆动,也可以是音高的宽跨度大跳跃。在口语里,"音程"是句子之间的间隔,或者为了强调而刻意地停顿。运动也有"音程",肌肉或紧张或放松,复杂的运动要求速度、方向和力量不断变化,多块肌肉同时紧张或放松。

音程意味着变化,这种物理的、

暂时的停顿，使我们有时间对发生的事情进行反应并思考接下来的变化。音程像是个选择的时机，连接着不同想法。我们都需要，尤其是儿童。

### 歌词

即使没有歌词，音乐本身也是一个强有力的沟通工具。加上歌词，音乐就变为双语体验。

歌词通过韵律和重复，强化了音乐的语言功能。正如我们第三章讨论过的，重复是帮助小朋友强化记忆的关键，韵律也有类似的功能，因为它是语言里一种可预见的句式。Old MacDonald Had a Farm 就是一个很好的例子，每一节的歌词都是重复和押韵的，只是不同动物的声音有所变化。这首歌包含重复的歌词、熟悉的动物、好玩的声音，成为锻炼小朋友理解力的理想工具。

现在，在音乐和歌词中加上运动，那么效果就更加倍了！在唱歌的同时加上动作，比如在唱到牛时做牛的动作，在唱到鸭子时做鸭子的动作，小朋友不仅在唱这些词语，自身的动作也成为词语，这些都会给他们留下深刻印象，长大后他们都还记得。

### 边唱边跳

最开始的时候，很多小朋友都很难做到一边唱歌一边跳舞。这是因为他们还没有完全掌握跳舞的动作，更无法将这些动作机械地表现出来。正如我们前面讨论的那样，当大脑同时处理两件需要思考的问题时（正如这个例子中是唱歌与跳舞），大脑会选择其中的一项优先处理。根据大脑的发育特点，有很大的可能是跳舞会在这个选择中胜出。

如果发生这种情况，你可以让宝宝专注于跳舞，由你来唱歌。通过这种方式，宝宝就能同时从音乐、歌词以及活动中获益。然后很快，你就会发现小家伙们可以一边唱着"咿呀咿呀哦"一边跳舞了。

## 音乐游戏

当小朋友跟着音乐扭动身体或者用乐器演奏音乐时，他们将学到的知识内在化了，并且在这个过程中了解自己的听觉：

- 什么是声音？
- 声音从哪里来？
- 我能发出什么样的声音？
- 如果我使用不同的乐器会有什么样的声音？
- 我喜欢和讨厌哪些声音？
- 我能听出声音之间的不同吗？

### 身体碰撞

儿童的第一个乐器是她的身体。身体碰撞，比如拍掌、跺脚、打响指等，可以帮助儿童在自身层面直接地感受到音乐。而且，因为不需要额外的乐器，所以身体碰撞在任何时间、任何地点都可以进行。

对于那些还不能拍掌和跺脚的婴儿，可以随着音乐轻轻地拍他们的肩膀、大腿或者后背。婴儿喜欢你这样的触摸，这可以唤醒他们对于节拍、节奏和音速的概念。

### 搞怪的声音

宝宝都喜欢发出搞怪的声音。从最经典的"噗噗"，到打嗝，再到哼哼，等等，宝宝不断地从这些搞怪的声音中找到乐趣。尽管大人们会把这些行为称作"孩子气"，但实际上发出搞怪的声音是宝宝对自己的身体进行探索的方式。

模仿相似的声音——从"嗯嗯"到"呜呜"，再到"噗噗"——是大脑开始努力辨识声音细节的表现。正如我们在第七章中讨论的，听觉的辨识能力对于聆听技巧、吐字、词汇获取以及最终的拼写和写作都有十分重要的意义。

所以我们说，千万不要低估"噗噗"的力量！

### 日常中的音乐

日常生活中很多物品都能被当作乐器来使用。宝宝的第一件乐器可能是一个小摇铃。很多时候我们身边的一些小东西都会被宝宝拿来进行演奏：锅盖、木勺、水杯、一大串钥匙、塑料盒子等。任何一切宝宝能够够到的东西——不管发出的噪声有多大——都可以作为开启他们通往音乐世界之门的钥匙，并增强他们的沟通能力。

### 乐器

很多研究都表明，学习使用乐器对宝宝很多方面的发展都起着良好的促进作用。但也不能太早地让宝宝接受正式的乐器教育。很多乐器都要求拥有一些高级的身体控制能力。如果在宝宝的身体控制力还没有得到充分发展时，就强迫他们学习乐器，可能让宝宝产生强烈的挫败感，并损害他们对音乐的热情。即使宝宝在很小的时候就对某种乐器表现出兴趣，也要确保他的动作能力与使用这种乐器的要求相匹配。当他准备好的时候，演奏音乐将成为以下几个方面素质发展的重要工具：

- **肌肉控制（力度）**。演奏乐器可以让孩子们学习控制轻（轻声）与重（大声）的奥妙；持续的演奏帮助提高耐性与韧性。
- **心情**。不同的乐器演奏帮助表达不同的情绪。
- **人体中央轴（协调性）**。很多乐器演奏都需要手臂、手掌以及手指频繁的协调配合，这可以促进人体中央轴的发展。
- **个性**。使用不同乐器即兴演奏，让孩子做一些他自己想做的事情。

同时，与他人的协作演奏帮助孩子们理解如下的社会性概念：

- **协作**。共同演奏，提升协作能力。
- **听觉（感觉）**。注意倾听其他乐器演奏的音节与正确演奏自己乐器的音节一样重要。
- **节奏感与时间点（协调性）**。对节奏感与时间点的把握，在多种乐器合奏时显得更为重要。孩子们需要在正确的时间点演奏自己的乐器，以确保合奏时的协调一致。

- **团队合作**。在合奏中，孩子会有是团队一员且为同一个目标努力的感觉。

## 章节总结

- **音乐对早期学习的作用**。音乐帮助发展演讲能力、听力技巧、模仿和排序能力、节拍、节奏、时间感、社交技能、情感控制技巧、记忆力以及身体协调性。
- **节拍**是一个音乐篇章主要的时间控制者，给听者最直观的感受。
- **节奏**描述了每个音符演奏或演唱的长度，创造兴趣点，强调每段乐曲的独特性。我们每个人对节奏的理解，影响了我们与人交流以及思考的方式。
- **音速**是音乐中的速度和时间，可以表达情绪。音速对理解秩序、顺序以及时间的流逝有内在的作用。
- **音高**描述了音符之间的联系，它随着音阶起伏，讲述着音乐的故事，好比句子中的词语，传递着文章的意思。
- **力度**是音乐中音量的变奏和情绪的强调。用于表达音乐的情感以及音乐所想要表达的含义。力度给孩子们探索情感的机会。
- **旋律**是一系列音符串起来形成特殊的节拍、节奏、音速和力度，是我们听见的曲调，也是所有音乐的基本组成部分。
- **和声**在音乐中扮演协调者的角色，是一定的社会技能的体现。
- **音程**意味着变化，是一种物理的、暂时的停顿，使我们有时间对发生的事情进行反应并思考接下来的变化。
- **歌词**通过音乐作用于小朋友语言能力的发展。
- **音乐演奏**对早期学习有着重要的促进作用。它可以通过身体或者乐器来实现。

第十六章

# 方向感：符号语言学习的必经之路

文字、算数以及美术，一般被我们称为符号语言。它们是孩子们在学习与外界交流过程中最后要掌握的几种重要工具。在孩子们能够熟练地使用手中的铅笔之前，我们必须让他们对符号语言有一些基本的了解，这样在他们有一天抓起铅笔的时候才能有用武之地。

关于对人类读写过程的纯学术研究是科学家们的事情，我们在这里只是要审视一下早期的活动以及感知经验对符号语言学习的作用。

## 方向感："上"意味着什么？

幼儿园的小朋友们在校车上上蹿下跳，乱作一团，校车司机晕头转向，没法数清楚人数。遇到这种情况，他会大喊："听我的命令！所有小朋友，现在都找一个座位'坐下'，然后'坐直'，让我数一下现在有多少个小朋友在车'上'！"

小丹尼尔决定帮助校车司机叔叔。于是他跳下车，跑到车尾，向车顶认真张望，然后指着车顶，冲校车司机大声说："在车'上面'，一个小朋友都没有！"

丹尼尔说得对么？

从某种意义上来说，他说得的确没错。我们可以看到，丹尼

> 方向感是大脑的导游，帮助我们理解三维立体世界。

第十六章　方向感：符号语言学习的必经之路　　161

OVER ON TOP UNDER OFF
IN UP AROUND SIDEWAYS
OUT NARROW DOWN
WIDE BEFORE BETWEEN BIG
AFTER SMALL
BACK MORE LESS RIGHT
LEFT FRONT FAR
BESIDE ACROSS
HIGH NEAR LOW
THROUGH
BOTTOM

尔对"上"这个词的认知停留在"某个物体的顶端"（在前面的例子中，指校车的车顶）。而实际上，丹尼尔对这个"上"的理解并不完全正确。

从这个例子中我们可以看到，丹尼尔对"在车上"的理解事实上应该被理解为"在车里"。

类似于"上""顶端""里面"这样的词语都是一些用于定向的词语，它们往往需要结合语境来确定在现实中的意思。而对语境的理解又来源于生活经验。在这个例子中，丹尼尔显然没搞清楚这里"上"的意思。如果我们让丹尼尔穿"上"大衣，或者沿着线"上"走，那么这时"上"又怎么解释呢？

对方向的感知是小朋友们的大脑理解三维世界的最重要的向导，它对孩子们来说比术语还要难理解。你可以想象一下，如果你只有四岁，而那个校

## 运动塑造孩子的大脑

**What's ON?**

Move ON, Walk ON, Run ON, Tug ON, Put ON, Pull ON, Push ON, Pour ON, Take ON, Pile ON, Climb ON, Build ON, Pick ON, Think ON, Get ON, Jump ON, Dump ON, Hop ON, Carry ON, Drive ON, Step ON, Spot ON, Slap ON, Stumble ON, Reflect ON

Grow ON, Live ON, Open ON, Close ON, Stop ON, Start ON, Turn ON, Hold ON, Set ON, Add ON, Work ON, Drag ON, Call ON, Stay ON, Stick ON, Sit ON, Stand ON, Come ON, Bank ON, Rely ON, Land ON, Big ON, Keen ON, Trip ON, Try ON, Tie ON, You're ON a roll!

车司机要求你既要坐"下",又要坐"起(直)"的时候,你是什么感觉?

如果想更好地适应那些正式的学习环境(或者其他社交情境),小朋友们必须能准确理解下面一些句子的意思,如,"围成一个圈站好""和你旁边的小朋友面对面坐好""从第一页开始阅读""坐下然后坐直"。而这些方向的概念又来源于一个基本的认知,即个人对于自身在空间中位置的理解——所有其他的物体与我有着什么样的联系呢?

### 方位与方向是符号语言形成的重要基础

有充足的证据证明,方位与方向是符号语言形成的重要基础。首先,让我们来看一下位置感。

#### 方位

正如我们在第九章讨论过的,方位的形成始于我们自己的身体对于外部世界的感知。举例来说,现在你正在阅读的这篇文章是在你的正前方,而"正前方"这个概念是你根据你与你所处房间之间的相对位置决定的。

尽管会有一点儿小问题存在，但当小宝宝能到处乱跑的时候，你仍会惊讶于他们方向认知能力的飞速提升。但是，他掌握定位词需要一段时间。在日常生活中，我们经常会对宝宝说这样的话："快到我这里来，坐在我旁边的沙发上面。"而这些话就在不经意间，给宝宝种下了方位概念的种子。最重要的是我们必须要给宝宝提供一个更加积极的、更加有参与感的环境。为什么要这样做？因为对空间中方位的认知是通过我们的身体来感知和形成的。

### 方向的推理能力

宝宝们对方位的逐步理解，为他们对这个世界上的事物之间关系的概念化奠定了重要的基础。但只有当宝宝们结合了方位的概念，并能够理解自身与周边环境之间的相对位置关系时，他们才能对外界其他物体之间的关系形成抽象的概念（即位置推理能力的形成）。比如踢足球时，宝宝在学会踢的那一刻起，就说明他已经能够根据自己形成的对方位的了解，判断足球是在他的正前方。此时，他也已经能够意识到足球也是在球门的正前方——宝宝已经对物体之间的抽象位置关系形成了初步的概念。

尽管很难想象宝宝无法形成这样的位置概念的情况，但实际上只有当宝宝真正形成对方向的推理能力的时候，他们才真正理解"前面"这个概念，事实上，这在不同的情境下是有着许多不同意义的。

**方向感源于身体定位**

方向推理能力的形成是宝宝成长过程中的一个重要阶段。它使得宝宝在生理上能够更好地适应与了解自己所处的三维空间，从而使宝宝的小脑袋能够在各种复杂情况下对外部物体的位置和方向进行相对准确的判断，也使宝宝能够相应地更好地通过语言描述外部的情况。

## 平面的切换

方位与方向也是信息转移能力形成的前提条件。举例来说，老师在垂直于地面的黑板上写了一个字母"A"，并要求同学们把这个字母写到自己桌面上的本子上——水平于地面的地方。将一个平面的信息拷贝到另一个平面，看起来并不是什么困难的事情，但这个看似简单的工作，实际上包含了一系列十分复杂的认知过程。首先，大脑要将垂直平面的字母信息转化成记忆，然后再重新编译成为水平平面的信息并准确表达出来。而在这个过程中，信息必须要始终保证准确并且没有损失。如果一切进行顺利，不但字母 A 可以被准确记录在本子上，同时还可能让学生们联想到更多的内容（比如苹果 Apple），甚至一些新点子和新想法。

### 充电游戏

## 里面和外面

**游戏目的：**
利用自己的身体，体验和理解"位置"在不同的情况下有不同的意义。

**游戏方法：**
找一块地砖、一个圈圈、一根绳子，或者任何一种能在地板上圈出一块固定区域的东西。然后让宝宝把身体的一部分放到这个圈子里，另一部分放到外面。比如：

- 你能只把手放到圈圈里吗？
- 你能跪在圈圈里，身体其他部位不碰到圈子外面吗？
- 你能坐在圈圈里，身体其他部位不碰到圈子外面吗？

## 吉尔笔记

### 学习左和右

小朋友们貌似没经过专门的训练，仅仅通过与世界的接触以及不断地听别人的描述，就能潜移默化地掌握各种方向的概念。这可真是一项了不起的成就，因为方向感这个技能掌握起来实在不是个简单的工作。

似乎搞清楚左右应该只是小菜一碟。毕竟所有人的左边也是你的左边，右边也是你的右边。但问题是，实际上的左和右取决于你面朝的方向（定位）以及与其他物体的相对位置（定向的推理能力）。让两个小朋友面对面站着，举起他们的右手。这时候，"右"并不在同一侧。"我的右边"和"你的右边"是完全不同的，但都是正确的。如果让这两个小朋友肩并肩站在一块大镜子前面，举起右手，这时候"右"就在同一侧了，"我的右边，也是你的右边"。

看，这看上去是不是把人搞迷糊了？

左右的概念，实际上需要极高的方向推理能力。这也是为什么很多小朋友用了很长时间（甚至是一辈子）才能搞清楚这个概念。下面是我以前当早教教师时，用来教小朋友们学习左右概念的方法：

在学校的第一个学期，我首先会让小朋友强化"左边"的概念。当小朋友们赢得了小贴纸，我就把它贴在他们的左手或者左脚上；当小朋友们想要回答问题时，我要求他们举起自己的左手。我要求他们把自己的名字写在试卷的左上角；站在我的左边；向左跳；用左手握手等。

同时，我会通过各种方法来强化这种概念。比如告诉小朋友们：我要把贴纸贴在你的左手上；把名字写在卷子左上角的小朋友最乖了，等等。总之，我始终坚持以下的原则：经验＋语言＝理解。

而到了下一个学期，我会用同样的方法来帮孩子们强化"右边"的

> 小朋友们仅仅通过与世界的接触以及不断地听别人的描述，就能潜移默化地掌握各种方向的概念。

概念。

就这样经过不断地重复，以及大量的练习，左和右在孩子们的思想中就逐渐形成了固定的概念和理解。而在此基础上，小朋友们也可以逐渐将左右的概念应用于其他的物体上，比如把自己的左脚放进左脚的鞋子里。

信息转移的过程使得宝宝能够有机会对外部世界进行更深入的认识与理解。但是如果宝宝缺乏对这个三维世界的基本认识、理解和掌控的基本能力，这个过程也可能使得宝宝对外部世界的理解产生偏差或者损失。

## 学习符号语言

定位与定向的推理能力为三种传统符号语言的正式学习提供了坚实的基础。下面让我们分别了解它们是如何被影响的。

### 数学：从三维空间到算数

在懂得计算 1+1=2 之前，小朋友首先必须要对增减有基本的概念，否则只是单纯地把两个东西放在一起变成一个更大的东西，对他们来说并没有什么实际意义。

下面的清单是与数学有关并涉及方向感的概念。当然，可能有很多的数学概念与列表中的内容有关，但我们只选取最基本的概念作为对比和说明。请注意小朋友们早期的身体体验是如何与那些数学概念联系起来的：

- 之前和之后：计数
- 多和少：加减乘除
- 大和小：排序
- 上和下：大于和小于
- 旁边和中间：关系

第十六章　方向感：符号语言学习的必经之路

- 高和低：对比和比较
- 近和远：估计和预测
- 超过和低于：计量
- 左和右：水平
- 顶端和底部：垂直
- 开和关：正和负
- 里面和外面：集和子集
- 后面和前面：维度
- 穿过和环绕：直径和周长
- 对面和侧面：角度
- 宽和窄：最大和最小
- 中间：中点和一半
- 中途：分数和百分比

**写作：拼写字母**

缺乏方向感的小朋友在拼写上多少都有点问题。比如，当老师给大家讲怎么拼写小写字母"p"的时候，一般会这样说："一条线画到底，然后回到

## 写字母"P"

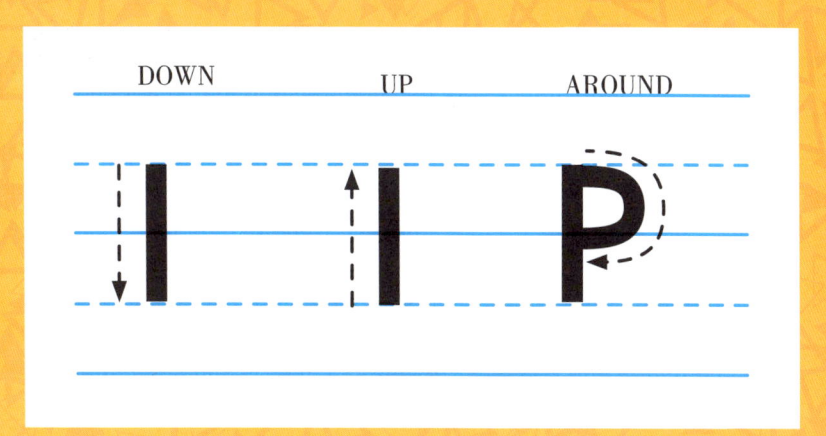

DOWN　　UP　　AROUND

上面,再画一个圈。"在这里用到三个关于方向的概念。然后老师会说竖线要画到超过中间线,然后再画回到最上面,再向右画一个圈。搞清楚了吗?好的,现在我们再写一下字母"b",向下画一条线,上来一点儿再画一个圈,只是这一次圈要画在中间线下面。小写的"q"是反过来的"p",字母"a"是"q"的竖线不超过中心线。

好了,是不是觉得很有挑战?

当然,老师在教学的时候肯定会做出示范,小朋友们能够在黑板上或者本子上看到老师实际上是如何写这些字母的。而这肯定十分有助于小朋友的模仿和练习。但是如果小朋友没有搞清楚老师说到的那些方向副词的意义,他们在写其他字母的时候一定会很费力。

### 阅读:认读能力

小朋友如果想掌握阅读的能力,首先要掌握一些阅读技巧和常识。这些技巧和常识被称为认读能力。而方向推理能力又是认读能力的基础。

- 印刷品的开始和结束会出现在不同的位置;
- 书有封面与封底;
- 书页要以特定的方向翻看——不同文字的书有的需要向左翻页,有的需要向右翻页;

- 印刷品需要以特定的方向阅读——根据文字的不同，需要从左向右或者从右向左、从上至下或者从下至上阅读；
- 看完一行字后，要另起一行继续阅读；
- 大声读出来，书页上的每个单词都有一个发音；
- 把一页纸看完之后，要另起一页继续阅读（根据不同的文字，有的是先左页后右页，有的则相反）；
- 印刷品除了由很多文字组成，还包含很多标点符号和数字；
- 单词组成词语，词语组成句子，句子组成段落，段落组成文章或者故事。

小朋友们通过各种方式获取着阅读、写作、算术以及其他的各种需要从学校或者日常生活中学习的技能。当你将一些学术理论与孩子们的实际行为相联系的时候，你才能更好地与他们进行交流。

## 章节总结

- **符号语言**：符号语言是孩子们在学习与外界交流过程中最后要掌握的重要工具。
  - **方位语言**：方位语言根据使用情况与外部环境的不同，有着不同的意义。方位语言有时候会让小朋友们觉得有点混乱，但它们是我们探索和认识这个世界并与外部社会交流的重要工具。
    - **方向推理**：理解两个物体在空间中是如何相互联系的。
    - **方向推理能力是基本学习能力的基础**：如算术、写作、阅读。

# 第四部分

# 学习中的儿童

第十七章

## 运动发展：平衡身体和大脑发育的运动套餐

在过去的章节中，我们已经解锁了运动与大脑发育的千丝万缕的联系。那么接下来的重要问题就是：我们如何确保孩子能够进行他们所需要的运动？

### 尊重个体差异性

在我们深入研究之前，首先让我们清晰一个概念，即没有一个通用的方法能够完美地适合每个孩子。原因很简单：孩子都不是一模一样的。遗传因素、性格、环境、营养、个人经历，以及可能的几十种因素对每个孩子都有不同的影响。随着孩子们不断成长，不断改变，他们的需求也在不断变化。

正如我们所说的，里程碑式的发育时间表可能是具有误导性的，把它作为行动方案而非宽泛的指导方针时，这甚至是非常可怕的。毕竟，有些孩子8个月时就能走路，而有的孩子则需要到16个月。有些孩子在2岁时就能追上一个球，而一些孩子到4岁时还不能。即便如此，按照孩子的生理年龄进行比较的方法依然盛行。

鉴于大家经常用"可做的活动"这个标准来评估年幼的孩子，而孩子的年龄就成为判断孩子的运动需求中最容易产生误导的变量。与其这样，我们不如这样评估孩子，问一个非常简单的问题：此时，孩子们能做什么？

第十七章　运动发展：平衡身体和大脑发育的运动套餐

## 动觉模型图

- 感官：视觉、听觉、嗅觉、味觉、触觉
- 平衡感（前庭系统）：姿势、平衡、警觉、专注、静态
- 直觉（本体感觉）：身体与空间意识、身体潜意识、力量管理
- 力量：力气、柔韧性、灵敏性、耐力
- 协调力：中线、支配力、节奏感、短暂意识
- 控制力：定位、步测能力、抗压与施压、眼观协调、协调感

感官　　反射　　动作

语言：口头语言、身体语言、音乐语言、符号语言

**六大身体特征**创造了身体与大脑的关系。三种感觉工具（感官、平衡、直觉）和三种肌肉运动（动力、控制、协调）打造出最佳动态平衡模式。

**原始和动作型反射**将所有早期运动变成可能。

**语言**通过将具体化的内容变成概念，从而将体验转化为理解。

## "我能做"的演变旅程

参考"独立运动的演变"这个概念（请参见本书第四章），我们发现婴幼儿许多可观察到的、发展性的变化都是伴随着孩子的运动而发生的，而所有这些变化都以"我能做"为标记。尽管每个孩子具体的"我能做"的小进步都不同，但无论外在是怎样的活动形式，内核都是儿童的六个运动发展阶段。这些发展阶段是有先后顺序的，是循序渐进的。

**新生儿时期（从一出生到能翻身）**：新生儿时期是从婴儿出生开始，从不能移动、全部依靠他人到有意识地做可以自行控制的第一个动作。

**小爬虫时期（摇摆，爬行，坐起来）**：宝宝们在此阶段充满独立移动的乐趣，在好奇心的驱使下他们开始了早期广泛的观察和探索。

**走不稳时期（可以拉起来行走）**：最终的进化步骤发生在此阶段，宝宝们可以直立行走，把脚稳定地垂直于地面。因此，足迹所至，他们的能力和视野随之展开。

**淘气鬼时期（破坏和蹦跳）**：此时期的宝宝们精力充沛，他们拥有强烈的自信，最大程度地测试自己身体的极限。可以用速度、力量、大胆来定义这个时期。作为小淘气鬼，他们重新定义了什么是可能的，也确实能抵抗地心引力。

**奔跑者时期（跳动和攀爬）**：在此阶段宝宝们做出了更为复杂和精细化的全身协调性动作，并在身体、认知、情感和交际能力方面取得突飞猛进的发展。

第十七章　运动发展：平衡身体和大脑发育的运动套餐

**跳跃者时期（跳跃，速移，共同游戏，跳舞）**：此时期宝宝们的大脑和身体已经融为一体，自我控制变得非常容易。

## 设计一个运动均衡的套餐给孩子

现在，我们已经全面了解幼儿能做的动作，接下来让我们用"动觉模型"来促进他们的发展吧。在下面几页，请参照"动觉模型"记录孩子在每个阶段能做的具体动作。你会发现对于一个婴幼儿来说，他们通常使用"动觉模型"中的感觉、平衡和直觉来探索世界。随着他们逐渐长大，孩子们会慢慢使用"动觉模型"中的力量、协调和控制。

> 动觉范围以孩子早期发展阶段"我能做"的活动为基础，平衡孩子六大身体特征发展需求。

请格外注意，在操作过程中的"侧重"，不是一个"开/关"的按钮。"动觉模型"并非一个检查核对表。在每个阶段，运动中的反射、身体特征和语言是作为整体来促进儿童发展的。"动觉模型"只是随着孩子的成长，简单表现出各个部分的比例和平衡。为了表达平衡的概念你会注意到这跟"我能做"的阶段有重合。

正如我们所说的，"动觉模型"是依据孩子们能做的而非他们的年龄而设计的。但是为了方便大家了解，我们标注了每个动觉阶段发生时相对应的孩子的大致年龄阶段。例如，我们认为蠕动期大约发生在婴儿 6～14 个月，步履蹒跚的时期发生在 9～24 个月。

"动觉模型"仅仅就是个工具，它的目的在于帮你设计一个运动均衡的套餐给孩子。"动觉模型"有引导作用，但更重要的是我们需要被孩子引导。她的身体动作在告诉你她正试图找寻什么，这是真正的自然过程。跟随儿童自然发展的脚步，顺其自然是最好的指引。

# 运动塑造孩子的大脑

## "我能做"之旅

- 产前原始反射：不自主运动
- 新生儿
- 出生时的原始反射
- 头部控制：第一次尝试
- 抚触唤醒感官
- 认知手和脚
- 对捏
- 学会爬行
- 学会换手
- 抓放自如
- 自主坐直
- 走不稳
- 定位小空间
- 扶着可以站立
- 边走边玩
- 单腿跳
- 远足
- 单腿平衡站立
- 习惯左手还是右手的早期信号
- 奔跑者
- 短暂意识
- 反向攀爬：运用反手、反腿
- 飞驰
- 人体中央轴发展
- 支配性手脚发展
- 跳跃者

第十七章　运动发展：平衡身体和大脑发育的运动套餐　177

臀部技巧：尝试翻身

感官探索：特别是嘴部

用腹部翻转

抬起上半身

小爬虫

姿势反射开始出现

摇摆身体

四肢支撑

匍匐爬行

用嘴咬东西

抓取

学着做出脸部表情

借着辅助蹲下、起来

独立站立

爬上爬下

眼手协调：自己进食

蹒跚学步

淘气鬼

自我支配技能出现

双腿向上跳

上肢力量发展

用双腿跳

蹲下、起来，不需要辅助

奔跑

跨越式站

交叉动作

跨越式跑

腾空跳跃

自动化协调动作

### 新生儿时期

婴儿通过所获得的感官信息来认识这个世界，因此如果能够提供新生儿温柔的、丰富的、稳定的感官体验，就等于为他们的起飞助跑。

平衡支撑起了此时期的和未来的运动，同时也促进其他感官的发展。摇摆，轻轻倾斜新生儿，刺激他们的前庭系统，使他们有早期的方向感。这些动作能够很好地安抚新生儿，因为这让他们有种在子宫里的感觉。

**动觉范围：新生儿时期**
从出生到翻身
大约年龄：0～6个月

感觉　平衡　直觉　力量　协调　控制

感觉　反射　语言　运动

## 小爬虫时期

小爬虫时期的婴儿继续通过他们的感官来探索世界。他们的听力和视力正在不断提高。他们更多地用自己的嘴巴来探索，并对不同的质地和气味表现出极大的兴趣。持续感官体验，特别是多感官体验应该成为孩子每天生活的一部分。

翻身是小爬虫时期的宝宝做到的第一个有自我意识的前庭活动。随着成长，他们会越来越喜欢不同程度的前庭刺激，像在成人膝盖上玩"飞机起飞"或者轻柔地、缓慢地、有支撑地上下倾斜抱着玩。

在此阶段，帮助宝宝用身体来探索空间很重要，因为此时他的身体和空间意识是发展独立运动的重要工具。

**动觉范围：小爬虫时期**
摇摆，爬行，坐起来
大约年龄：6～14个月

感觉　平衡　直觉　力量　协调　控制

感觉　反射　语言　运动

### 走不稳时期（可以拉起来行走）

可以用自己的脚行走，做好了跑的准备，此时宝宝有太多事物要去探索和尝试。现在感官与行动相辅相成，鼓励他们自行探索是大人们此时应该做的。把他们放在一个相对熟悉、令他们喜欢并且有新鲜感的复杂环境中，对他们最有好处。

独立运动（从爬行到走路）需要动态平衡。这意味着他们需要体验不同的方向，才能够帮助大脑识别并调整其内部的平衡感。

当宝宝能站起来的时候，他会发现世界大不一样，而这需要一整套全新的直觉工具。这个时期的孩子需要用大量的时间来探索空间和物体，比如说像挖地洞或者是钻纸箱。

走不稳时期的宝宝开始感受力量。他们通过移动自己的身体和其他可能遇到的物体，例如玩具、家具、宠物、父母和老师来测试自己的能力。在此时期，宝宝们对探索自己的力气到底有多大这件事乐此不疲。

**动觉范围：走不稳时期**
可以拉起来行走
大约年龄：9～24个月

感觉　平衡　直觉　力量　协调　控制

感觉　反射　运动

语言

第十七章　运动发展：平衡身体和大脑发育的运动套餐　181

### 淘气鬼时期

此时期的宝宝最显著的特征是推动边界。他们还没有准备好进行细微的、优雅的运动，但是他们的速度和耐力惊人。高耗能的大空间的活动能够帮助宝宝建立自信心，从而完成幅度更大的全身运动。

此时期的宝宝需要更高超的协调能力来运动身体的各个部分。有时会让他们感到沮丧，特别是当他们刚开始尝试做偏侧、同侧的动作时。所以，多给这个时期的宝宝以机会让他们做全身运动，并且提供多一点儿空间跑、跳，允许他们疯玩。

**动觉范围：淘气鬼时期**

破坏和蹦跳

大约年龄：20 个月 ~ 3 岁半

感觉　平衡　直觉　　力量　协调　控制

感觉　　　　　反射　　　　　　　运动

语言

### 奔跑者时期

大动作和全身运动是这个阶段的发动机，它们有助于建立肌肉力量，从而为翻越更具挑战的"山峰"做准备。

此时宝宝们越来越有协调性，更有能力来控制自己的中线，他们可以用不同的身体部位来做动作，例如，骑三轮自行车，玩简单的投掷—追捕游戏。

此时的他们有更多的力气、耐力、耐心和决心并不止一次地去尝试做一件事，自我控制变得较为容易。

**动觉范围：奔跑者时期**
跳动和攀爬
大约年龄：3～4岁

感觉　平衡　直觉　　力量　协调　控制

感觉　　　　　反射　　　　　　　运动

语言

**跳跃者时期（跳跃，速移，共同游戏，跳舞）。**

此时期的孩子活动的主要特征是在增强肌肉力量方面，他们已经接近运动发展的终点，并接近实现运动"自动化"了。

他们可以开始进行需要更多想象力的活动了，例如角色扮演，或者规则简单的运动场项目（足球、篮球、棒球等）。这些都是孩子可以完全控制自己身体的信号，这意味着孩子走向了独立思考。

**动觉范围：跳跃者时期**

跳跃，速移，共同游戏，跳舞

大约年龄：4岁以后

### "运动—学习"活动指南

在下面的章节中，我们将详细解释如何使用"动觉模型"来帮助你规划活动。如果想要"动觉模型"能在现实生活中发挥作用，请先看一眼以下的"运动—学习"活动指南。

注意这些经典的游戏范式，它们涉及身体发展的各个方面。当然做每个

## 动觉范围："运动—学习"活动指南

**感官**
视觉、听觉、嗅觉、味觉、触觉

图片
声音
气味
味道
不同材质
用眼健康
客体持久性
分类
排列
拼图
运动和音乐

**平衡感（前庭系统）**
姿势、平衡、警觉、专注、静态

摇摆
旋转
摆动
翻转
平衡

**直觉（本体感觉）**
身体与空间意识、身体潜意识、力量管理

探索
倾斜
身体意识
推
拉
抬

第十七章 运动发展：平衡身体和大脑发育的运动套餐

游戏都有多重目标。

注意事项：在规划儿童的游戏活动时，一定要先了解和尊重他们目前"我能做"的范围，然后温柔地鼓励他们进行下一步。换句话说，制定适合孩子的游戏活动，一步步来。记住，永远追随孩子的脚步。

**力量**
力气、柔韧性、灵敏性、耐力

- 爬行
- 行走
- 跳跃
- 跳高
- 爬、滚
- 拉伸
- 攀爬
- 滚轮游戏

**协调力**
中线、支配力、节奏感、短暂意识

- 爬行
- 跳跃
- 攀爬
- 徒步
- 骑自行车
- 玩球
- 球类游戏
- 踩石头游戏

**控制力**
定位、步测能力、抗压与施压、眼观协调、协调感

- 移动
- 稳定性
- 有控制感的游戏
- 目标意识
- 精细动作
- 运动场项目

## 章节总结

- **均衡的运动套餐**：就如同孩子要合理膳食一样，他们也需要一份能够平衡身体和大脑发育的运动套餐。
- **侧重范围**：随着成长，儿童的运动需求也随之改变。对于小小孩来说，他们更倾向于感官刺激。大一些的孩子会更偏向肌肉方面的刺激。但是，所有孩子在发展阶段，都需要来自这两方面的刺激。
- **个体差异化**：成长过程中，没有一模一样的孩子。
- **儿童的六个发展阶段**：新生儿时期（从一出生到能翻身），小爬虫时期（摇摆，爬行，坐起来），走不稳时期（可以拉起来行走），淘气鬼时期（破坏和蹦跳），奔跑者时期（跳动和攀爬），跳跃者时期（跳跃，速移，共同游戏，跳舞）。
- **运动—学习活动指南**：无论从哪个角度来说，运动对孩子们都最有益处，让他们玩起来吧！

## 第十八章
# 打造动感的课堂氛围

当着手进行"运动—学习"的计划时,我们应该让孩子慢慢进入欢乐的状态,而不应该把这种状态强加于计划中。我们要为深入、持久且意义非凡的学习提供更多的机会。这并不代表要彻底改变课程计划,而是要教会小孩子积极主动地去运动。因为对于孩子来说,学习从来都不应该是通过静止坐着而完成的。

### 打造课程计划:学习中的六大身体特征

以动觉模型作为指引,我们能够通过整合运动,为小孩子打造更加全面的学习环境。为此,让我们从六大身体特征的角度来检验教学。

**感觉**有助于孩子更深入地理解概念。各种来源的信息为我们呈现了充满生机、有意义的画面。让学习更具多感官性。毕竟,橙绿色在黄色的背景下更偏向于绿色,在绿色的背景下却偏向于黄色。

**平衡感**教会孩子不要被表面所迷惑。人们如何看待事物,取决于观察的角度——身体角度、情感角度等。让学习更具多角度性。我们站在地面与爬到树上来看树梢上的绿叶,结果是不同的。

> 学习绝不是静态的。

> 让所有的学习更具多感官性、多角度性、个性、客观性、挑战性。确保学习没有界限。

**直觉力**，尊重孩子的个性。每个孩子都是自我宇宙的中心，所有的学习都从他自身开始。让学习更具个性。先从已知开始，然后转向未知。

**力量感**，即努力。即便孩子没有在指定的时间内或通过常规的方式完成目标，但是学习中的任何努力都会产生进步。让学习更具客观性。

**协作**，揭开疑惑。从一个小小的想法开始，然后一个一个地增加，汇聚越来越多的想法。让学习更具挑战性。打造复杂的情景。黄色只是黄色，蓝色只是蓝色，然而，黄蓝混合就变成了绿色。

**控制力**，让学习者成为学习的主导。接受自由自在的想象是所有灵感的基础。确保学习没有界限。

即便如此，小孩子的监护人会告诉你，展开课堂计划并按计划逐步进行，并非易事。有时，小孩子甚至连最简单的任务都无法完成，让大人们急得抓耳挠腮。在这种情况下，了解运动和学习的关系便有很大帮助。

## 解读孩子的动作

在你的课堂上或者家里，有没有下面这样的小孩：

**爱揉眼睛的小孩**。他们可能还没准备好进行独立阅读。眼部肌肉还需要更多的力量来适应阅读这种高精度眼部运动。爱揉眼睛的孩子，表现为经常揉眼和眨眼，会不时地将视线从书上移开，甚至逃避阅读。如果出现了这种情况，就说明他们在进行独立阅读前，还需要更多的时间去锻炼眼部能力。（参见第七章）

**爱捂耳朵的小孩**。当房间有噪声时，他们会用手捂上耳朵。有时他们会试图搞清楚声音的来源，有时他们会试图把所有声音都挡在外面。爱捂耳朵的小孩，需要更多安静的空间来集中注意力，也需要更多地参与活动来提高区分背景声音的能力。（参见第七章）

**有洁癖的小孩**。他们拒绝参加打闹游戏。你可以看到他们脸上写满了"啐"与不满。是时候耐心地、温和地让他们接触各种各样的触觉刺激了，但是一定要由孩子主导。（参见第七章）

**坐立不安的小孩**。他们不能静静地坐着，总是动来动去，扭来扭去。你经常发现他们会待在大家的最后面，因为那里有更多的活动空间。坐立不安并不意味着不感兴趣，事实上他们可能努力着去集中注意力；又或者，他们只是想去洗手间！（参见第八章）

**爱旋转的小孩**。他们喜欢绕着自己转圈圈或者荡秋千等带来的晕乎乎的感觉。这并非多动症，这代表着孩子的大脑渴望前庭刺激。（参见第八章）

**玩椅子的小孩**。他们被多次警告要小心，他们似乎也并没有那么淘气，他们可能只是想要有摇动的感觉。这时，对他们适当地进行前庭刺激。（参见第八章）

**撞上家具的小孩**。他们撞到了家具上，这并不一定是由于他们笨拙或缺乏观察的结果。这可能是他们不了解自己的身体。这时做一些培养身体意识的活动或许是个不错的选择。（参见第九章）

**爱触摸的小孩**。他们触摸一切——人和物体。他们走近并靠在你身上。但是，这并非意味着他们想要被关注或被溺爱。也许，他们仅仅是需要通过融入环境来增强空间意识。（参见第九章）

**弄坏铅笔的小孩**。他们总是弄断铅笔的铅芯，可能是由于过度用力所造成的。虽然看似有攻击性，然而他们仅仅可能是不了解自己力量的大小。他们需要进行一些要求动作精细和肌肉控制力的训练，如在不洒水的情况下练习倒水。（参见第九章和第十三章）

**写字潦草的小孩。**在最初学习写字时，他们的字写得乱糟糟的。从某种角度而言，这是因为缺乏经验。当然，这也意味着他们需要更多的体能锻炼，在各种各样的空间里移动身体（进去、出来、上来、下去、穿过等）。（参见第九章）

**萎靡不振的小孩。**他们会花很长的时间挣扎着坐直。他们看似倦怠，但也许只是累了。好的坐姿取决于核心肌肉的力量。这时，更多的全身运动——尤其是挑战核心肌肉力量的游戏和运动——也许是不错的选择。（参见第十一章）

**跳来跳去的小孩。**他们会跳来跳去。他们可能看起来无法集中注意力或缺乏毅力，但是在儿童早期，这更有可能是肌肉缺乏耐力所造成的。（参见第十一章）

**想要离开的孩子。**才上午十点，他们就问是否该回家了。如果这种情况频繁发生，也许是身体原因所致。他们也许累了，但并不一定是缺觉，可能是身体没有做好准备。（参见第十一章）

**双手动来动去的小孩。**在画画或写字时，他们的双手动来动去。并非单纯因为好玩，而是他们必须这么做（尽管的确很有意思）。这是因为孩子需要继续调整中央轴，也就是说他尚未确定惯用手。这时，交叉模式的活动会对他们有很大帮助。（参见第十二章）

**反着写字的小孩。**他们有时会故意把字反着写。这种错误仅仅是因为他们的中央轴还不成熟。（参见第十二章）

**姿势扭曲的小孩。**即便是写自己名字一类的简单事情，他们也要扭曲着身子。当孩子采用不自然的姿势时，他们很可能是在应对或者避免中央轴的影响。这时，同侧身体活动也许会帮助他们校正姿势。（参见第十二章）

**握紧拳头的小孩。**掌握正确的握笔姿势对他们来说非常困难。他们的手、手臂和肩部肌肉可能不够强壮，所以他们会尽可能采取最舒服的手部姿势。这时，也许他们需要玩玩单杠或进行其他能够增强上肢、手部和手指力量的活动。（参见第十三章）

**旋风小子。**他们只知道一种速度：快。他们无法减速。他们无法调整运动的速度，也不能完全控制自己的身体。这时，要让他们尽量慢慢地做事情。试着以"慢"开始新的一天，看每个人能坚持多久！（参见第十三章）

**被嫌弃的孩子。**在小组游戏中，他们总是最后一个被挑中做队友的孩子。在大多数团队运动（如足球、篮球等）中他们缺乏控制能力。当孩子在这方面有困难时，利用肥皂泡、羽毛或其他移动缓慢的物体培养他们的眼睛和手脚的协调能力。（参见第十三章）

学习解读孩子的动作，让孩子"运动着去学习"更加简单。

## 打造一个"从运动到学习"的空间

儿童需要一个精心设计且充满情感能量的环境，这样的环境鼓励他们充分顺应"从运动到学习"的天性，从而使他们投入学习和生活之中。让我们一起探索出适用于儿童保育所、教室、家里、户外游戏场等儿童运动、学习场所的构造法则。我们给这间神奇的幼儿教室命名为"探索屋"。

### 魔法门

第一印象很重要，所以第一印象最好是美好的，甚至是神奇的，这也是"探索屋"以魔法门作为开端的原因。这将是一次具有颠覆性的体验，不是从走廊进入教室，而是从平凡普通的一天进入非凡冒险的一天。这是一次遵循孩子逻辑的、伴随咯咯笑声的、创造无限惊喜的旅行。跨越门槛，进入一个想象和学习都可以飞翔的地方！

在魔法门的欢迎横幅上，写着"这是一个专门为你而准备的地方"。这会让孩子感到轻松自在，迅速地融入其中，做好准备，迎接即将来临的一切。创造魔法门，需要我们了解孩子们的喜好，并在门口欢迎他们——开始活动吧！

## 充电游戏

### 魔法门：每天带来神奇的开始

创造魔法门，并不需要很多时间、材料和精力。这里是五十项动觉模型——帮助你每天在学校、家里或任何你想要孩子去的地方，为孩子创造神奇的开始。当然，如果环境允许，在每天的结束仪式上也可以使用魔法门。

**感官的开始**
- 进门时摇响铃铛或吹响号角。
- 唱着歌进屋。
- 用泡泡纸做欢迎礼帽。
- 站在门口喊："哟吼！该去上学啦！"
- 进屋时，给孩子每人一件乐器，让他们组成乐队，为随后进屋的孩子演奏欢迎曲。

- 让孩子们排好队，与随后进来的孩子轮流击掌。
- 在走廊里挂满纱绉纸带。
- 在门框上挂满星星灯。
- 在门口挂满庆祝节日的气球。
- 在门口盖上塑料纸或泡泡纸，划一个开口，让孩子们欢快地钻进屋子。
- 提前一天做好纸面具，让孩子们次日戴着面具进门，然后让他们猜每次进门的孩子是谁。
- 玩一个配对游戏。在门口放一堆图片，每个孩子必须成功配对一组图片后才能进门。
- 准备幸运饼干。掰开饼干，发现惊喜。

**平衡活动**
- 像陀螺一样转。
- 像铅笔一样滚动。
- 翻筋斗。
- 在地板上放一条绳子，让孩子跨过绳子或沿绳子走。
- 让家长抱着头朝下的孩子通过房门。
- 在门外布置一条鹅卵石（或碎纸）铺的小路，让孩子沿着小路走进教室。
- 在地面贴上纸质的"垫脚石"，并以字母、数字、形状或颜色来标记，让孩子沿着路线走。
- 安装旋转入口。在地面贴上五颜六色的圆点，分别写上"右脚红色""右手绿色"等。
- 寻找恐龙！把塑料恐龙玩具藏在教室的各个角落。从门口开始布置寻找恐龙的线索，让孩子按图索骥。
- 让孩子扮成士兵，踩着木板进门。

**直觉开端**
- 安装一个游戏隧道，让孩子们爬来爬去。
- 布置一些木块障碍物，让孩子们爬过去。
- 设置小型塑料滑梯，让孩子们滑进教室。
- 在门口把篮子扔进教室。
- 制作迷宫。让孩子们搭建迷宫，以便第二天爬着玩。

**力量游戏**
- 像螃蟹一样爬。
- 像虫子一样蠕动。
- 像青蛙一样跳。
- 在门口放置木棍，让孩子们从下面钻进来。
- 坐着挪进教室。
- 以玩手推车游戏的方式进入房门（家长抓着孩子的双脚）。
- 跳鞍马。必须跳过同学或老师的后背才能进入教室。

**协调运动**
- 行军走。
- 单脚跳。
- 跳房子。
- 随音乐起舞。
- 布置铁环，让孩子跳进去。
- 拍着球跨过门槛。

**控制力动作**
- 踮脚走。
- 倒着走。
- 内八字走。
- 竞走（脚跟先着地）。
- 在门口挂张大纸，让孩子进门时先签名。
- 在一天结束的时候，告诉孩子一个特殊的密码或敲门暗号，第二天可凭此进门。
- 让孩子用纸板做路障。指派两个孩子把门，有人进门时抬起纸板进行拦截。
- 在门口贴上不同的动物图片。每个孩子选择一种动物，并模仿这种动物进门。让大家猜这是什么动物。
- 给孩子准备特制的游戏钥匙，以便第二天进门时使用。

一旦孩子明白了魔法门的意义，就鼓励他们进行小组讨论，选择他们喜欢的魔法门。让他们也能成为魔法的制造者！谁想乘火箭？

## 孩子的视角

一旦跨过门槛，我们很明显地发现"探索屋"并不是为成年人准备的，而是为小孩子量身打造的。我们必须蹲下，以孩子的视角观察，才能明白"探索屋"对孩子究竟意味着什么。为了体验这种感觉，如果可以的话，蹲在地板上观察所在的空间，问问自己：

- 我有多少玩耍空间？在我的面前，有什么障碍物？
- 我可以在这里跑、打滚、跳、舞蹈以及扭来扭去吗？
- 我在这里安全吗？我开心吗？还是兴奋？高兴？疑惑？
- 这里有什么好玩的？我能够到什么东西？我不能够到什么东西？
- 如果自己可以设计空间，我会做什么改变呢？

通过了解孩子观察事物的方式，来改变我们设计环境的角度和做出的选择。当然，对于游戏房，最重要的莫过于允许孩子爬来爬去的空间充足。

## 活动的空间

一直以来，成年人眼中的教室只不过是一排排的桌椅和一群安静坐着听讲的孩子。显然，对于小孩，这并不是最好的学习环境。所以，在"探索屋"里，孩子能够运动和探索，它提供了一种别样的空间体验。

在"探索屋"的第一天，空间是开放的，可以做任何事情。当然，也有必不可少的物品：讲桌、玻璃橱柜、放置孩子物品的储物间、墙上的写字板、围坐活动时所需的大坐垫。此外，还有放着大家喜爱的书籍的书架，以及等待翻寻的玩具箱。这就是所有。绝对没有传统的桌椅。

## 地板的重要性

对孩子来说，地板是天然的学习场地。原因有两个：一是容易到达；二是没有摔倒的可能。

地板不仅提供了运动的空间，也让孩子有机会选择最舒服的学习姿势。他们可以盘腿坐着、趴着、蹲着、站着、滚来滚去或者选择任何符合学习主题的舒服姿势。在周围没有障碍物（如桌椅等）的情况下，孩子便可以倒在地板上，直接开始学习。

### 共同打造"探索屋"

同样，开放的空间给孩子们提供了共同打造所处环境的机会。

在最开始的几周中，根据"探索屋"老师所介绍的新的学习活动内容，孩子们可以在教室里的任意地方进行探索和学习。有时，他们占用开阔的空间；有时，他们坐在窗前；有时，他们在教室的各个地方组成一个个小组。

渐渐地，教室里出现了几处很大程度上由孩子自发形成的区域。孩子们知道了教室的不同空间和不同活动的最佳搭配，打造出各种学习活动中心。孩子们都找到了独处的空间和与朋友分享的空间。做某些活动可能需要工具，但工具的使用时间和使用与否都由孩子决定。他们根据需求改变活动场所。比如，在对脏兮兮的活动现场进行几次清理后，孩子们可以投票决定把玩某个游戏的场所指定为教室的某一个角落。

### 室内室外，无所不在

有些家长先入为主地认为，在室内学习，在室外游戏。然而，"探索屋"并不是这样。像其他教室一样，"探索屋"也有墙壁，但从来不为运动、玩耍和学习设定界限。

便于到室外去，对于营造最大可能的学习环境很有必要。室外提供更多的活动空间，孩子通过各种新奇的方式挑战身体，从而强化学习效果。

教师的任务，就是在旁边照看孩子，跟他们开玩笑，鼓励并引导孩子们活动，进而加强学习。比如，在第十六章中我们提到，游戏场是理解方向概念的理想场所。

现在，我们专门讨论"下面"这个词。教师让孩子探索并发现所有移动到物体下面的途径，而这种真实的体验将会在某一天转化成抽象的概念。

当然，当孩子返回教室时，他们会带着"下面"的意识回来——进一步理解了桌子下面、椅子下面、小伙伴或老师身下以及所有事物的下面。

"探索屋"中有很多种活动，成年人自然会担心安全问题。所以，我们将在下一章讨论在确保孩子遵循自己本能需求的同时，如何保证他们的安全。

## 吉尔笔记

### 从运动中学习

人们经常问我："我明白运动的重要性。但是，如果外面下雨怎么办？"

一些成年人认为，运动是户外活动，"真正"的学习只能在室内进行。

为帮助家长和教师抛掉对室内、室外活动的偏见，我建议大家试试"充电游戏"中所涉及的活动。"充电游戏"像"零食"一样，随时随地都可以进行，而且只需要很短的时间就可以完成。它们通常可以作为过渡，在大型活动或学习的间隙展开，这对孩子有很大益处。孩子和成年人可以一起参与其中。

首先，我们可以每次只引入一种"充电游戏"，并且每种游戏至少要坚持一天。大量的练习机会可以让孩子有足够的时间增强对这种游戏的信心；一旦孩子熟练掌握了这一活动，他们就会进行即兴创作。这时候，我们就可以开始尝试新的"充电游戏"了。下面是适用于早期的十项快速"充电游戏"。

### 兔子跳

双脚跳是掌握单脚跳和向前跳等高级身体技能的重要前提。它可以训练强壮的腿部肌肉，增强孩子对掌控自己身体的信心。当然，双脚跳提供了在正午时分对抗地球引力的机会。

### 毛毛虫蠕动

首先，让孩子四肢着地，接着双手前进并保持膝盖位置不变，然后保持双手不动的同时双膝向手部移动。身体的一部分在运动，而另一部分保持静止，这正是加强协调能力的绝佳活动。一开始有点儿难度，给孩子多点儿时间练习。只要坚持练习，孩子当天就可以掌握动作要领。

### 海豹爬

让孩子趴在地上，不使用四肢向前移动，让孩子运用核心肌肉力量。同时，不要忘记学海豹叫哦！

### 螃蟹爬

坐在地板上，双手撑地向后仰，抬起屁股，用四肢支撑身体，然后向前走（高级玩法：倒着走）。对于缺乏上肢力量的孩子，这个动作能够大大提高身体的耐力。让容易做到的孩子给其他小朋友做示范。

### 跳鞍马

2～4个孩子为一组，排好队，在不同的地方玩跳鞍马游戏。这个游戏，不仅要求高能量的爆发，还要求小组配合。第一个需要协商的问题，一般是"谁第一个来"。除非无法达成一致或发生冲突，否则大人不要干涉。

### 穿越迷宫

在地板上用花纹胶带造出一个迷宫，为不同的学习活动提供不同的线路。让孩子们沿着路线走，完成从一个活动到另一个活动的过渡。当孩子熟练掌握后，让他们试着用脚跟沿线走。然后再加大难度，让孩子沿线倒着走。

### 发现圆点

剪出不同颜色的圆点，将它们贴在教室的地面、墙壁和家具上。说出一种颜色，让孩子踩着对应颜色的圆点走路，以不同的路线到达他们想要到达的地方。

### 头顶沙包

每人头顶一个沙包，减缓移动速度，让孩子好好地练习，以锻炼他们的控制力，增强空间意识。熟练掌握这一技巧之后，让孩子在保持头顶沙包不掉的同时，蹲下去触摸地面。

### 下面和上面

在活动中，让孩子钻到桌椅等物体的下面，再让孩子爬到物体的上面，反复强调"上面"和"下面"等词，令孩子理解方向性语言。

### 开火车，呜呜！

在活动中，让孩子们排队成一列火车。每次指定一名不同的司机，保证每个孩子都有决定火车前进方向的机会。

## 章节总结

- **学习从来都不是通过静止坐着而完成的**。对孩子来说，最好的学习方式是运动。
- **利用六种身体特征进行教学**，让学习更具多感官性、多角度性、个性、客观性、挑战性，令学习的过程充满探索与发现。
- **动作解读**。学会动作解读，能够使"运动着去学习"更简单。
- **打造一个"从运动到学习"的空间**，即站在孩子的角度观察空间，给他们更多的活动空间。
- **魔法门**：邀请孩子进入一个学习的世界，告诉他们"这是一个专门为你准备的地方"。
- **地板的重要性**：地板是孩子最好的学习场地，也是最天然的学习环境。
- **共同打造"探索屋"**：让孩子学习设计空间。
- **室内或室外**：运动和学习可以随时随地地进行。
- **"充电游戏"**：随时寻找机会，让小小的"充电游戏"贯穿孩子一天的运动活动当中。

第十九章

# 不确定性区域：安全管理

运动中的孩子总是尝试着突破自己的"身体界限"，不免一路蹒跚、跌跌撞撞的。那么，让我们讨论一下在幼儿早期对他进行身体保护的几个要点吧。

如果你是家长，你一定比任何人更了解自己的孩子。如果你是老师或者孩子的照顾者，你应该接受过培训，了解孩子的能力，理解他们的需求。同时，你应该对孩子的安全负责。所以，让我们在此更明确一点：在儿童的安全问题上，无论是在何时，无论是在何种处境，你都是最后的责任人。

## 如何处理在非常安全和极度不安全之间的灰色地带

许多成年人认为儿童安全的风险区间如下图排列。

### 风险区间

| 完全安全 | 不确定区域 | 极端危险 |
| --- | --- | --- |
| 不需要看护 | 需要看护 | 完全限制！ |

> 在儿童的安全问题上，你是最后的责任人。

有时情况是这样，当你看护活泼的小小孩时，你必须花时间在不确定区域，即那些你认为不一定安全的地方。作为一个看护人员，最重要的工作是确保孩子的身体安全，这是第一位的，虽然这不是唯一需要做的。

如何处理在完全安全和极端危险之间的灰色地带——不确定区域发生的状况，这点非常重要。因为它不仅仅关系到孩子的身体安全，同时也关系到孩子认知和情绪的发展。大家都知道，在这不确定性中蕴含着孩子所需要的丰富的生活体验和重要的学习内容，且必须由他亲身经历过。任何新的尝试都意味着有潜在的风险。

那么，我们如何在潜在的风险与学习契机这两者中找到动态的平衡点呢？

### 在风险和回报之间找到平衡

只意识到玩游戏的风险，而没有同样意识到游戏所带来的回报，就如同只看到了硬币的一面。

请注意，我们需要了解哪些区域是可接受的风险范围。大体来说，中心区域应该涵盖了孩子日常游戏中的大部分，无论是需要安静专注的还是需要冒险的活动。这其中的大部分都会根据孩子的学习风格、不同喜好产生作用。但是一定要特殊对待以下这两类活动，把它们标记出来，并严格禁止：（1）那些让孩子处于极度危险的活动；（2）那些无法提供积极刺激或者几乎没有刺激的活动。

游戏平衡图表上显示出三种重要类型：运动和学习类游戏、挑战类游戏、安静专注类游戏。我们将在下一章中详细讨论这些游戏类别。但现在，请记住：关键在于所有的学习中都包含一定的风险，但不是所有的风险都能带来学习。帮助一个孩子找到平衡点取决于作为教师、照顾者或家长的你。让我们来讨论一些有益的策略。

### 管理风险：暂停、鼓励和表扬

孩子最好的学习方法就是尝试，让他们全身心地沉浸在兴趣中。这里只存在一个问题：年幼的孩子没有经验，没办法判断做哪些事情是危险的，哪些没有危险。这就不可避免地出现一个难题：如何让孩子尝试新事物，同时又能让他们免遭可能的伤害呢？

为了把孩子照顾到最好，做风险评估是你的职责。如果你决定让孩子尝试做一些冒险的事情，深呼吸，鼓起勇气，运用常识，并记住这个口诀：暂停、鼓励和表扬。

1. **暂停** 当你看到一个潜在的问题，但它并不会马上发生危险，请孩子稍停片刻。例如，孩子可能会被困在一个游乐设备中，如果此时没有显著的、立即发生的危险，请耐心地给她时间来解决这个问题。

2. **鼓励** 如果你觉得有必要插手的话就去做。请尽量不要为孩子做每一件事。相反，请用轻微提示、鼓励的方式来解决问题。我们要做孩子的辅助者，而不做领导者。例如，你可以说："我做什么能帮助你走出困境呢？要不我举起你的手臂，你抬起腿试试？"

3. **表扬** 等一切都处理好了，请表扬孩子自己解决了问题。一定要记住表扬的内容要具体。类似于"做得好"这样的表扬并不会对他下一次该怎么做有所帮助。相反，复述上述问题的解决方法，他就知道刚才哪点他做得好。例如："我喜欢你刚才抬起膝盖来摆脱困境的方法。"那么，当下一次他又被卡住时，他会记得抬起膝盖。

## 教孩子思考安全事宜

当你将孩子放在不确定的区域时，你得教他们如何保证自身安全。例如，向他们解释为什么有些东西是不可触碰的，为什么有些事情是严格禁止做的。这是个好机会，让他们了解为什么有些事情只有大孩子才

204　运动塑造孩子的大脑

## 游戏的平衡

运动与学习类游戏

激发和刺激

挑战类游戏

完全安全
不需要看护

不确定区域
需要看护

非常危险
完全限制！

安静而专注类游戏

零激发

能做。

但是，如果你不能在现场进行指导，那该怎么办？这就需要让他们自己考虑什么是安全的，也就是培养他们的后果意识。你可以这样简单地问孩子们："如果你做……会有什么后果？"

与孩子一起熟悉环境，并问他哪些地方是安全的，哪些地方是不安全的。必要时，给予他温柔的鼓励或提示，当他正确指出哪些地方安全、哪些地方不安全时表扬他。

问一些开放式的问题，帮助孩子思考可能出现的后果。例如：

- "我想知道，在厨房玩追逐游戏是一个好主意吗？如果地板是湿的，你认为会发生什么事？有没有更好的地方可以玩追逐游戏呢？"
- "你还记得我有一次不小心把杯子摔地上了，碎片有多锋利吗？杯子是玻璃的，那还有什么也是玻璃的？当有人撞到玻璃做成的东西时，会发生什么事？"
- "你真的很会翻跟斗。这里是翻跟头的好地方吗？如果不是，我想知道在哪里翻跟斗会更好呢？"

以这样的方式让孩子考虑安全问题，不仅可以令他们明白要当心哪些地方，也可以让他们知道如何避免可能发生的危险。当他们以后能自己注意安全时，你就成功了！

> 如果你决定让孩子尝试做一些冒险的事情，深呼吸，鼓起勇气，运用常识，并记住这个口诀：暂停、鼓励和表扬。

## 章节总结

- **确保安全永远是你的职责**。因为你最了解孩子，所以只有你能判断哪些对他来说是安全的，哪些是不安全的。
- **不确定的区域**。风险呈现出线性的连续性，从完全安全到极端危险，这中间有一个大大的不确定区域。
- **游戏的平衡**。有三种最基本类型的游戏存在：即运动和学习类游戏、挑战类游戏、安静专注类游戏。
- **暂停、鼓励和表扬**。用这个口诀帮助孩子进行自我挑战。
- **预演安全"旅行"**。通过让他们自行思考安全事宜，确保孩子在以后的游戏中保证自身安全。

## 第五部分

# 游戏的重要性

第二十章

# 游戏的平衡

一旦我们意识到运动在儿童成长中的重要性,随之而来的便是需要关注如何将其付诸实践。造物主是这么说的:就让孩子们去玩吧!是的,因为对于小孩子来说,玩是他们天生的运动动机。

## 玩:天生的运动动机

让我们通过仔细观察下面这张游戏平衡图表,来探究如何通过运动来学习。

> 我们建议在一天中,让孩子把 80% 的时间用于运动与学习类游戏,而把剩下的 20% 时间用于思考或艺术方面的活动。

### 运动与学习类游戏

运动与学习类游戏是孩子每天室内外活动中最重要的组成部分。这些游戏使孩子的动觉、感官体验及整个身体得到充分锻炼。如果孩子有充足的自由玩耍时间,那么很可能通过玩耍他们已经有许多进步啦!

### 挑战类游戏

挑战类游戏,是指那些会让孩子兴奋、恐惧或者感到刺激的玩耍方式。挑战类游戏有助于孩子在尝试过程中树立自信心,并且建立安全意识。对于孩子来说,一天中最重要的时刻就是做从没有做过

第二十章 游戏的平衡

## 游戏平衡图

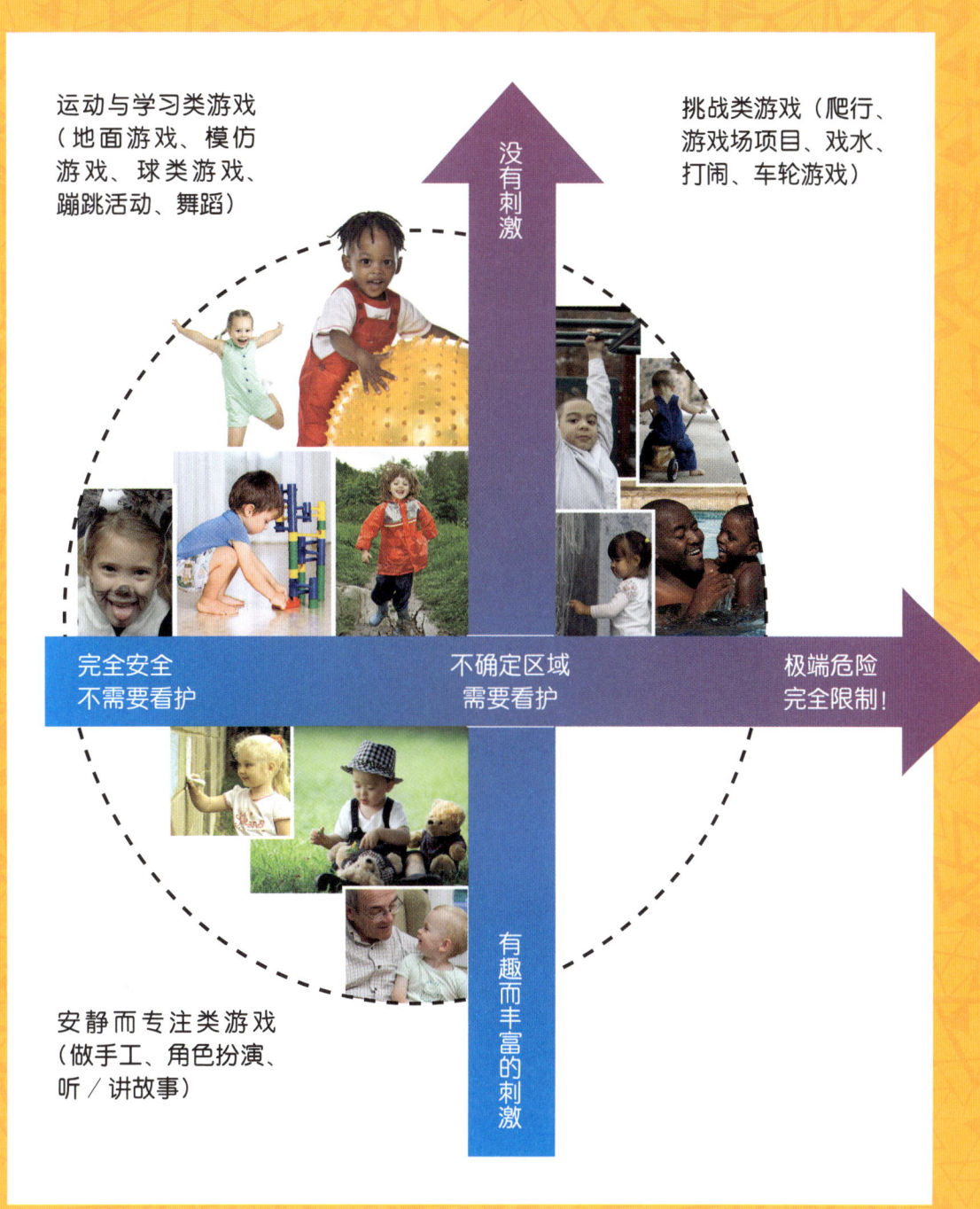

运动与学习类游戏（地面游戏、模仿游戏、球类游戏、蹦跳活动、舞蹈）

挑战类游戏（爬行、游戏场项目、戏水、打闹、车轮游戏）

没有刺激

完全安全
不需要看护

不确定区域
需要看护

极端危险
完全限制！

安静而专注类游戏（做手工、角色扮演、听／讲故事）

有趣而丰富的刺激

的、有挑战的事。激情和求胜欲促使他们达到新的高度、新的速度，帮助他们感知新的空间。这类游戏包括：游戏场项目、戏水、打闹、车轮游戏，以及任何能让孩子挑战自己极限的游戏。

### 安静而专注类游戏

安静而专注类游戏让孩子去消化他们在活动中的所思所想、所做所为。这也包括了一段"什么都不想"的时间让孩子们去发挥他们的想象力。安静而专注类游戏包括手工创作（画画、做手工和搭积木），角色扮演（布娃娃、玩具汽车、毛绒玩具）和讲故事、听故事。

参照上面的游戏平衡图表，我们要了解什么才是积极的游戏活动，并根据孩子的特点来安排他们进行何种游戏。事实上，我们建议幼儿在一天中80%的时间应当做一些运动与学习类游戏和挑战类游戏。这些能够大量消耗孩子的精力、提升体能并给予孩子感官刺激的活动能令孩子更全面地发展。而剩下的20%时间我们建议引导孩子们做一些思考或艺术方面的活动。

接下来，我们将更加仔细地分析这些游戏类型，寻找如何吸引孩子爱上这些游戏的方法，并且探讨这些游戏对他们的作用。

## 吉尔笔记

### 数数笑声

在当今这个注重教育结果而忽视教育过程的社会中，幼儿园、学前班相较以前更多地开始进行正式的文化教育。这造成越来越多的孩子错过了早期自由自在的玩耍时光，被迫提前加入一些貌似出于好意的"提高"班和"科学体验"班中，美其名曰这是"更好的人生起跑线"。

当今，许多父母认为参加这些课程可以让孩子获得卓越的学习成绩，还有一些家长认为这些课程可以让孩子在其他方面受益，例如遵守规则、与其他小朋友友好相处、接收新鲜事物。这样当然好，但不要忘记一件更为重要的事：做游戏会令以上所有一切变得更好。

**游戏来自内心。**它不需要任何人告诉孩子要做什么或怎样做，它仅仅需要孩子自己来决定。

**游戏是即刻的。**它时时刻刻满足孩子的需求。游戏并不需要一个初设的开始时间，随时随地都可以进行。

**游戏尊重孩子的选择。**因为只有孩子才能知道自己内心的需求，旁人只能猜测。

**游戏带给孩子想象的空间。**想象是帮助孩子理解和体验生命的最自然的方式，它能让孩子塑造世界观，并建立自己的立场。当孩子沉浸于游戏中，他掌控着他认为的真实而重要的世界。

**游戏是无定式的。**在游戏中，孩子可以自由地去设定、改变和达到他自己的目的，而不需要做出判断。游戏可以让孩子获得极大的自我满足感。

那么，问题就产生了：在游戏中，这些巨大的益处是无法被衡量的。用孩子在游戏中的状态来判断游戏是否有效果貌似不那么可行，此外游戏让孩子获得了什么益处也难以衡量。你也不能与邻居家的孩子作比较。所以对于一些家长来说这有点让人觉得不那么靠谱。但是事实真是这样吗？对于需要数据来证明效果的家长来说，有以下测量数据可供参考：

- 数笑声。他在一天中大声笑了几次？
- 算算孩子全神贯注的时间，在这期间他甚至忘记了上洗手间。
- 数数他讲了多少个故事？有关外星人、海盗、公主和王子、精灵和仙子、机器人、小狗、猫咪和一个挂在壁橱上的名叫"卢"的长毛大怪兽。

总之，游戏能让孩子获得纯粹的快乐，进行深入的思考，展开奇思妙想。

## 章节总结

- **运动与学习类游戏**，是传统的室内外日常活动模式。它们使动觉、感官体验和身体得到锻炼。
- **挑战类游戏**，即指那些会让孩子兴奋、恐惧或者感到刺激的玩耍方式，有助于孩子在屡次尝试中树立自信心。这类游戏包含游戏场项目、戏水、打闹和车轮游戏。
- **安静而专注类游戏**，让孩子去消化他们在活动中的所思所想。安静而专注类游戏包括手工创作、角色扮演（布娃娃、玩具汽车、毛绒玩具）和听故事、讲故事。
- **80∶20 原则**：一天中，大约 80％ 的时间应当让孩子做一些运动与学习类游戏和挑战类游戏，剩下 20％ 的时间应当安静一下。
- **游戏促使儿童成长**。游戏可以随时进行，让孩子主导游戏的进行，发挥他的想象力，这对孩子的成长意义重大。

# 第二十一章
## 运动与学习类游戏

古希腊哲学家索福克勒斯曾说:"实践出真知:即使你知道怎么做,但只有实践后才会真正明白。"运动与学习类的游戏全都是关于"做"的游戏。对于更小的孩子来说,"做什么"没有太大关系。而如果孩子能够全身心投入游戏当中,他的快乐和学习兴趣也会随之而来。这就是以玩为基础的教学法的基本原则。

本章中所列举的所有游戏几乎都包含了运动和学习的要素,适于在幼儿阶段进行。以下是几个需要关注的游戏环节:

### 角色扮演:我是谁?

#### 孩子为什么要这样玩

当孩子们把棍子变成魔杖、洗碗巾变成披风、梳子变成话筒、桌子变成洞穴的时候,他们的具象思维由此产生了。角色扮演能帮助孩子从思考"是什么"切换到"可以是什么",从而打开孩子大脑中"想象"的大门。

### 游戏中运动

在角色扮演游戏中，儿童运用超强的想象力来讲故事。例如，当孩子借用一个角色的特征（如大小、力量、速度、胆量、机敏、优雅、愚蠢等表象特征）进行模仿时，他会以一种新的方式活动，也许你们会惊讶他竟然具有这些从前未知的能力。

当一个孩子在跳过一截木头前，可能会想：蝙蝠侠从不犹豫！这时"蝙蝠侠能做到，我也能做到！"的信念会激励他，令他更加自信，从而能跳得更远。

### 好处

- 儿童通过模仿，从而跨越了新的挑战。除了拓展身体的技能外，角色扮演游戏也能审视孩子的情感维度。
- 在角色扮演游戏中，常常需要计划、决策和解决新问题，这都会提高儿童的独立思考和决策能力。
- 在一个群体性的角色扮演游戏中，会出现包括职责分配、团队合作、竞争、成功和失败在内的复杂的社会性活动与体验。随着故事的展开，孩子们的语言和交流能力也会得到加强。
- 具象思维有助于儿童在字母、数字方面的认知，最终会影响儿童的阅读能力和数学思维。
- 当然，儿童的想象力无处不在，这也是恶作剧之源。角色扮演是孩子最能实现自我满足的游戏类型之一。

### 你能做什么

> 角色扮演能帮助孩子从思考"是什么"切换到"可以是什么"，从而打开孩子大脑中"想象"的大门。

**尊重真实。**不要因为这是扮演游戏，就不把它当真。我们要意识到这点：其实把想象中的事物在现实中进行再现是最自然的学习过程，也是孩子快乐的源泉。

**真诚地扮演你的角色。**当孩子邀请你玩角色扮演游戏时，要加入并且服从他的指令。除非有意外发生，否则就一直扮演好自己的角色。

**让孩子按照自己的方式玩耍。**玩角色扮演游戏时，是不需要什么逻辑思维或言语行为修正的（除非有安全问题）。如果你不能确定孩子的意图，那么就不要发表意见。尽量不要将你的想法强加于孩子，否则会打断游戏，并且削弱孩子独立解决问题的能力。取而代之的是，你需要通过询问，让孩子描述他的意图，以便于你按照他的方式进行游戏。

## 球类游戏：掌控不可预测性

### 孩子为什么要这样玩

一个滚动的、跳动的、旋转的、飞起来的球是对于一个处于游戏中的孩子最合适的写照。球类运动就像是一个孩子，只需要来自某一个方向的推力，它就会不知疲倦地从一处滚到另一处。

正如孩子一样，球也会对持续的、无法预测方向的推力做出反应。应该用什么方式让它滚动起来？它将会滚多远和多快？它能跳多高？它将滚去哪里？那谁能捉住它呢？

### 在游戏中运动

几乎每个球类运动的目的都是让球移动。你选择的游戏种类决定着何时、何地用何种方法去推动球。总体而言，球类游戏是一项高能耗的运动，像投掷球、转动球、踢球、拍球和击球都需要全身参与，并需要复杂的感官配合。

球类游戏帮助孩子学会如何用力投掷球、转动球、踢球，这都需要对身体意识和力量的控制。（见第九章）

为了接住球，你必须在对的时间到达对的位置，这需要空间意识和时间意识同时起作用。而对球的预期位置和运行速度进行判断，这又开启了孩子使用估计和预测等重要思考方法，继而走上发展的道路。（见第十六章）

球类游戏是一种帮助儿童发展动态平衡（在移动中保持平衡）能力的非常有效的途径。例如，用脚踢球看似是个简单的动作，但这需要保持全身平衡和对同侧中央轴的驾驭。（见第八章）

另外，球类游戏有利于锻炼孩子手眼配合以及眼脚配合的能力。（见第十三章）

### 好处

- 运动场是一个好玩的环境，是学习社交、情感认知的课堂。
- 在玩球的过程中学习如何与他人相处，这就像传球时与队友默契配合：你将球传给你的队友，然后他也会将球传回来，这就是社交。
- 正如我们所说，球滚动的未知性是学习掌控不可预测性的最好教材。这个课程可以在游乐场、庭院或球场上进行。人生道路跌宕起伏，学习处理各种困难、排除各种阻碍是孩子成长中重要的一课，顺应环境的变化，充满自信地迎接挑战。
- 孩子们甚至可以自行发明一些球类游戏。

### 你能做什么

**尽早开始**。就算孩子还不能独立移动，你也可以和他玩球类游戏。在他面前或周围将球来回滚动，这能使孩子追视能力得到发展，然后逐渐引入玩球的概念。

**在室内外玩球**。球类游戏不仅可以在室外进行，柔软、轻质的泡沫球也能在室内给孩子带来乐趣。

**无论男孩还是女孩，鼓励他们参与球类运动**。球类运动常常被归类为男孩的体育活动。但是球类运动对女孩来说同样非常重要，女孩玩球类运动的好处一点也不比男孩少。

**记住它不是一个训练营。**一旦将球类与运动相关联，成人就会过分强调动作的精确性和技巧性，而忽视了可以通过这项运动去帮助孩子进行探索和实验。例如，一个孩子往下扔球，仅仅是因为他觉得舒服而已。如果此刻成人试着去纠正他的动作，那只会浪费时间，或许还会因此阻碍孩子发展的方向，例如使孩子对球类游戏产生逆反心理。随着时间的推移，到一定时候，孩子会让你知道他要像大孩子一样掷球了。

**变化！变化！变化！**你可以用球玩很多种游戏，将它作为发展孩子各项能力的最佳载体。尝试各种不同的活动，鼓励孩子们对游戏创新。当他这样玩球的时候，请记住：他才是规则制定者，即便这些规则每一轮都在变。

## 跳跃、弹跳、跑跳、双脚交替跳：自我调节

### 孩子为什么要这样玩

大人们常常这样形容：高兴得跳了起来。回忆一下最近一次让你真正兴奋的场景，例如，你家乡的球队赢得了一场重要的比赛，你可能高兴得跳了起来（至少有欢呼、左右摇摆或跳舞的动作）。

事实上，我们的身体会很自然地随着情感变化而有所反应。比如，当我们难过的时候，我们会蜷缩成一团，让自己变小；当我们开心的时候，我们会克服重力跳起来，使自己变大。

孩子们也一样：他们会在开心的时候跳跃，那是因为跳跃能让他们表达喜悦的情绪，并且跳得越高表示越开心。也许，我们可以将这种跳跃解释为不可控情绪的爆发。实际上，跳跃、弹跳、跑跳、双脚交替跳和其他所有克服重力的动作，都是身体控制和自我调节能力的真实展示。

### 游戏中运动

虽然人类不可能像鸟儿一样飞翔，但这并不能阻止孩子们去尝试像鸟儿飞翔一样的跳跃动作。当孩子们尝试跳跃动作时，他们能动用身体全部的力量来协调、控制，尤其体现在以下几个方面：

- 跳跃是一项全身运动。跳跃时，不仅仅需要腿部提供力量，双臂向上摆动的冲力也为跳跃动作的完成发挥了重要作用；
- 跳跃需要保持平衡。任何时候，只要单脚或双脚离开地面，都需要身体的前庭系统来保持平衡；（见第八章）
- 跳跃促进人体中央轴的形成。单脚或双脚跳跃、弹跳和跑跳，都需要精确的中央轴。也就是说，孩子必须掌握双边的活动（如镜像般的身体两侧对称活动），或单边活动（保持身体一侧活动，而另一侧静止）。双脚交替跳又是更大的进步，是一种横向的运动方式（身体两侧向相反方向活动）。而双脚交替跳是最复杂的中央轴运动之一，也是身体协调性成熟的标志；（见第十二章）
- 弹跳和双脚交替跳，由于其重复的性质，需要身体的韵律和节奏。身体的韵律是指在弹跳和跳跃时产生有规律的运动，这将帮助孩子训练身体平衡感和控制感，最终形成节奏。（见第十二章）

### 好处

- 无论在室内、室外或水中，任何年龄的人进行跳跃、弹跳、跑跳、双脚交替跳，都是在做有氧运动。而这种有氧运动对于青少年骨骼和肌肉的生长尤为重要。（见第十一章）
- 跳跃是会传染的。当一个孩子跳跃时，其他的孩子也会跟着跳。当你发现时，他们已经一起跳起来了。当孩子们一起这样跳跃时，他们正在建立无声的情感联系，并形成了共同体。
- 跳跃有助于孩子畅享生活。孩子跳跃得越兴奋，就表示其情感越强烈。当孩子很自然地表达情感——开心、难过或生气时，这表示他控制情绪的能力正在得到提升。而培养情绪调节能力的第一步就是确保他能够感知自己的情绪。
- 这些全身性的运动对大脑的发育特别有利。当身体在做两侧运动时，大

第二十一章 运动与学习类游戏

脑的左右半球也同样进行集成和加速运动。(见第十二章)

## 你能做什么

**让我们跳跃吧！** 跳跃的第一步，就是跳起来。大人们常常担心孩子们跳来跳去会导致情绪过于激动或身体受到伤害。实则相反，通过跳跃，孩子在释放身体能量的同时也释放了情绪，这有助于日后情绪的自由表达。

> 跳跃、弹跳、跑跳、双脚交替跳和其他所有克服重力的动作，都是孩子身体控制和自我调节能力的真实展示。

**鼓励跳跃。** 鼓励孩子奋力跳跃，跳得更高，跳得更远。不要把跳跃当成是与他人的竞赛，而是把它当作对孩子自身的挑战。如果可以，那就请他挑战自己，不断取得新的突破。

**加入音乐。** 通过加入音乐鼓励孩子进行反复跳跃。配合音乐的韵律和节奏进行跳跃，可以增强孩子身体的韵律感和节奏感。(见第十二章)

**跳绳。** 在地面上放置一根绳子，鼓励孩子从绳子的一侧跳到另一侧，以这样的方式引入跳绳游戏。当他完成后，将绳子升至离地面半米多高的地方，这样他必须跳得更高一些才能越过绳子。也许他会被绊倒一两次，但他最终会跳得更高。

**引入弹跳类玩具。** 弹球、弹跳高跷（也称弹跳器）和其他弹跳玩具，孩子既可以获得弹跳的快乐，同时其平衡能力也会得到提高。

---

### 关于在家具、蹦床等具有弹性表面的物体上跳跃的说明

安全性是你第一要关注的方面。在没有保护的情况下，孩子千万不能在有弹性的表面上跳跃。旁边一定要有成人照管或栏杆、扶手等安全装置。

除此之外要知道，孩子在弹性表面上进行跳跃，并不能提高他的跳跃技能，也不能帮助他发展平衡感、直觉能力和强健肌肉。

### 舞蹈：让我跳给你看！

#### 孩子为什么要这样玩

舞蹈是孩子身体的语言！我认为可以这样理解舞蹈：不管是否有音乐伴奏，孩子都可以以任何形式的肢体运动来表达一个想法、一段故事或一种情感。所以，按照这个概念，我们（特别是孩子）无时无刻不在跳舞。舞蹈是身体语言的基本形式，是我们的自白，常常展现出我们内心最深处的感受。

利用身体表达情感和想法，可促进孩子形成正面的自尊心和社交行为，以乐观、开放的心态面对生活。跳舞，特别是经常跳舞，对于一个正在接触世界的小孩来说真是太棒了！当孩子单独跳舞时，他的身体和大脑同时接收到刺激；当他和别人一起跳舞时，他也将学会如何成为集体的一部分。

当然，音乐不是舞蹈的必需品，但却是舞蹈的完美搭档。音乐是由外界深入内心的，舞蹈是由内心表现到外在的。任何从内心产生的东西，一定会对人有持续且深远的好处。

#### 游戏中运动

舞蹈对于儿童来说，是简单的、直观的并出自本能的，这也就是舞蹈有趣的原因所在。

舞蹈需要平衡能力。舞蹈中动作快速变化，这会刺激大脑平衡感的提升。（见第八章）

舞蹈能够开发身体韵律，改善大脑内部的节奏感。这种节奏感不仅是高级协调动作的基础，也是认知和社交能力提高的要素。（见第十二章）

舞蹈有利于强身健体。舞蹈中连续不断的动作增加血液供氧量，同时强健肌肉，增强身体的协调性、柔韧性和敏捷性。（见第十一章）

## 好处

- 自由舞蹈，能让孩子的身体体验一种开放的、无拘无束的状态，养成健康的自我意识，同时还可以形成自尊心、自信心，以及培养情绪的自我调节能力。
- 有编排的舞蹈，需要按照指令进行排序和队形变换。孩子学习如何与他人保持步调一致，这也是形成人际关系的基础。这种运动形态也可以帮助孩子意识到关注细节的重要性。当然，舞蹈也是人类沟通的手段之一，它能产生一种无形的能量把人们吸引在一起。
- 正如本书第十五章中提到的，当孩子将多种沟通方式融合在一起，其自身的神经系统将会得到加强。
- 舞蹈能够帮助孩子与自己的身体建立良好的关系。这能让孩子更好地与他人交流，并且利用身体语言、手势、表情等方式，传递情绪。（见第十四章）
- 另外，舞蹈是一种象征性的表达方式，孩子也最容易学会。例如，孩子们跳舞时，可以利用手指的舞动来模仿蜘蛛爬行、天降大雨和太阳升起。他们可以用身体来制造画面感，这不仅仅是在表达一个简单的想法，更是以象征的手法进行表现。随着时间的推移，这样的训练自然而然地就会帮助他们提高在读写和算数方面的能力。

## 你能做什么

**打开音乐，舞蹈吧**！利用不同的音乐，来表达不同的心情。不需要编排，而是鼓励孩子自己设计舞步。然后跟随他的舞步一起跳起来，那么他就能感受到你们之间的联系。

**单独舞蹈**。如果你不喜欢跳舞，那也没关系。你当然有权遵从自己的感受，但尽量不要把这种负面感受传递给孩子。如果孩子感受到你的压抑，他可能会受到影响。如果他开始不愿意用身体表达自己，特别是他想隐藏自己的某种情绪时，那意味着他一定隐瞒了某些事情。其实，和孩子跳舞就是一场即兴表演，笨手笨脚地随意舞动完全没有问题。

**提供道具**。服装和道具，能改变我们的行为和动作。加入披风、领带、帽子、鞋，如果还想制造点声音，那就在孩子的鞋底上装上响扣，或在旧的运动鞋底粘上硬币，这样就可以尽情跳啦！

**夸大情感**。舞蹈是表达情感的语言，比如高兴、难过、疯狂或者激动，这是表现感受的最好选择。以身作则，给孩子们展示如何通过动作来表达情感。

**没音乐？随意跳！** 音乐不是舞蹈的必需品。相互击掌或比画手势、做通过表演来猜谜的游戏，这些都可以作为你和孩子随时随地跳舞的形式。

**舞蹈学习班**。为孩子选择一个舞蹈学习班，可以挑选较为轻松的课程，但必须是孩子自愿的，而且最好不要选那种只注重提升技巧的舞蹈课。入学的前几年，培养孩子对舞蹈的兴趣并且奠定一些基础更为重要。

## 章节总结

- **运动和学习类游戏**：实践出真知。只要孩子亲身参与游戏，他们就在学习。
- **角色扮演**：扮演一些与自身不同的角色：例如，让瘦弱的孩子模仿大胖子的样子，让胆小的孩子假装拯救世界的英雄，等等，让孩子在虚拟的环境中尝试各种不同的体验。
- **球类游戏**：提升孩子的快速思考和快速反应能力，掌握精细的动作。
- **跳跃、弹跳、跑跳、双脚交替跳**，这种对抗重力的练习，可以锻炼孩子的适应能力、平衡力和控制力。
- **舞蹈**，是一种身体语言，是表达情感和进行社交的基本形式。

第二十二章
# 挑战类游戏

儿童需要通过挑战类游戏进行自我挑战并取得成绩，最终进入一个更为丰富的世界，并发出"天啊，我没想到自己还能这样！"的惊叹。每一个胜利的瞬间，都会让孩子得出了不起的结论："我能（可以）！"

这是亘古不变的真理，洞察力、创新精神、开拓精神等都源于孩童时代在游戏中一次次对自我的挑战。

## 吉尔笔记

### 挑战类游戏

我毕生都在研究运动在儿童早期发展过程中所发挥的作用。我了解到：无论大小，每个运动都有价值。所以，我会在本章分享我对一些挑战类游戏的认识和理解。我认为这些运动在挑战身体极限的同时，有助于培养孩子的自信心，塑造其性格。

### 气喘吁吁的游戏："学习消耗"能量

家长和教师经常对我说："我喜欢让儿童跑来跑去从而消耗他们的能量。"尽管这出于好意，我仍感到一丝失落，因为我认为这是打发宠物的做法。原因如下：

"消耗"，在字典里的解释是"耗费、消除、浪费"。对小孩来说，这通常意味着让他们安静下来。现在，通过工作我接触到一些整天闹个不停的儿童，同时我非常欣赏那些能够让他们安静下来的成年人。然而，在这里用"浪费"这种解释并不十分恰当。实际上，整天并没有什么专门目的的乱跑其实是孩子们早期发展与学习的重要过程之一。这并非我个人的一家之言，而是大自然的结论。

我把它称作"气喘吁吁的游戏"。让我们进一步探寻它的益处。

**身体自由**。通过各种各样的乱扭乱动，儿童得以从情感和身体两个层面了解自己。这种自我探索，在成年人眼里也许有些失控，但实际上它却帮助儿童学习自我控制。

**体验极限**。跑到跑不动为止，这是让儿童了解"过犹不及"的一种聪明方式。你看，无论是冲刺跑、与同伴打闹，还是狼吞虎咽地吃冰激凌，只要感觉不错，孩子们都会这样做下去。只有当他们继续不下去的时候，孩子们才能真真切切地感受到什么是极限，并且明白"过犹不及"这个概念。

**情绪练习**。生活不是一成不变的，情绪亦如此。家长应该给孩子更多的游戏空间，尽量少的限制与看管，在不受到伤害的前提下让孩子感受挫折、失败、轻微的伤痛等。例如，通常需要经过多次努力才会爬上攀登架，一次就成功的儿童寥寥无几。时间久了，孩子会挑战自我，尝试向更高处攀爬。孩子们在这种情绪的变化中逐渐扩展自己的行动范围，找到让自己舒适的状态。

**动在当下**。当全身心投入的时候，孩子的身体与大脑开始协同运作，内啡肽开始大量分泌。他们会变得专注，沉浸在当下的活动之中。孩子的大脑正需要这种动在当下的感觉，来解释并接受他们每天接收到的信息。

所以，下次看到孩子"疯"的时候，试着从自然的角度来看待，告诉自己，"我喜欢让他们跑来跑去，从消耗能量中学习！"因为这是孩子独特的学习方式。

## 光脚走

在现在这个过度谨慎的世界里，我不想失去光脚走路的乐趣。下面是光脚的理由：

**身体结构**。脚丫整天裹在连体衣、袜子和鞋子里的孩子，恐怕永远无法了解自己脚趾的能力。

**力量**。鞋袜在提供支撑的同时，也剥夺了脚部肌肉锻炼的机会。光脚走是保持脚趾形状的最天然的方式。

**适应能力**。在我的孩童时期，等不到夏天，我就会在室外光脚跑。刚开始因为习惯了冬天柔软的袜子、鞋子和室内地毯，脚在头几天会有点难受。虽然有点痛，但是很值得！光脚不仅让孩子感到自由，

**充电游戏**

## 十件有关光脚的美妙体验

1. **脚部按摩**。按摩让所有人都感到舒服，尤其是对正在学习和了解自己身体的婴儿来说更是如此。
2. **冰脚**。抓个冰块，在大一点儿的孩子脚上揉擦。这是一次让人颤抖的完美的感官享受！最好让孩子自己来，如果把孩子冰得吓跑了，也就失去游戏的意义了。
3. **感受材质**。让孩子在气泡纸、砂纸、锡纸等不同的材质上走或者爬。为了好玩，你还可以选择胶带。
4. **光脚足球**。在室外的草坪上，练习光脚运球。在室内，用沙包替代足球进行一场足球比赛。
5. **用脚丫画画**。在室外，准备一张大纸和盛满各种颜料的锡纸盘。让孩子用脚蘸上颜料踩在纸上，让孩子们观察他们的脚是多么的富有创造力！
6. **用脚趾挠痒**。让孩子用脚趾头夹一根羽毛，试着去挠他们自己的鼻子、耳朵、胳膊肘等。
7. **用脚丫钓鱼**。在地板上撒一些小木块或者玩偶，让孩子用脚趾夹起来，并把它们放进桶里或盘子上。
8. **脚趾相见**。让孩子面对面、脚对脚坐下。伴随着欢快的音乐，抬起脚在半空中"舞蹈"。
9. **光脚赛跑**。安装跑道，让孩子用脚的不同部位——脚趾、脚跟、脚内侧和脚外侧跑。练好以后，让他们去赛跑或者倒着跑。
10. **十个脚趾小人儿的故事**。让孩子在脚趾头上画小人儿，然后大家相互讲小人儿的故事。

还能让他们学会适应不同的环境。当然，城市里的环境并没有乡村那么好，所以如果可能的话可以带孩子去公园。如果天气允许，尽量把游戏场打造成无鞋区。请记住，室内光脚走也有很多类似的好处。

**自信**。通过脚底的直接触感，孩子能更好地了解复杂地形的最复杂之处，从而从容应对，不管是平面还是斜坡。的确，在攀爬一些游乐设施时，鞋子很容易打滑，而光脚则会自然敏锐地捕捉到脚下的变化，而灵活的脚趾更擅长爬行。

**纽带感**。脚和大地相连，我们由此感受到地球引力。这让我想到：人类为什么不是脑袋朝地，脚丫朝天呢？

## 户外游戏：室内无法爬坡跑

许多文章都倡议进行户外活动，因为孩子需要新鲜空气和阳光，贴近自然，享受全身心的愉悦。关于这一点，成年人通过思考才懂得，而孩子则从直觉上明白它。专家们强烈支持这一说法，我也非常赞同。但是在这里，我还想加上以下几个原因。

### 孩子需要大量运动

孩子每天都通过各种方式进行运动。在安全的前提下，孩子需要自由的空间来开发身体和大脑。为实现这一目标，请谨记：

与室内相比，室外能够提供更多的活动空间。

"不要在屋里跑。不要把房间弄乱。不要在屋里打闹。"听起来是不是很耳熟？这都是针对室内游戏的合理限制。以前的解决方法很简单：把孩子们赶出屋子。但是现在我们却不总是这么做。在学校，孩子室外活动的时间正在被削减。

现在有些成人害怕让孩子出门。这其中的原因

各种各样：危险的陌生人、车水马龙的街道、太强的紫外线等。我并不打算评价家长、保育员和老师为孩子做出这种选择是对还是错。但是，我真的恳求大家，让孩子们多做运动吧，而只有室外才能提供大量运动所需要的大型的、开放的并且多样的空间。

孩子在室内无法全力奔跑，不能体验到踩在草地、沙地、泥地上的感觉，从而就无法充分挖掘自己的潜力。

### 成长中的环保主义者

许多人认为环境恶劣是孩子面临的最大挑战。未来的孩子处于环境恶化、能源短缺、食品安全的困扰中。

因此环境保护意识将是孩子们所应该具有的重要的素质之一。所以，从孩童时期开始就应该了解自然，熟悉自然，以便培养对自然的尊重。我认为，接触自然开始得越早越好。

> 孩子需要了解自然，熟悉自然，以便建立对自然的尊重。

### 探索

一旦孩子走到室外，就不会停止探索。大自然拥有无穷的宝藏，激发着孩子的好奇心和想象力，让他们折服。大自然也像孩子一样，从未停止过发展和变化。

### 自然是不可取代的

在占用和吸引孩子的时间和注意力方面，大自然最大的竞争者就是充满了图像、声音以及互动元素的科技产品了。但平面屏幕仍然无法取代孩子身临大自然时的感官体验：观察自然、倾听自然、触摸自然、嗅闻自然、品味自然，在自然中奔跑。

### 自然即我们

如果你在读这本书的纸质版，那么你手里拿着的等同于一棵树。

一切源于自然，包括我们自己。让我们走进大自然，身体力行地感受大自然。

### 游戏场：最重要的十个游戏场设施

在工作中，我花了大量时间在游戏场上观察，从中了解运动组合对孩子有多么重要。对于游戏场上的各种设施，我有自己的观点。好的游戏场，首先与地面有关！

> 重要提示：根据国家、省份和城市的不同，每个地方的游戏场安全标准不同。在对游戏场升级改造之前，请咨询当地主管部门。

1. **山丘**。许多游戏场就像煎饼一样平。毫无疑问，平整的地面能够保证大型设备安全安装。这点没错。但是，孩子总有爬高的冲动。也许这让他们感觉很棒，也许他们的本性就是去攀爬。所以我觉得游戏场中应该有一个小山丘，它可以帮助孩子提高平衡感、直觉意识和发展中央轴。

2. **树**。树是天然的单杠，如果你找到一棵好爬的树，那就好好利用它。对于年纪小的孩子，在树上绑个秋千，让他们尽情玩耍也是不错的选择。对于年纪大点的孩子，在确保安全的前提下爬树，能够增强孩子的体能和自信心。

3. **器材**。游戏场上的器材能够给孩子带来新的挑战。如铁环、圆锥体、木块和木板，可以让孩子自己搭建桥梁和隧道。

4. **单杠**。我认为单杠是游戏场之王。攀爬、倒挂（头朝下）和支撑能增强上肢力量和平衡感，提高空间意识。

5. **荡秋千**。荡秋千让孩子们体验到飞的感觉！不借助外力地荡秋千，要求孩子自己使秋千荡起来，该动作复杂且微妙，能够提高平衡感、协调和

> **抓住窍门**
>
> 　　抓单杠的动作就是手握铅笔的准备动作。在孩子爬单杠或者倒挂时，鼓励他们轮流使用反手握和正手握的姿势，强化食指和拇指的肌肉。

控制能力。当然，钟摆似的运动，可以强化孩子内在的韵律感和控制感。

　　6. **旋转木马**。旋转，对孩子的平衡感训练非常关键。因此，旋转木马及其他可旋转的器械是游戏场上的必备。

　　7. **木板和横梁**。一个简单稳固的木板，足够让孩子们玩上好几个小时。确保木板由标准组件构成，这样可以使不同水平的孩子都能举放。

　　8. **隧道**。几乎所有的孩子都爱钻隧道。小小的空间只够容身，也许这让他们从心底觉得自己很大。此外，钻隧道能帮助孩子体会将身心融入世界的感觉。（参见第九章）

　　9. **跷跷板**。这个游戏需要两个人，所以玩跷跷板有助于培养社交能力。

　　10. **滑梯**。滑梯的主题是速度。儿童从滑梯的顶部滑到底部，会感受失控带来的刺激。明白生活中有些东西无法控制（包括地心引力），这样可以帮助小孩培养自信、勇敢和积极的人生观，帮助他们应对未来的挑战和障碍。换而言之，学习放手是学习控制的一部分。

　　以上是我认为最重要的十个游戏场设施，不过还可引入其他设施来完善，如踏脚石、模拟方向盘、沙坑、玩水区、绳梯、小桥、吊网、小屋等。

## 攀爬:"我爬上来了!"

某一个周日,小孙女来我家过夜。我正在准备晚餐,感到有人拉了一下我的裤腿,从膝盖附近传来声音:"我来帮你,奶奶。我爬上来了!"

之后,她拉过凳子,爬到餐台上。我们肩并肩一起做饭。我发现她其实跟我一样能干。这让我开始思考,作为一个只到大人膝盖高度的小孩,当所有事物都比你高时,是什么感觉。怪不得攀爬对孩子来说那么自然。

攀爬带来的巨大益处,是全方位的。

孩子的身体渴望挑战。他们的骨骼和肌肉渴望强壮。他们的大脑渴求去控制和体验攀爬的感觉。

攀爬能让孩子改变现有的观察视角,有助于培养好奇心、洞察力、批判性思考和创造性解决问题的能力。但不要误解我的意思,这里我不是在说爬珠穆朗玛峰。对于不到三尺高的孩子而言,沙发的这点高度都已经能让他们以新的角度来观察世界了。

当然,没有比爬到顶端的感觉更好的了。通过努力攀顶,孩子可以获得很大的成就感,增强他的自信心。

## 玩水

> **重要提示**:只要孩子接近水源,安全问题必须放在首位。不要让孩子在无人看管的情况下接触水域。

> 浸在水中，给孩子带来身体上的刺激，这是任何无水游戏所无法提供的。

玩水，首先碰到的是安全问题。其次，还要让孩子感到舒适，在水中或水边快乐地玩耍。

无论是浴缸、浅水池、水坑、潺潺的小溪还是深蓝色的海洋，水总是天然磁场，吸引着孩子去探索。

益处：

**锻炼感官能力**。浸泡在水中，给孩子带来身体上的刺激，这是任何无水游戏所无法提供的。皮肤能够感受每个动作带来的细微差别。

**新型运动**。进入水中，浮力抵消了一部分重力的影响，孩子可以尝试那些很难或无法在陆地上实现的肢体动作。旋转、转身、翻跟斗、漂浮和摆动，都毫不费力。协调能力，感官刺激，身体意识，中央轴的发展，都能在水中获得，也让孩子们对身体和环境有了全新认识。

**神奇的改变**。水是孩子的神奇伙伴。比如，通过水，孩子看到泥土是怎么变成泥巴的。

## 打闹

打闹并非像大多数成年人想的那么危险。当然，打闹有些粗鲁，但并非不可控制。打闹是肢体活动，也是一种交流。打闹充满攻击性，却也关乎信任。

### 打闹的好处

通常，成年人不提倡打闹，因为他们担心打闹会以哭鼻子告终。事实上有时候也的确如此。孩子通过打闹来了解自己的肢体能力，并尝试了解自己与他人关系和情感的边界在哪里。你看，打闹的重点是触碰到边界，但不是超越界限。孩子需要大量丰富的肢体动作、感情体验和社会经历来调整自己，这也意味着有时他们正在试探边界。那么，打闹对孩子有什么好处呢？

**身体控制和直觉判断**。孩子通过打闹，了解自己的力量并且学会协调自身的动作和进行直觉判断，以适应不同的环境。因为打闹通常很费体力，要求反应速度快。

**快速思考**。打闹意味着肾上腺素激增和情绪的发泄。打闹并不是"不用思考"的活动。事实上，即兴打闹要求快速思考出应对策略。

**情商发展**。想要学会控制情绪，有时需要把它推到边界，看看到那时会产生什么感受。打闹对于孩子来讲是一次情绪大体验。

**自我尊重**。与表面上看起来相反的是，打闹实际上教会了孩子如何控制情绪。首先，孩子们得学会怎么做是对的，这就意味着他开始了解自己的边界。这是社交互动的开始：先学会尊重自己，才能学会尊重别人。

**尊重他人**。打闹教会孩子了解自己边界的同时也懂得接受、尊重别人的边界，明白什么时候应该退出或终止游戏。打闹的结果往往是孩子们友谊的开端。

总之，打闹帮助孩子学会控制感情和行为。

## 如何准备好打闹

**设定规则**。打闹的本质决定了我们无法刻意安排进行打闹，但可以制定一些简单规则为其做好准备：

1. 将打闹控制在安全的空间区域内。不能在以下条件下发生，例如有硬的表面、尖锐的角、拥挤的空间等。
2. 与孩子明确一个代表"我想停止"的暗号。确保每个人（包括成年人）理解并遵守它，做到令行禁止，而不是嘲笑这个暗号。
3. 当成年人说结束时，孩子们必须遵守。但是成年人不要过早干预孩子的打闹，否则乐趣尽失。

**扮演煽动者**。掐好时间，谋划一场打闹。

**分享领导权**。通常，我们建议让孩子成为游戏的主导者。在打闹中人人平等，成年人不应借助权威控制打闹的进程。

**安全感和信任**。成年人尽量让孩子感受到足够的安全感，从而放松下来，与你一起分享打闹带来的乐趣。

**抑制充当裁判的冲动**。打闹经常会过火，让一方感到委屈，但这也是游戏的一部分。成年人应该抑制想干预孩子打闹的冲动，除非出现了严重的安全问题。孩子必须体验过火的感觉，无论他是进攻方还是受攻击方，因为这样他才能学会如何自发停止或者如何回应他人的越界行为。

打闹是粗鲁的肢体接触，其进攻性的本质，有助于培养孩子的自我控制力和情感控制力，建立互让的关系，带来真正的归属感和安全感。

## 轮子类游戏

对于现在被牵着走的孩子来说，轮子类游戏有助于让孩子走出眼前的小区域，走向令人兴奋的新天地。

轮子类游戏是孩子挑战身体，提高体力（能量和耐力）、平衡感、直觉和控制能力的新方式。控制跟自己身体一样大或比自己大的机器或器械，能够让孩子体验前所未有的兴奋感、独立感和操控力，并且让他们体验到：速度！

但同时，速度也带来刺激和前进的不确定性，格外需要孩子集中注意力。同时，孩子越用力，身体就越接近失控，也就越需要加强控制，包括身体控制、认知控制和情绪控制。比如，在全速前进中，孩子在掌握方向时就要进行精确且细微的移动。

如果一切顺利的话，孩子可以以不同的速度观察世界，用全新的视角观察原有的事物，也能感受到从未注意到的东西，例如人行道上隆起的小包。

孩子学会骑自行车就像长出了第一颗牙，说出了第一个字和迈出了第一步一样，充满里程碑式的意义。这为孩子走向独立、慢慢加速、越走越远打下了基础。在孩子能稳稳地操控自行车之前，还有许多要学习的内容。

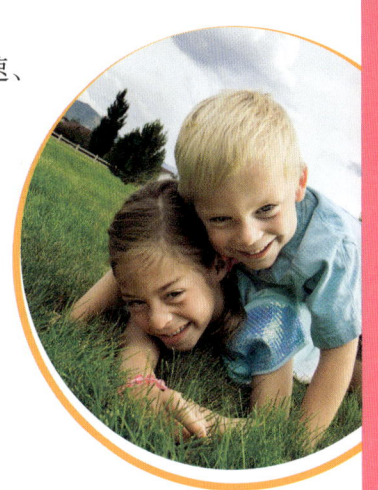

# 带轮子的小车

### 扭扭车

当孩子可以站稳后，就可以开始让他玩扭扭车了。这是一个学骑车的良好开端。这时孩子的平衡感尚不稳定，扭扭车提供了稳定性，让孩子通过使用双腿从而感受中央轴。

### 三轮滑板车

通常，家长直接让孩子从扭扭车过渡到三轮自行车。但是，我建议先让孩子学滑三轮滑板车。三轮滑板车锻炼孩子的身体同侧活动和平衡感，在控制方向时要求精确的直觉。扭扭车和三轮自行车都无法锻炼这些能力。此外，滑板车还可以帮助身体提高韵律感和节奏感。

### 三轮自行车

三轮自行车的脚蹬锻炼孩子的侧面活动能力。同时，三轮车提供稳定的基底，使孩子在蹬车时不需要关注平衡。有稳定保障地蹬车，让孩子在骑行中体验加快速度！控制速度对于骑车非常重要，孩子会学会关注自己的身体控制和情绪控制。

### 平衡车

没有比在开放的道路上骑平衡车感觉更棒的事情了！对孩子而言，骑平衡车只要关注平衡而不用担心脚蹬，它带来了大孩子骑自行车的感觉。

### 双轮自行车

重要的一天终于到了！通过前面的锻炼，孩子掌握了所有的骑车技巧，为骑双轮自行车做好了准备。骑双轮自行车＝脚蹬所需的单侧、双侧活动配合（边侧和中央轴）＋控制平衡＋控制方向！

请注意：如果他是按照以上顺序慢慢地、逐步地拥有这些技能的话，那么对他来说骑双轮自行车不需要经过培训，他自然而然就会了。

### 双轮滑板车

这需要孩子具有较强的同侧活动能力，以及平衡能力。

### 滑板

大孩子的专属。滑板需要孩子很强的同侧活动能力，以及不是通过双手控制的精确的平衡能力。

### 轮滑

在所有轮子类游戏中，轮滑对孩子来说无疑是终极挑战。

## 章节总结

- **挑战类游戏**，让孩子从身心两方面进行自我挑战和拓展，最终培养自信心："我能（可以）！"
- **攀爬**，给孩子们带来征服比自己高的事物的兴奋感，同时收获新视角。
- **速度**，令孩子振奋。速度让孩子更好地了解控制的感觉。
- **户外游戏**！给孩子一个安全开放的户外空间，让他们彻底挑战自己身体的极限。
- **玩水**，为孩子提供了一种在陆地上玩耍所没有的独特感受。在做好安全防护的前提下，让孩子接触安全、干净的水域，从而让他们在水中感受舒适与自信。
- **打闹**，帮助孩子了解自己的体力和反应能力的极限，同时教会他们尊重自己和他人。
- **轮子类游戏**，让孩子不断提升自己的平衡能力和控制能力，体验飞起来的感受！

## 第二十三章

# 安静而专注类游戏

我们都需要安静的时间来思考,在这个时候恰恰能发现真正的自己。

### 创造力游戏:"我是由哪些物质构成的?"

#### 孩子为什么要这样玩

所有的游戏都能反映出我们是谁,我们有什么感觉。孩子通过创造力游戏,例如制作艺术品、做手工、塔建建筑物等活动,向全世界展示了自己的身份。随之而来,她也感受到创造带来的成就感和自豪感。

创造力游戏能够让孩子用自己的方式来表达他们眼中和想象中的世界。因此,这是他们发现未知的时刻。对于小孩子来说,发现从前未知的事物意味着开启了重要的学习之门:"还有哪些可以学习?"

未知虽然有时会带来沮丧,但在强烈的自我表达、自我认识和想被他人理解的天性驱使下,孩子的创造力得以发展。

### 游戏中运动

在创造力游戏中，孩子看似很安静，但此时此刻他们包括头脑在内的整个身心都在积极地运动。创造力游戏需要孩子具备一定的工具和材料的使用技巧。在对细节的打磨中孩子的手部及其韧带力量得到了锻炼。

创造力游戏始于儿童的想象，并通过眼睛和身体的巧妙配合得以实现。但这绝不是像单纯地拿着蜡笔找画纸那样简单。它要求孩子在拥有良好的直觉能力的条件下，巧妙地运用画笔或蜡笔进行创作活动。

### 好处

- 创造力游戏，可以帮助孩子集中注意力，并在孩子身上种下持之以恒和解决问题的种子。
- 只有当孩子全身心地投入，同时发挥想象力时，高强度的注意力才会出现。
- 当游戏未能按照原计划执行，这时"小艺术家"或"小建筑家"就会有两种选择：终止游戏，或者继续进行，看看会有什么事情发生。不论结果如何，孩子拥有选择的权利，毕竟这是他们的活动。通过选择，孩子也学会了如何调整计划以适应不断变化的环境。
- 创造力游戏的形式自由，适用性强，孩子在过程中能够尝试到新鲜事物。
- 当然，在孩子宣布完成作品时，喜悦之情和满足感油然而生。在这一创作过程中能让孩子学会自我表达，这有助于他们坚定决心，增强自信心。

> 孩子通过创造力游戏，例如制作艺术品、做手工、搭建建筑物等活动，向全世界展示了自己的身份。

### 你能做什么

**让孩子接触创造力游戏**。在室内，布置一个有艺术品和手工制作材料的小空间，让他们可以轻松地拿到木块、彩笔、毛线团以及其他小材料。

**鼓励就地取材**。在室外，与孩子一起，收集木棍、石头、草、种子等，把它们装在篮子或袋子里，一旦灵感出现，就立刻开始动手。

**要未雨绸缪。** 请经常鼓励孩子们进行创造力游戏，而不是在无事可做时才想起，更不要只局限于在室内进行。

**引导之后离开。** 一旦孩子明白了该如何使用材料，那么接下来就让他自己探索吧。

**尽量不要问:"这是什么?"** 成年人总是想让事情符合逻辑，可孩子的世界并非需要逻辑。当孩子骄傲地把他的作品展现在你面前时，让他们自己来介绍作品。

**鼓励的态度。** 无论过程如何，无论结果如何，请永远做孩子最忠诚的粉丝！

**随心所欲。** 积木和模型之类的玩具通常会配有说明书。这通常会让作品很有趣，也能提高孩子对细节的关注、对规范的尊重，但是，抛开说明书，随心所欲地搭建积木和组合模型会让孩子的想象力得到充分地发挥。

**不要担心乱糟糟。** 孩子在做手工时，有时候就是一团糟。我们在第七章中曾讨论过，乱糟糟的场面对孩子的健康发展非常有益，经验证明，它有助于孩子的感官探索。请记住，为孩子的创造力清理现场是值得的。

## 过家家游戏：布娃娃、毛绒玩具，学习主导意识

过家家游戏（布娃娃、毛绒玩具、玩具车、动物模型、机器人等）之所以存在了数千年之久，是有原因的。在手掌大小的微观世界中，孩子可以通过可控的方式，体验多样、复杂的情绪。

## 吉尔笔记

我的小英雄——孩子是如何学习责任感的？

### 我来负责

孩子通常认为权力与外形大小有关。毕竟，成年人在他们眼中都是大块头，而且他们经常告诉孩子该做什么。

只有在玩过家家游戏时，孩子才能成为他们的世界中最大的存在，掌控着一切。此外，他们还发现，正如蜘蛛侠所说的那样："权力的大小决定了责任的大小。"

在虚拟游戏中，孩子扮演着整理者和看管者的角色，这也就是他们眼中家长、看护者和老师在真实生活中的角色。孩子渴望成为英雄，帮助别人。大多数过家家游戏的主题是给予关怀，从给娃娃喂饭到给玩具卡车加油，从打败坏人到亲吻青蛙王子。简而言之，从这一游戏中孩子学会了如何在社会上做正确的事。

### 男孩和女孩

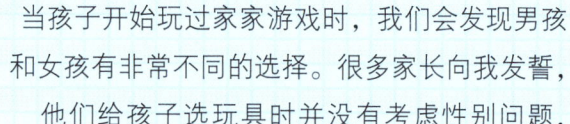

当孩子开始玩过家家游戏时，我们会发现男孩和女孩有非常不同的选择。很多家长向我发誓，他们给孩子选玩具时并没有考虑性别问题，而且也不让孩子们从电视或电脑中获取这类信息。尽管如此，男孩还是会选择玩具卡车和士兵小人，女孩则倾向于布娃娃和茶具模型。

大多数孩子都是如此。这些选择是基于先天的性别差异还是后天的环境影响？我很希望可以回答你，但事实上我也不知道确切的答案。下面是我想与大家分享的想法。

在我看来，在幼儿阶段，孩子的选择跟性别和

情感需求关系不大。实际上，孩子通过玩过家家游戏体验到掌控一切的感觉，并且实现照顾、关心、拯救他人和解决问题的心愿。孩子的出发点是希望能够给他人更好的生活。

对我而言，无论孩子从玩具箱中拿出哪种玩具，只要能获得上述体验，对他的成长就是有益的。

### 喂养和照顾

"该给我的宝宝喂奶了。"——苏瑞（两岁半）

"加满油，检查下轮胎。"——杰克（两岁）

### 救助和治疗

"东街着火了。不要担心，消防员米粒正在赶来的路上！"——米粒（三岁半）

"给，吃点药。一会儿就好了。"——雅各布（三岁半）对泰迪熊说

### 维护秩序

"邪恶的女巫再也不能伤人了，从此人们过上了幸福的生活。"——贝姬（四岁）

"啪！嘣！接招吧，神秘人。让我告诉你欺负别人的下场！"——马可（四岁）

> 将世界浓缩到手掌大小的尺寸，这是孩子们认为可控的方式。这样他们就可以在此体验多样、复杂的情绪概念。例如，当孩子跟玩偶玩耍时，他们享受掌控感，霎那间他们会觉得自己是世界上最大的物体。

### 讲故事："我懂啦。"

#### 孩子为什么要这样玩

如果我们只用语言告诫孩子不能撒谎，他们会一只耳朵进另一只耳朵出，根本没效果。如果你给孩子讲《狼来了》的故事，她自己就会意识到撒谎的后果。因为通过塑造故事情节，听众进入角色就能产生共鸣。在娓娓道来的讲述中，孩子如果能充分发挥想象力，故事会在他脑海里留下更长久的印象。

#### 游戏中运动

通常，我们认为在讲故事时孩子是安静的、被动的。的确，与其他游戏模式相比，听故事中的孩子稍显被动。然而，肢体动作在讲故事时是很关键的。

一个会讲故事的人除了在声音感情上打动人以外，必须熟练地调动面部表情、手势、肢体语言等，并把握讲述节奏和时间。实际上，如果没有这些附加因素，讲故事就失去了它真正的意义。（参见第十四章）

在给孩子讲故事时，请切记：这是你吸引他们的好机会，同时也会让他们学会如何吸引别人。让自己全身心地投入讲故事当中，那么将来有一天孩子也会像你一样讲故事的。

#### 好处

- 聆听故事能够帮助孩子在大脑中形成画面。故事讲得越好，他们就越着迷于想象故事中的情景。这时候，不需要书上的图片或屏幕上的图像来告诉他们发生了什么，他们自己就很清楚。
- 好的故事中情节是不断推进的。随着社会经验的不断增加，孩子能感受到这种推进的趋势，并开始预测接下来会发生什么事情。这帮助他们了解时间的连续性——过去、现在、未来。（参见第十二章）
- 每个故事都需要一个讲述者和倾听者。讲故事是人类的交流方式。
- 通过听故事和讲故事，孩子可以在故事中学习到恰当的社交行为。

- 故事讲得好的人，能够让听众从中体验各种人类情绪。
- 讲故事让孩子认识书籍。给孩子读书，可以为孩子奠定独立阅读的基础。
- 分享故事就像分享秘密。故事既属于讲述者，也属于倾听者。

## 你能做什么

**不停地讲话**。描述孩子所做的事情。请一定多说话，这样有助于孩子使用和理解语言。

**讲故事**。除了讲睡前故事外，多利用和孩子在一起的时间讲故事。

**读书，读书，读书！** 尽可能多地跟孩子一起阅读，让读书成为日常生活的一部分。

**阅读俱乐部**。经常带孩子去图书馆，参加儿童读书会，组建阅读小组，保持书不离手。

**充满热情**。向孩子展现你对读书和讲故事的热爱。讲故事时，夸张点！一开始这看起来有点傻，但是孩子需要通过大量的情感展示才能感受到各种情绪的微妙差别。

**编故事**。即兴编故事，采用不同的方式，使用不同的词汇反复讲述同一故事，不必全部按照原文。

**鼓励即兴创作**。让孩子自己编故事，并决定用什么方式。他们可能喜欢用说的、用画的或者用写的。

**唱歌！** 借助音乐讲故事，能够大大增强交流效果。

**使用音效**。讲故事时，加入许多听上去傻乎乎的音效，鼓励孩子进行声音辨识。（参见第七章）

**表演**。戏剧化的讲述，帮助孩子练习交流技巧。

**拥抱**。抱在一起读书，让孩子享受依恋的感觉，这也许会培养孩子对阅读的毕生热情。

## 章节总结

- **安静的时刻**，我们都需要片刻的安静，来思考或消化一天的收获。
- **创造力游戏**，帮助孩子探索未知，促使孩子获得新的发现，发明新的做事方式。
- **过家家游戏**，让孩子有掌控权，学会负责任。
- **讲故事**，激发新的想法，强化语言理解，培养交流技能。

## 第二十四章
# 我们如何成为孩子的出色玩伴

作为家长／照顾者，当我们明白游戏对儿童成长有催化作用之后，那么接下来需要思考的问题即是：我们该如何成为孩子出色的玩伴呢？在前面的章节中，我们针对游戏的不同类型，给出了特定的陪伴建议。现在，让我们把所有的游戏类型放在一起，打造"运动—玩耍—学习"为一体的综合方案。

幼儿在不同的成长阶段，需要的游戏是很不同的。所以，让我们从新生儿和婴儿阶段开始吧。

> 打造"运动—玩耍—学习"为一体的综合方案，让我们成为孩子更好的玩伴。

### 婴儿阶段的游戏：给予刺激

其实，婴儿的需求很简单。他们需要大量的交流，加上充满关爱、温暖和安静的环境，还有身体所需的营养、充足的睡眠、干爽的尿不湿，以及和他们互动游戏。

对于这么小的婴儿来说，游戏看起来是一个很大的概念。不过，你可能会发现它来得那么顺其自然。请注意以下事项，并将它们铭记于心。

### 靠近婴儿

婴儿看不到远处的东西，所以必须和他们用亲近而微笑的眼神进行交流。即便在很小的月龄，他们也能感受到大人的情绪。大人是他们的向导。

### 独处时刻

像成人一样，婴儿也需要属于自己的独处时间。"过犹不及"这一点也同样适用于父母。在得到婴儿的"同意"后，可以让他单独待一会儿，让他跟自己相处。你可以从远处观察他的举动。当他需要你的时候，他会告诉你的。

### 开放空间

我们在第五章中提到，婴儿需要感受所处的空间，并且按照自己的意愿活动，尽管他们尚不能去任何他们想去的地方。但是即使这样，就算极小幅度的活动仍然能让婴儿的感官系统获得刺激。让婴儿躺在铺着毯子的地板上，靠着他躺下来，跟他讲话，让他了解新环境。如果环境允许，你也可以脱下他的衣服，因为他们的皮肤中潜伏着数百万的感官接收器，好好利用它们吧。

### 蹲下来，保持与婴儿一样的视线水平

跟婴儿玩耍时，应当靠近他并跟他保持一样的视线水平。在他能自己站起来之前，跟他一起躺着玩。

### 提供感官刺激

在游戏过程中，调动婴儿的所有感官工具（在第六章到第九章中提到过），慢慢地提供感官刺激，诸如颜色、质地和声音。如果婴儿对某物表现出兴趣，让他爱玩多久就玩多久。

## 按摩和轻柔的拉伸

通过轻轻地按摩和拉伸，大人帮助婴儿更好地了解自己的身体。你可以让婴儿躺下，轻轻地给他从头到脚地按摩，通过讲述或者歌唱来介绍各个身体部位。我们会在第六部分中，介绍一些最受欢迎的抚触和按摩动作。

## 视觉追踪

用婴儿感兴趣的物体吸引他的注意力，在他的视野范围内缓慢地移动物体，帮助他做眼部运动。

## 讲话与唱歌

请持续不断地跟婴儿讲话，告诉他你在做什么。虽然他还听不懂，但这会让他喜欢上你的声音，唱歌也是同样道理。音乐对早期教育有着非常大的影响。（参见第十五章）

## 经常出门走走

天气宜人时，请带婴儿多去户外活动。新鲜的空气，温暖的阳光和户外景色的变化，这些对婴儿和成人都有好处。

## 与其他宝宝玩耍

虽然婴儿还不会跟其他宝宝一起玩耍，但他们会坐在一起各玩各的。这是他们开始建立关系的第一步，给孩子们空间去了解彼此。

## 拥抱和轻摇

在非哺乳时间里，可以在不同房间或椅子上拥抱和轻摇婴儿，慢慢变换他的方向和视角。你可以抱着婴儿轻轻地上下移动，抬起他的脚丫，让他体会脚放在头上的感觉。请温柔地做这些动作，并给婴儿足够的支撑。每次你都要提前告诉他你将要做什么，这不仅仅是出于尊重，还是因为你的声音令他感到安全，避免受到惊吓。

## 玩游戏

躲猫猫、讲故事、哼小曲，这些活动不仅让婴儿感受到爱、舒适、安全感和有趣，也让他们获得了新的感官体验。

### 幼儿和学龄前阶段的游戏：赋予自由

一旦孩子能独立行动，他就踏上了更为丰富和多样的游戏之旅，包括自由游戏、指导下的自由游戏和有组织的游戏。

**游戏时间分配建议**
适合有运动能力的孩子（从可以爬行开始）

- 自由游戏 60%
- 指导下的自由游戏 25%
- 有组织的游戏 15%

#### 自由游戏

自由游戏是孩子可以自由自在、无拘无束地做游戏，既可以自个儿玩，也可以和其他小伙伴玩。在孩子这样玩的时候，即便你距离他们只有几步之遥，也应让孩子感到自由。

自由游戏是孩子最重要的游戏形式。孩子自己制定游戏规则，想怎么玩就怎么玩。孩子在自由的环境中解决问题，进行独立决策，从而获得自我满足感。

孩子可以无拘无束地奔跑或者躺在草坪上数云朵，重要的是一切都由他自己做主。你就是好好坐着，不要参与，除非出现安全隐患或者孩子主动邀请你。

### 指导下的自由游戏

指导下的自由游戏，要求成人或者其他可以决定游戏走向的人能给予适当的引导，而游戏的结果则由孩子自己决定。

很多孩子喜欢玩某种特定的游戏，并一直坚守他们所喜欢的。但孩子需要做各种各样的游戏和运动，以保证他们的平衡发展。

### 有组织的游戏

有组织的游戏，由成人或其他权威机构制定游戏规则，它有一个最终设定好的结果。有组织的游戏，会让孩子了解如何进行人际交往，如团队互动、分享、合作，尊重玩伴和遵守规则等。需要在此强调的是，游戏中应该避免引入竞争。

## 早期教育：游戏和学习的平衡

矛盾的是，当孩子逐渐长大、自理能力越来越强时，他们的生活却越来越充满束缚。在家里，他们需要遵守家里的日程表；在学校，他们需要遵守学校的课程表。其他课外活动也占据了本该进行自由游戏的时间。现代社会中出现幼儿园"小学化"的趋势，鼓励孩子更早地进行学习，而让我们忽略了做游戏在儿童早期发展中的重要性。

### 教育 VS 知识

显然，学习字母和数字是一种教育。然而，学习还包括如何系鞋带、如何礼貌对人、如何有条理地做事情、如何爬单杠、如何在拿饼干时不把饼干罐踫掉地上等，这些生活常识和生活技能，更适合孩子从有趣的体验中习得，从而为正规的学校教育打下基础。正如大家所熟知的，孩子在上学前应该做到：

1. 明白日常用语；
2. 学会自己穿衣服；
3. 懂得礼貌礼仪，并运用在日常生活中；
4. 懂得分享；
5. 做事有一定的毅力、协调能力和耐力；
6. 在做游戏时，遵守规则，了解违反规则将要付出的代价，以及能够完成需要完成的"任务"。

以上这些都具有教育意义，而不只是光靠学习知识就能具备的。在这个关键的转折阶段，我们需要给两者都留出空间。

游戏中的学习并不只存在于幼儿园或者小学低年级中。在第十八章中提到，无论校内或校外，应该尽可能给孩子更多的自由时间，让他跟随直觉进行游戏或探索，不要设定日程，只考虑当前孩子感兴趣的和能获得刺激的活动即可。这是最顺其自然的教育方案：从玩泥巴到玩单杠，再接触教科书、考试、分数，这是一个渐进的过程。尊重孩子的成长规律，意味着承认游戏和学习在孩子的成长过程中有着同样的价值。

### 做个好玩伴

所以，在引导或组织游戏时，你应该怎么做？下面让我们来看一下。

成年人有时发现与孩子一起游戏并不容易。这是因为，孩子做的游戏跟成年人的生活相差甚远。在我们看来，成年人的生活更加高效、有序、富有成果。然而，正是如此让我们不能成为好的玩伴。所以，丢掉成年人的思维，融入这些好玩的游戏中吧！

## 吉尔笔记

### 分数并不重要

现在有很多非常有趣的运动项目，例如：足球、体操、游泳、网球等，让孩子从小就有机会开始接触运动。在我看来，这都非常棒，但要保证以下三点：

1. 孩子很享受运动；
2. 孩子能够获得各种身体感受；
3. 在游戏中，成人不进行点评，不组织比赛，没有输赢。

### 乐趣是必须的

让人欣慰的是，目前我所说的"乐趣是必需的"这一观点已经成为大多数人的共识。然而，我也会时不时地碰到一些怀有其他想法的人，或许他们只是暂时忘了乐趣是什么。

例如，前不久我和孙女在她的"动感教室"里玩耍。三岁的孙女可爱、聪明，但协调能力还有待提高。

我坐在一边，看她练习了四次才用五步走完90厘米长的平衡木。这时，我听到旁边的妈妈对她的朋友说，她不准备给她的儿子报名下学期的这个课程了，她认为自己的孩子不适合学习体操。我看到那个小男孩就像我的孙女一样跌跌撞撞地正在尝试。他小小的脸蛋上流露出巨大的决心。当然，如果以成人的标准，他的表现一般。但是，扪心自问，这么小的孩子却如此努力，那成人所制定的标准还有什么意义呢？

### 多样性非常重要

有时，孩子想要的只是运动。当然，我尊重并鼓励这种热情。调查显示，运动综合能力强的儿童在未来训练某一特定运动项目时会更有优势。

另外，提倡多样性还有一个原因：单一运动会让孩子倦怠。如果孩子被迫太早地参加竞技运动项目，他们会更早地产生倦怠感。

**切忌竞争**

对于小孩来说，评价和比较他们的体能表现会带来持久的负面影响。过早灌输输赢的概念会打压他们的士气，抑制他们对身体的自由支配。任何影响孩子信心的行为，都会影响他对自己在其他领域能力的判断，包括在学习方面。

- **你知道密码吗？** 跟其他玩伴一样，必须获得孩子的邀请，我们才能参加游戏。没有人喜欢鲁莽的伙伴。（记住：尽管如此，保证安全比礼貌行事更重要。）

  - **让儿童主导**。儿童比成人更擅长游戏。我们要在游戏中明确自己的角色，听从儿童的指挥。可能需要你向他们展示新的游戏规则，但是注意要尽快让儿童重返领导的位置。（重申：以保证安全为前提。）

- **蹲下来**。任何时候都要让自己的身心向儿童看齐。这是你以儿童的视角看待世界的绝好机会。
- **让游戏没有目的性**。真正的游戏是没有议程和规则的，让一切自然发生。我们要确保开放而自由的游戏环境，鼓励儿童发挥想象力，帮助他们用自然的方式进行学习。

## 激发新想法：引入新事物

第一印象最深刻，所以引入新事物的方法非常重要。
- **跟从，而非引导**。你需要花时间去关注孩子感兴趣的事物。
- **"思如泉涌"**。儿童和成年人的思维方式不同。儿童的想象无边无际，无法预测，给儿童"思如泉涌"的空间。重要的是，不要坚持是不是"正确"。"正确"是相对的，取决于不同环境和不同情境。在自由游戏中，只有儿童知道何去何从。
- **大声说出疑惑**。将你的疑惑大声说出来，比如："我想问花儿会有什么感觉？"儿童会接过这个话题并说出自己的想法。这是吸引儿童注意并引导他们得出结论的很好的方式。
- **认可你所期望的正确行为**。对于新的事物，儿童一开始并不知道如何对待。比如，儿童可能不知道"拍狗狗"和"拽尾巴"的区别。对正确行为进行认可是给孩子提供指导的巧妙途径。比如："我喜欢你温柔地对待小狗。看，小狗也喜欢你这样对它呢！"
- **发挥想象力**。当你介绍新事物时，在脑海中想象一下你之前没见过它时的设想。找一个新的角度让孩子对这个新事物的体验更加印象深刻，同时让他意识到可以用多种视角看待事物。
- **实践新想法**。鼓励儿童全身心地投入游戏当中，帮助他们获得新的发现。如果你看到一只蝴蝶，就大声问："飞的感觉是什么呢？"然后，让儿童展开对飞的想象。

在本书中，我们为您精心挑选了一系列"从运动到学习"的活动，我们将它们称为"智慧的脚步"。

"智慧的脚步"既满足了幼儿天生的运动需求，又能通过循序渐进的活动促进幼儿的全方位发展：包括身体、认知、社交和情感方面的发展，为他们提供优质的早期教育，并为日后入学做好准备。

## 吉尔笔记

### 如何实现快乐的收尾

一天下午，当我和孙女凯特琳一起玩游戏时，突然我必须得去接听电话。所以，我离开片刻，让她一个人在客厅里玩芭比娃娃。

回来后，我问她刚才做了什么，她没有回答；我再次询问，还是没有得到答案。

于是，我意识到她的心思根本没在这里，她进入了一个自己幻想的世界。

#### 沉浸于游戏意味着沉浸于学习

游戏是拓展儿童思维、身体和感觉发展的重要渠道。游戏让身体活跃并运动起来，使想象力得以发挥。

在儿童沉浸于游戏当中时，她掌控着她所认为的真实和重要的事。在她进行自我探索和自我总结时，时间就此静止。在这些富有创造性和进行决策的时刻，她学会了如何学习，这为将来的学校学习奠定了基础。

对于沉浸在游戏中的儿童，真实的世界已然消失。任何干扰因素（如关爱有加的奶奶）都被阻隔在外。

#### 控制游戏

我认为成年人应该努力给孩子提供更多的机会和时间，让他们能够完全沉浸在游戏中。然而，必要的干涉也是不可避免的，但我们需要运用一些技巧来实行。儿童越是沉浸于游戏，干涉所带来的影响就会越大。

为了避免因为"游戏时间已结束"而造成的愤怒,以下是我最喜欢的几种实现快乐收尾的方式:

**分散注意力**。分散孩子的注意力是我们常用的收尾技巧。如果孩子喜欢童话,一定要在衣柜里准备魔法棒,必要时就可以创造出一个短暂的童话世界。总之,我们要事先准备一些有趣的东西。

**充分准备**。玩游戏之前,首先确定结束游戏的时间。对于年龄小的儿童,给他们设定计时器。当计时器响时,游戏结束。对于年龄大的儿童,给他们排号,让他们轮流玩。

**游戏即将结束时,提醒儿童**:"时间就要到了"或者"还有两轮",这样就能避免吵闹。

**接下来干什么?** 如果情况允许,提出下一个建议。对于年龄小的孩子,最好给他们两种选择:"结束游戏后,我们可以吃些零食或者讲故事。你想选哪个?"一定要尊重儿童的选择。

对于大龄的儿童,最好让他们感到结束游戏是他们自己的选择。你可以说:"我在想,游戏结束后咱们干点儿什么好呢?"然后进行讨论,相互商量协调。

**大结局**。游戏总在高潮时结束。所以,请设计一个完美结局,让游戏在高潮时结束。

儿童将会跟随你的指引,提高音量或加大动作幅度。在最后几分钟,增加游戏的强度和速度。接着,加入夸张的情节,创造大结局!"看!天啊!你做到了!"

**庆祝**。游戏后进行庆祝,鼓励儿童重述游戏的过程。请仔细倾听,并提出问题,让他们画一张画做纪念。

## 章节总结

- **运动－玩耍－学习**：运用"运动—玩耍—学习"的方法，意味着你将成为更好的玩伴。
- **婴儿阶段的游戏**：提供适当的刺激来帮助婴儿活动。
- **独处时刻**：婴儿需要独处的时间，让他们自己了解自己的身体。
- **拥抱和轻摇**：对于婴幼儿，拥抱他们，对他们轻轻地摇晃可以增强亲子感情，培养他们的平衡感。
- **幼儿和学龄前阶段的游戏**：其重点在于培养孩子独立运动的能力。
- **自由游戏棒极了**！尽可能保证孩子在自由游戏时间中能够按照自己的兴趣活动。学龄前儿童的一天，自由游戏时间应占60%，指导下的自由游戏时间应占25%，有组织的游戏时间应占15%。
- **做个好玩伴**：请等待孩子向你发出游戏邀请，让孩子主导游戏。也请从孩子的视角和心态出发，让游戏根据孩子的要求展开。然而，安全问题要放在首位。
- **激发新想法**：你的行为将影响孩子的学习方式。请多花时间深入发现孩子的兴趣。引入新的想法，让孩子"思如泉涌"。大声说出你内心的疑惑，能帮助孩子产生新的想法。让想象力发挥作用，让新想法变成现实。
- **快乐的结局**：让游戏尽可能在没有吵闹的情况下结束。在游戏过程中，请不要进行干扰。但是如果你不得不这样做，请使用"分散注意力""提前准备""引入下一个活动"或者"庆祝活动"等方式营造快乐的结局。

## 第六部分

# 智慧的脚步

第二十五章

# "智慧的脚步"介绍

在本项目中,幼儿的发展包含以下三个核心要素:

- "我能做"原则,可以作为可观测性的评估标准;
- 有计划且循序渐进地学习动作,能让幼儿在可接受的挑战中获得成就感;
- 通过老师的协助,幼儿获得积极的活动体验,并发挥其主动性,从而提高孩子的基础体能。

"智慧的脚步"是专门为0~7岁幼儿设计的,它既可以用于有针对性的"一对一"练习,也可以在团队活动中使用。让我们先来了解一下它的使用原则吧。

## 把"潜意识化"放在首位

"智慧的脚步"其目标既不是培养幼儿卓越的运动技能,也不是力求塑造出他们匀称美好的体形(通常我们都会追求这一点),而是帮助他们自发地做出每一个动作。因为"潜意识化"的行为可以激发幼儿大脑的发育,帮助他们的思维、推理和创新能力获得提升。

那么,如何判断孩子完全可以"潜意识化"地进行某个特定动作了呢?其实标准很简单:在完成"潜意识化"之前，孩子会被这个动作完全吸引，他全神贯注、仿佛陷入了沉思，他不说话、不与他人进行眼神接触，对非身体的刺激毫无反应；而在完成"潜意识化"之后，他可以一边进行特定动作一边思考，同时他还可以轻松地回答问题或者进行交流。

在此，分享一个快速评估幼儿"潜意识化"程度的方法。当他正在做某个动作时，你试着让他回答一些与这个动作无关的简单问题，例如："我有点忘记了，你今年几岁啦？"如果这时孩子可以一边做手头的动作一边回答你的问题，说明他对这个动作已经完全"潜意识化"了。相反地，如果他想不出答案、不作回答或者停止动作来回答你的问题，这表明他不能一边做动作一边思考，换句话说，他还无法"潜意识化"这个动作。（更多的关于"潜意识化"程度的介绍请参见本书第三章）

## 尊重个体差异性

正如我们之前讨论的，没有一个方法能够适用于所有孩子。也正是因为这样，在进行"智慧的脚步"这项活动时，一定要让活动去顺应孩子，而非孩子适应活动。我们需要为每个孩子量体裁衣。

> 让活动去顺应孩子，而非孩子来适应活动。

每个孩子都有她自己的成长节奏，而每个动作的"潜意识化"都需要时间进行重复的练习。

在建立"潜意识化"的过程中，我们需要耐心地为孩子提供帮助，同时也要帮助她树立信心，这两者必须兼顾。如果我们急于让一群孩子达到同样的水平，那么容易对群体中的某些个体产生反作用。因此，请切记不可急于求成。

## 小进步，大成功

在早期发展中，所有的进步对于幼儿来说都是巨大的成功。无论这些进步看起来是多么微小和不起眼，但是这点点滴滴的进步是促进幼儿成长发育的重要因素。我们不需要满脑子想着她"应该"成为什么样，而要关注她的起点和她的每个进步所在。

孩子的每一次尝试，不管在什么方面、不管以什么形式都值得鼓励，且每一次尝试都有利于他们的进步。有些孩子在第一次尝试时就能达成目标，而有些孩子需要尝试三次甚至三十三次。但是没有关系，重复本就是早期教育的核心。

请千万不要沮丧。如果在孩子尝试过程中你真的感到沮丧，也请别让孩子注意到。在一段时间过后，如果孩子还是没有进步或者她在活动中没有获得乐趣，那么请转换一个新的活动，之后再尝试做之前的活动。

请记住，大脑感受失败比感受成功更容易。理解并鼓励孩子，赞赏她所做出的每份努力，是帮助她获得进步最简单、最快捷也是最有效的方法。

### 参与到孩子的活动中并亲自示范

幼儿是天生的活动者，我们对他们的指引只不过是协助他们建立自信心和自尊心。那最好的指引是什么呢？其实就是参与到孩子的活动中并亲身示范！因为孩子可以通过你的示范进行模仿和学习：

- 看到动作是怎样做的
- 听到和这个动作相关的词语
- 尝试和你一起或者单独做这个动作

## 吉尔笔记

### 在活动中支持孩子

孩子在初次尝试做新动作时，他们特别需要我们的帮助。随着尝试次数的增加，孩子所需要的帮助也随之减少。我们给予帮助的方式关系到孩子的身体安全和心理安全（自信心）。以下是一些方法让你了解：如何能够支持他们的活动，同时又能保护他们的自信心。

### 适当的支持

如果孩子有需要，请支撑她身体两侧。如果只支撑一侧，例如只握住她的一只手，这会给她大脑传递不平衡的信息，从而误导了孩子移动的方向。

### 我不会让你跌倒

通常孩子感到紧张或不确定时，她需要你的协助。请站在孩子面前，让她一直都能看到你。请保持和她眼神接触，并持续赞赏她所做出的努力。也可以把手臂放在面前，弯下腰，让你的双臂成为孩子的扶手，并保持你的手臂稳定，跟随她前进的步伐。这样的动作不仅给孩子提供了必要的身体协助，更构建了彼此之间重要的感情纽带。

### 伸出援助之手

随着孩子自信心的增强，试着在活动中只握住她的双手。站在她前面，她会觉得在这个过程中你只是她的伙伴，而她自己需要多做尝试。

### 别担心，有我在

一旦孩子对自己的能力充满信心，就由她来主导，这非常重要！请在她背后，仅仅用你的双手扶住她的腰就好。

### 我在这里，只为以防万一

随着孩子的进步，她会越来越少地需要你的协助，但她可能还需要你在身旁，因为这会让她更放心地去尝试。现在，你只需要抓住她的后衣襟。这样可以让她自由移动，同时也让她知道你在那儿。这也是一个让她减慢速度同时不会打断她的动作的好方法。

### 独立完成

当孩子有足够的自信后，就可以让她完全独立地活动了。站在她背后，把双手环放在她的腰周围，但不触碰她。让她知道你在那里，然后鼓励她，信任她，她可以独立完成动作！

## "智慧的脚步"游戏步骤

### 步骤1：评估

渐进式教学是让学习者从已知到未知，一步一步学习新知识的教学法。目前，这种教学法已经被广泛运用于学术界，却很少应用于幼儿身体发展领域。为了协助你建立有效的"运动—学习"体验式学习法，我们将幼儿阶段能做的活动分为六个阶段（见第十七章），包括以下三个层次：第一层次是"我在活动"，第二层次是"看我成长"，第三层次是"我已掌握"。

通过简单的观察和运用"我能做"原则，你就可以评估幼儿的活动能力，并且可以为孩子选择适合他的活动，促进他的成长。请一定要记住，本指南并不是标尺，不要用它来衡量你的孩子在同龄孩子中的位置和发展水平，你的孩子就在他现在的位置。让我们从这里开始吧！

## "我能做"活动观察指南

我在活动

| 游戏阶段 | 在活动中学会的新技能 |
| --- | --- |
| 新生儿时期<br>（从出生到会翻身）<br>大约年龄：0~6月龄 | 出生时的原始反射<br>第一次尝试头部控制<br>喜欢被触摸、按摩和肌肤护理 |
| 小爬虫时期<br>（摇摆，爬行，学会坐起来）<br>大约年龄：6~14月龄 | 抓握<br>用嘴咬东西（模仿嘴部动作）<br>匍匐爬行（在地板上探索） |
| 走不稳时期<br>（可以扶着走）<br>大约年龄：9~24月龄 | 定位小空间<br>扶着站立<br>边走边玩<br>需要辅助的蹲下、起来 |
| 淘气鬼时期<br>（跑和跳）<br>大约年龄：20月龄~3岁半 | 跑<br>蹲下、起来，不需要辅助 |
| 奔跑者时期<br>（跑跳和攀爬）<br>大约年龄：3~4岁 | 习惯左手还是右手的早期信号<br>单腿平衡（有意识地用优势手、脚） |
| 跳跃者时期<br>（跳跃，速移，团体游戏，跳舞）<br>大约年龄：4岁及以上 | 跳跃（在站着的状态）<br>交叉走路（一脚前一脚后） |

## 第二十五章 "智慧的脚步"介绍

| 看我成长 | 我已掌握 |
|---|---|
| 通过玩耍、探索、体验来不断成长 | 潜意识化技能，建立信心，愿意尝试更多 |
| 对头和脚的认知开始<br>抬屁股，尝试翻身<br>用感官探索，特别是用嘴探索 | 被不同人的脸迷住了（学习面部表情）<br>独立翻身<br>依靠肚子挺身<br>姿势反射出现，同时原始反射减少 |
| 四脚支撑<br>摇摆<br>抓放自如<br>换手 | 爬行<br>对捏<br>推手坐起来 |
| 不需要辅助地站起来<br>攀爬家具或者楼梯 | 眼手协调，可以自己进食<br>不需要辅助地走路<br>摇摇晃晃地走路 |
| 用双腿跳<br>上肢力量发展<br>（可以支撑自己的体重） | 向前或向后跳<br>支配技能出现<br>瞬间意识出现（尝试追、踢、拍运动中的球） |
| 远足<br>单脚跳<br>动作协调地攀爬 | 速移<br>人体中央轴出现<br>优势手、脚发展 |
| 跳跃（在跑步状态）<br>跳绳 | 潜意识化地协调动作，例如跳舞、跳绳等 |

### 步骤2：动起来

当我们知道该从哪里入手观察孩子时，就意味着已经成功了一半。所以，一旦你可以对孩子的活动做出评估，那么我们就可以行动起来了。让我们来预览一下每个活动是如何设置的。

## "智慧的脚步"活动预览

**准备开始！**
需要的准备
活动简介

**看我成长**
第2个活动

**活动指引**
此活动适合的幼儿发展阶段

**活动价值**
按照身体六大部分的动觉模型方式来排列（用可视化的图标来表示对儿童特定方面的影响程度：分为高、中、低三个层次。）

**潜在价值**
活动蕴含的特定价值

**语言**
需要在活动中引入的核心词句

**安全**
活动的安全指引

**活动器材**
活动所需要的清单

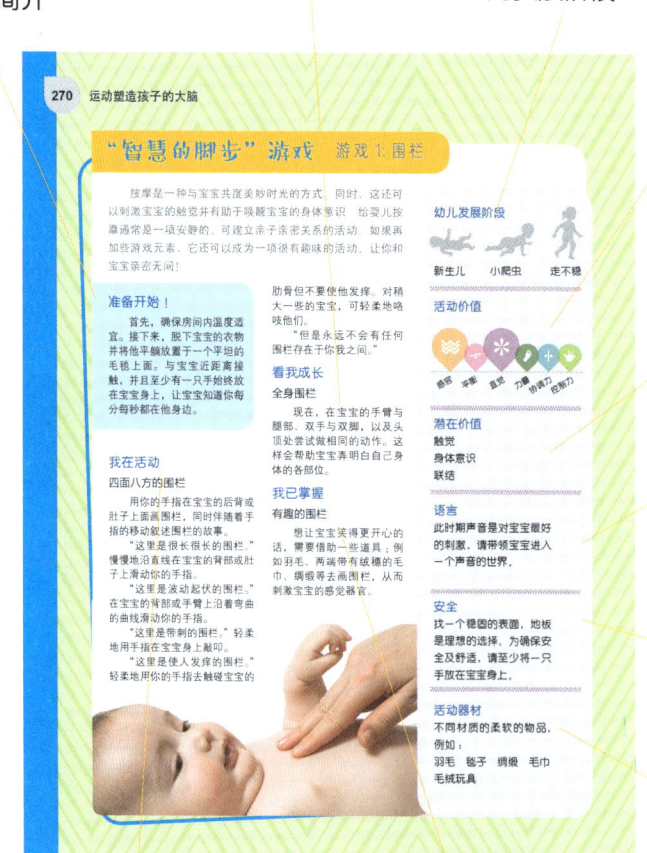

**我在活动**
第1个活动

**我已掌握**
第3个活动

**选择合适的活动**

正如我们在第十七章讨论过的动觉模型，给孩子们提供多种样式的活动体验，不仅对身体发展有极大的促进作用，同时对大脑发育也至关重要。所以，当你选择活动时，重要的标准就是活动的丰富性。在活动中努力保持身体六大部分的平衡，不管活动的周期是一个课时、一周还是一个学期。

当翻阅第二十六章所介绍的活动时，你会发现，我们是按照身体六大部分的动觉模型来设计活动的。这就像是为宝宝设计了一个营养均衡的运动套餐。实际上，每一个活动都有多方面的价值，所以我们将活动的价值按照动觉模型方式来排列，方便你一目了然。我们用以下可视化的图标来表示对儿童特定方面的影响程度：分为高、中、低三个层次。

低　　中　　高

**步骤3：评价**

如何判断孩子的能力已经提升到足够进入下一个阶段了呢？如果有以下一个或多个迹象，那么就可以认为她有这个能力和自信：

- 她做这一动作时，不再向你寻求帮助。
- 她完成得很快。
- 她做这个动作时不需要太全神贯注（已经达到"潜意识化"水平）。
- 她喜欢向你展示她可以独立完成这个动作。
- 她会自己反复做这个动作。
- 她能在做这个动作中寻找和发现新的挑战。

当你看到这些迹象，那么宝贝就可以进行下一个阶段的挑战了。相反地，如果你发现孩子并没有掌握这个阶段的动作，并感到有些沮丧，请不要让她提前进入下一阶段。你应该让她继续做之前的动作，给她足够的时间准备。你也可以让她尝试做较为容易的动作，然后再来挑战有困难的动作，因为保护她的自信心是最重要的。

让我们行动起来吧！

## 章节小结

- "智慧的脚步"既满足了幼儿天生的运动需求，又能通过循序渐进的活动促进幼儿的全面发展，包括身体、认知、社交和情感方面的发展，为他们提供优质的早期教育，并为日后入学做好准备。
- "智慧的脚步"的主要目标是要帮助孩子完成动作"潜意识化"，从而解放他们的手脚，让他们的大脑更好地思考、推理和进行其他具有创造性的活动。
- 尊重个体差异：让活动去顺应孩子，而非孩子适应活动。
- 重复是早期教育的关键。
- 用亲身参与、演示的方式进行指导活动，这样孩子可以全面启动听觉和视觉，并愿意尝试。
- 用以下三个步骤进行指导和评估："我在活动""看我成长""我已掌握"。使用"我能做"原则来全面评价孩子现阶段的能力，然后挑选出最适合孩子发展和提升的活动。
- 在我们评价孩子是否有足够的能力和自信完成动作时，请注意以下几个信号：她是否需要帮助；动作完成的快慢程度；是否需要全力才能完成；是否会向你展示她的完成情况；有没有重复这个动作；她是否在尝试新的挑战。

# 第二十六章

# "智慧的脚步"游戏

本章包含 24 个"智慧的脚步"游戏。这些游戏具有不同的侧重点,有些是促进儿童感官发展,有些是促进儿童动作发展。现根据不同的游戏目标,将游戏分类如下:

### 感官类游戏

重点在于锻炼孩子以下方面:视觉、听觉、嗅觉、味觉、触觉、用眼健康、客体持久性、分类、排序、模仿能力

游戏 1: 围栏
游戏 2: 躲猫猫
游戏 3: 找宝藏
游戏 4: 镜子,镜子

### 平衡感类游戏

重点在于锻炼孩子以下动作:翻转、旋转、摇摆、平衡、倒立等

游戏 5: 高低舞
游戏 6: 上上下下
游戏 7: 你好,奥克托普!
游戏 8: 翻滚吧,罗弗

### 直觉类游戏

重点在于锻炼孩子以下方面:身体意识、倾斜、推、拉、抬、搬等动作

游戏 9: 纱巾
游戏 10: 装满了
游戏 11: 玛多
游戏 12: 沙包

### 力量类游戏

重点在于锻炼孩子以下方面:爬行、走、跑、跳高、跳跃、攀爬、拉伸、爬滚、滚轮游戏

游戏 13: 翻转
游戏 14: 逃走的泡泡
游戏 15: 狭窄与宽阔
游戏 16: 小鸡快跑

### 协调能力类游戏

重点在于锻炼孩子以下方面:爬行、跳跃、攀爬、徒步、骑自行车、球类游戏、踩石头游戏

游戏 17: 手脚互动
游戏 18: 农场大门
游戏 19: 拧麻花
游戏 20: 踏上魔法台阶

### 控制能力类游戏

重点在于锻炼孩子以下方面:移动、稳定性、有控制感地游戏、目标意识、精细动作、运动场游戏

游戏 21: 视觉跟踪
游戏 22: 宝宝掌舵
游戏 23: 游戏时间到
游戏 24: 刹车!刹车!

## "智慧的脚步"游戏　游戏1:"围栏"

按摩是一种与宝宝共度美妙时光的方式。同时，这还可以刺激宝宝的触觉并有助于唤醒宝宝的身体意识。给婴儿按摩通常是一项安静的、可建立亲子亲密关系的活动。如果再加些游戏元素，它还可以成为一项很有趣味的活动，让你和宝宝亲密无间！

### 准备开始！

首先，确保房间内温度适宜。接下来，脱下宝宝的衣物并将他平躺放置于一个平坦的毛毯上面。与宝宝近距离接触，并且至少有一只手始终放在宝宝身上，让宝宝知道你每分每秒都在他身边。

### 我在活动

**四面八方的围栏**

用你的手指在宝宝的后背或肚子上面画围栏，同时伴随着手指的移动叙述围栏的故事。

"这里是很长很长的围栏。"慢慢地沿直线在宝宝的背部或肚子上滑动你的手指。

"这里是波动起伏的围栏。"在宝宝的背部或手臂上沿着弯曲的曲线滑动你的手指。

"这里是带刺的围栏。"轻柔地用手指在宝宝身上敲叩。

"这里是使人发痒的围栏。"轻柔地用你的手指去触碰宝宝的肋骨但不要使他发痒。对稍大一些的宝宝，可轻柔地咯吱他们。

"但是永远不会有任何围栏存在于你我之间。"

### 看我成长

**全身围栏**

现在，在宝宝的手臂与腿部、双手与双脚，以及头顶处尝试做相同的动作。这样会帮助宝宝弄明白自己身体的各部位。

### 我已掌握

**有趣的围栏**

想让宝宝笑得更开心的话，需要借助一些道具：例如羽毛、两端带有绒穗的毛巾、绸缎等去画围栏，从而刺激宝宝的感觉器官。

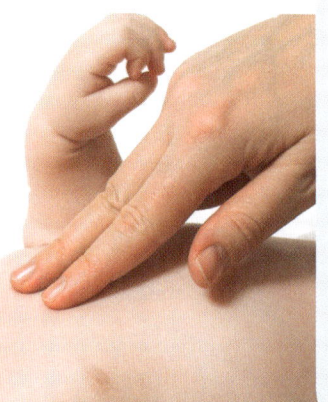

---

### 幼儿发展阶段

新生儿　小爬虫　走不稳

### 活动价值

感官　平衡　直觉　力量　协调力　控制力

### 潜在价值

触觉
身体意识
联结

### 语言

此时期声音是对宝宝最好的刺激，请带领宝宝进入一个声音的世界。

### 安全

找一个稳固的表面，地板是理想的选择。为确保安全及舒适，请至少将一只手放在宝宝身上。

### 活动器材

不同材质的柔软的物品，例如：
羽毛　毯子　绸缎　毛巾
毛绒玩具

第二十六章 "智慧的脚步"游戏　271

# "智慧的脚步"游戏　游戏 2: 躲猫猫

喵喵是你从来没有遇见过的最厉害的捉迷藏高手。她知道每一件东西都藏在哪里，喵喵知道你的鼻子在哪里，还有你的脚趾头，以及从头到脚的所有部位。

## 准备开始！

这个游戏是宝宝们最爱的躲猫猫游戏的变形。你需要准备一张毛毯和一根羽毛（或其他任何容易使宝宝发痒的物品）。这个游戏可以在任何时间、任何地点和宝宝一起玩。

## 我在活动

### 躲猫猫

宝宝们喜欢惊喜，所以让我们从玩躲猫猫开始。我们可以先藏在毛毯后边，然后再出现在宝宝的视线中，这样一隐一现，和宝宝躲猫猫！躲猫猫游戏可以帮助宝宝建立起物体存继性的概念。

## 看我成长

### 喵喵！

用毛毯遮盖住宝宝的膝盖，在他的膝盖被藏起来的时候，你在他的膝盖位置稍微挠挠痒痒并说道："喵喵！喵喵！你可以找到膝盖吗？"移走毛毯，并且再次在宝宝的膝盖位置挠挠痒痒。"你的膝盖在这里！"前后两次在膝盖位置上挠痒痒所带来的不同感觉将会帮助宝宝意识到他自己的身体，同时你也用词汇强化了膝盖这个概念。可以在宝宝其他的身体部位上重复做这个游戏。

## 我已掌握

### 你找我藏

当宝宝在地板上玩耍时，在毛毯下面藏些不同的物品。请确保宝宝看着你将每件物品放到毛毯下面。之后问道："你的玩具去哪里了？"然后掀起毛毯，"你的玩具在这里呢！"这种捉迷藏游戏可以帮助宝宝树立物体存继性的概念。

## 幼儿发展阶段

新生儿　小爬虫

## 活动价值

感官　平衡　直觉　力量　协调力　控制力

## 潜在价值

物体存继性
身体意识

## 语言

身体部位

## 安全

不要用毯子盖住宝宝的脸

## 活动器材

毯子
羽毛（或其他质地轻柔的材料）

## "智慧的脚步"游戏  游戏3: 找宝藏

小孩子们都非常喜爱寻找宝藏的游戏。这种游戏非常有益于孩子的身体发展、好奇心的培养以及观察能力的提升。

### 准备开始！

这个藏宝箱可以是一个简单的纸盒或者一个塑料桶。如果孩子自己制作，这一游戏将会变得更加有趣。将美术用品拿出来，然后鼓励孩子在纸盒的某一面画一个图案或写上他自己的名字，这样一个独一无二的寻宝箱就制作完成了。你可以和孩子创建一个小仪式，例如可以取名"探寻者的信条"，在每次游戏开始前，你们一起做这个小仪式，从而对玩这个游戏充满期待。

### 探寻者的信条：

在探寻的征途上，永远无法猜到会找到哪些宝物填满箱子。

从北到南，从东到西，我们一定会找到最令人惊喜的宝物！

### 我在活动

**藏宝箱**

和孩子共同选定一个主题，然后一起去探寻！例如，你们需要找蓝色的物品，或者是可以发出声音的物品，或者是柔软的物品。让孩子把找来的宝物放到自己的藏宝箱中，他就有了自己的宝藏。

## 看我成长

### 宝藏分类

与孩子一起寻宝完毕后，花一些时间来看看这些宝物。现在，这些物品对孩子而言具有了特殊的意义，因为是他找到了它们，所以借此机会扩展他的知识面以及增强理解力。可以问："我们在哪里找到了这个宝物？"孩子讲述之后，再和他讨论找到的这些宝物本身。这些宝物是如何与我们的主题相关联的？它们之间有哪些共同之处？又有什么不同（区别）？请按照大小、形状或者主题将宝物进行分类。

## 我已掌握

### 挑选宝物

当一个孩子主动探寻新鲜事物和思考新想法时，他会学到更多。更重要的是，他学会了将他已知的知识应用到其他情境中，这是学习解决问题的开始。鼓励孩子自行处理、使用他的战利品！例如：

- 用所有找到的宝物制作一件艺术品。
- 用宝物的名称去编一首歌曲或者一个故事。
- 挑选其中一件宝物，然后去更多地了解它。去图书馆查阅和它有关的书籍。

### 幼儿发展阶段

淘气鬼　　奔跑者　　跳跃者

### 活动价值

感官　平衡　直觉　力量　协调力　控制力

### 潜在价值

感官发展
探索和好奇心
行动力
分类

### 语言

看
闻
听
尝

### 安全

确保孩子不往嘴里放入有害物品、小物件等造成窒息的危险。

### 活动器材

纸盒子或者塑料桶
装饰材料
你能找到的任何物品

## "智慧的脚步"游戏　游戏4：镜子，镜子

小孩子是天生的模仿者。无论你做什么，他们都想跟着做，利用这点去加强孩子的视觉追踪能力。

### 准备开始！

播放一些轻柔舒缓的音乐，营造温和的氛围。同孩子一起看向镜子，并讨论，镜子为什么总能和我们做一模一样的动作。"成为一面镜子一定非常有趣。你愿意成为我的镜子吗？""镜子啊镜子，你可以看见吗？镜子啊镜子，和我一起跳舞吧。镜子啊镜子，我们一起自由飞翔吧。镜子啊镜子，我们要怎么办呢？"

### 我在活动

**照镜子**

与孩子面对面坐下，带有韵律地念诵"镜子啊镜子"，同时慢慢地移动你的双手与双臂，然后让孩子仿效你的动作。缓慢地移动将有助于孩子跟上你的动作节奏，同时帮助他的大脑提升学习能力。为了加强视觉追踪能力，尽量让孩子保持头部位置固定不变，仅用他的双眼去跟随着你。接下来，试着肩并肩并排坐下，一起面对着镜子开展此项活动。

### 看我成长

**照腿脚**

在镜子前缓慢地照出脚和腿。一旦孩子从移动上半身和下半身这项活动中获得了乐趣，你便可试着在镜前做全身运动。

### 我已掌握

**我是镜子**

朗诵"镜子啊镜子"之后，你和孩子可以交换角色，鼓励他来主导游戏动作，决定游戏规则。

**镜像记忆**

这个游戏的高难度版本是一组由两到三个简单动作组成的连续动作组合，例如：踏步，拍手，踏步。让孩子按顺序重复这组动作。当他逐渐熟练后，再继续添加另外一个动作，例如：踏步，拍手，踏步，单脚蹦。一定不要让孩子产生挫败感。所以要循序渐进地加大难度，直到孩子完全掌握。

第二十六章 "智慧的脚步"游戏 275

### 幼儿发展阶段

淘气鬼　　奔跑者　　跳跃者

### 活动价值

感官　平衡　直觉　力量　协调力　控制力

### 潜在价值
眼手协调
视觉追踪
感官发展
社交发展

### 语言
进去
出来
周围
附近
远

### 安全
确保你做的动作在孩子的能力范围之内

### 活动器材
舒缓的音乐
镜子

## "智慧的脚步"游戏　游戏5：高低舞

当宝宝可以自己翻转身体的时候,他们的身体意识在逐渐加强。将宝宝缓缓地上下倾斜,一边抬起,一边降落。协助宝宝去体验这些感觉,就如同邀请宝宝和你一起跳舞一样简单。

### 准备开始！

播放一些音乐,尝试在此活动中采用多种"舞步"去帮助宝宝培养平衡感。在开始前,请给宝宝一些提示来告诉他接下来将要发生什么。例如对他说："我们将要这样转一个圈圈。""现在我们再那样转一个圈圈。"虽然也许宝宝太小还不能听懂你说的话,但是你的声音仍可以起到安抚宝宝的作用。

### 我在活动

**抬起来！**

一只手抱住宝宝的腰部,另一只手托住宝宝的胸部下方,使宝宝脸朝地面处于飞行姿势。在整个过程中请保持宝宝一直贴近你的身体,以此使宝宝获得安全感,然后温和地上下摆动、摇晃以及缓慢地旋转。轻轻地倾斜宝宝,使宝宝的头部水平位置高于他小脚的水平位置,随后恢复至原位置,再以相反方向轻微倾斜宝宝,使宝宝的头部水平位置略低于他脚趾头的水平位置。请再次注意,在做此活动的整个过程中,要时刻保持动作的缓慢、轻柔,同时也要时刻全力支撑宝宝的身体。

### 看我成长
**降落时**

重复该项活动，但此时将宝宝稍微远离你的身体，支撑宝宝的胸部和脖颈部位。这个看似很小的变化实际上对于宝宝是一个挑战。这迫使宝宝开始学会用自己的核心肌肉力量去支撑自己。如果宝宝不喜欢这种感觉体验，请停止此项活动并将宝宝抱回，贴近你的身体。

### 我已掌握
**我们一起跳舞吧？**

重复舞蹈动作，旋转宝宝，然后将全力支撑在宝宝的后颈部及腰背部。这种姿势对宝宝的抬头反势是一种挑战，它在最初阶段可能会引起宝宝的小吵小闹，这种情况是很正常的。宝宝的本能会使他抬起头部向胸部方向靠拢，他应该会很快地放轻松并开始享受。如果宝宝出现不舒服的情况，请改变姿势。注意，整个过程让宝宝来引导你。

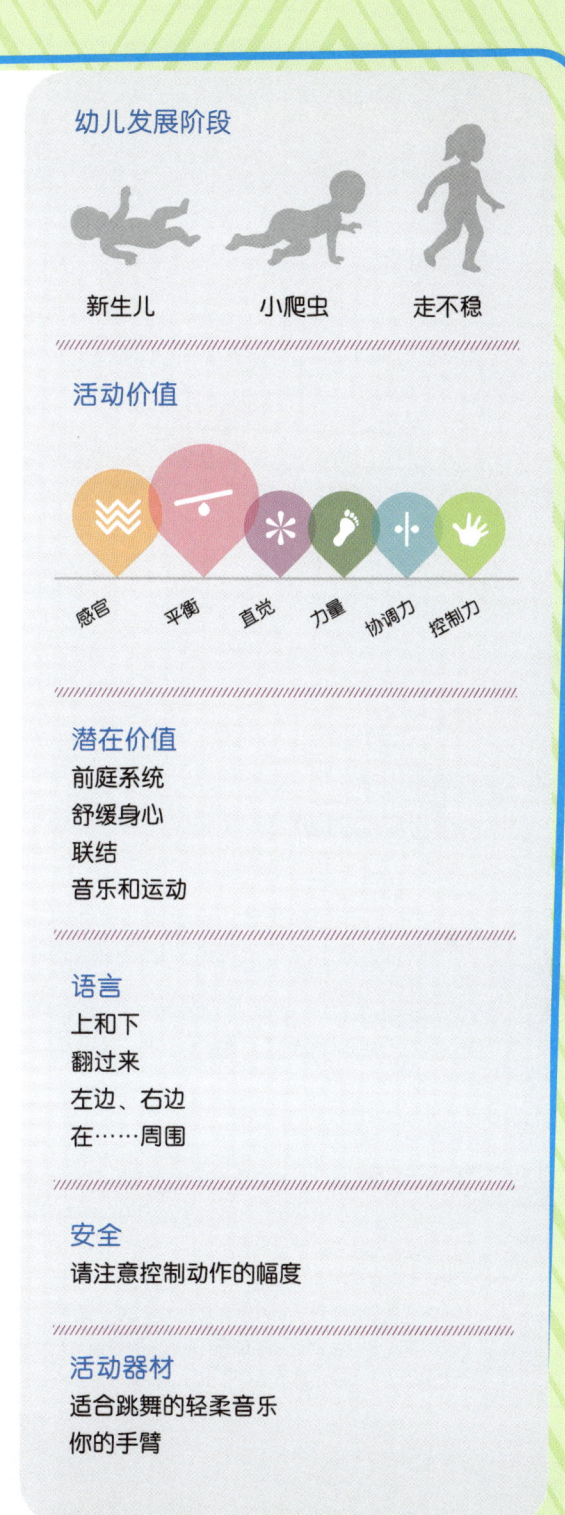

### 幼儿发展阶段
新生儿　小爬虫　走不稳

### 活动价值
感官　平衡　直觉　力量　协调力　控制力

### 潜在价值
前庭系统
舒缓身心
联结
音乐和运动

### 语言
上和下
翻过来
左边、右边
在……周围

### 安全
请注意控制动作的幅度

### 活动器材
适合跳舞的轻柔音乐
你的手臂

# "智慧的脚步"游戏　游戏6: 上上下下

孩子学习方位概念，如上上下下，通常都来自身体的体验，这会使抽象的概念变得真实且有意义。也正因如此，孩子可以在一天内就将这种抽象概念消化，从而形成学习概念。

## 准备开始！

一旦孩子可以靠自己的力量移动起来，我们就可以让孩子来学上上下下这些方位概念。对于小宝宝们来说，爬到一个枕头之上或爬到一张桌子之下都将会是一段冒险的旅程。因此，在室内清理出一处空间或者直接走向室外的草地上吧。

## 我在活动

**隧道与山脉**

用你的双腿建造一个隧道，然后鼓励孩子从中爬过去。当他从你的双腿间爬过去时，用"之下（下方）"这类词去描述这个动作。用你的双臂、身体躯干或任何其他部位去建造更多的隧道并让孩子从这些隧道下方钻出来。

向他介绍"之上（上方）"的概念。鼓励孩子从你的大腿、胳膊、肚子等等上翻过去。

## 看我成长

**我是一个隧道**

鼓励孩子用他自己的身躯建造一个隧道。当他这样做的时候，拿一件他很喜欢的玩具从这个隧道滚过去并谈论这个玩具是如何从隧道下方滚过去的。当然，同样也让孩子用他自己的身躯去构造一座山，然后推动一件玩具在这座山上面滚动。

## 我已掌握

**上上下下之旅**

找两位小朋友作为一对游戏搭档（或者你可以成为孩子的搭档）。该游戏的目标是双方通过移动在彼此的上方和下方穿梭。首先要做的是决定去哪里。孩子们也许会选择一个真实的地方，例如房间的另一头，或者是一个想象的地方，例如王子的城堡！接下来，决定谁在上，谁在下。需要重申的是，请由孩子们自己去做决定。下面有一些小点子可以帮助你开启这段探险。无论用什么方式，都请让孩子们自己去尽可能多地创建他们自己的障碍之旅。

翻越这座山。（一个孩子蹲伏着，另一个孩子从他上面爬过去。）

穿过这座桥。（一个孩子用他的身体或双腿构造出一座桥，另一个孩子从下方钻出来。）

穿越这只令人发痒的老虎。（一个孩子后背贴地躺下，而另一个孩子从他身上爬过的时候他将试图去给这个孩子挠痒痒。）

第二十六章 "智慧的脚步"游戏

穿过这道门。(一个孩子躺在地上并将一条腿上下抬起,就像收费站的升降门一样,当这道门打开的时候另一个孩子迅速从中穿过。)

从这只虫虫身上扭动下来。(一个孩子在地上像小虫一样扭动着,另一个孩子则扭动着从这个孩子身上经过。)

## 幼儿发展阶段

小爬虫　走不稳　淘气鬼

奔跑者　跳跃者

## 活动价值

感官　平衡　直觉　力量　协调力　控制力

## 潜在价值
前庭系统
空间意识
身体意识

## 语言
在……上面　在……下面
通过　向上　向下

## 安全
当两个孩子一起玩的时候,请控制游戏动作的幅度。

## 活动器材
无

## "智慧的脚步"游戏　游戏 7：你好，奥克托普！

为了掌握控制身体的能力，孩子们必须从各个方面训练自己的平衡感。该游戏迫使孩子们在保持平衡的前提下使用自己身体的不同部分。

### 准备开始！

介绍章鱼奥克托普：我很想知道成为一只拥有 8 只手臂的章鱼会是什么样子？想象一下，如果你拥有 8 只手臂，你可以做些什么呢？向奥克托普问好，他是一位友善且很有魅力的朋友。当奥克托普大声呼喊出"你好"时，他会将 8 只手臂都挥舞起来！

### 我在活动

奥克托普的波浪

让孩子四肢触地变成章鱼奥克托普，从简单的动作开始，之后逐渐增加难度。挥舞你的右臂，挥舞你的左臂，挥舞你的右脚，挥舞你的左脚，挥舞你的右臂和右脚，挥舞你的左臂和左脚，挥舞你的右臂和左脚，挥舞你的左臂和右脚。挥舞你的双臂，挥舞你的双脚。

第二十六章 "智慧的脚步"游戏　281

### 看我成长
**颠倒的奥克托普**

首先，让孩子处于站立状态，然后向前做下腰动作并使双手触碰地面，重复此动作。该游戏有利于孩子们协调四肢动作，同时也训练了上半身的力量。

### 我已掌握
**动感的奥克托普**

播放一些活泼的乐曲，让孩子伴随着音乐的动感旋律舞动他们的双臂和双腿。当音乐停止时，从四肢中选择两部分着地，然后让孩子依靠身体的这两部分去支撑整个身体。

### 幼儿发展阶段

淘气鬼　　奔跑者　　跳跃者

### 活动价值

感官　平衡　直觉　力量　协调力　控制力

### 潜在价值
平衡感
身体意识
耐力

### 语言
颠倒
左和右
身体部分

### 安全
用垫子或毛巾铺在坚硬的表面上

### 活动器材
无

## "智慧的脚步"游戏　游戏8：翻滚吧，罗弗

翻滚阅读有助于锻炼孩子的语言能力，让读书时间成为一段具有互动、多感官的体验。这种前庭刺激有助于孩子集中注意力。

### 准备开始！

**翻滚吧**

罗弗喜欢一遍又一遍地翻滚，因为这会使事物以一种新颖的方式进入他的眼帘，而这让他感到很有趣。在读书时间，罗弗想，倒立着去听故事肯定会很有趣。哦，是的，他是正确的！试着和孩子尝试下翻滚阅读，去看看罗弗所看到的世界。
注意：不要在床上或任何距地面有一定高度的平面去做这个游戏。

### 看我成长

**关键词翻滚**

从故事中选择一个关键词（该关键词是书中多次出现的），每当孩子们听到这个关键词的时候，便让他们翻滚一下，而不再是每翻一页进行一次翻滚。这样做会帮助孩子们集中注意力，在他们聚精会神去听寻关键词的时候，他们的听觉辨别力也在逐步提升。

### 我在活动

**一页接着一页地翻滚**

让孩子选一本喜爱的故事书，然后让他们肚子朝下趴在地板上去听故事。每次你要翻页的时候，就让孩子翻滚半圈（从肚子贴地翻滚至后背贴地或者从后背贴地翻滚至肚子贴地）。在开始游戏前，让孩子去决定他们将往哪个方向翻滚（左边或者右边），以防止发生"拥堵事件"。对于孩子来说，让他们在做翻滚阅读游戏的同时去看图画是困难的。在讲故事进行中或结束后，让孩子们去讨论那些书中的角色是什么样子的。比如，你可以用引导的方式问他们书中的动物是什么颜色的？书中的房子是什么样子的？这能够增强孩子们的想象力，也使得故事本身在他们的想象和记忆中进一步得到了巩固。

### 侧翻滚

为了增加一下难度，当翻页的时候，让孩子翻滚四分之一圈即停留在侧身面位置。试着让他们保持这个姿势并且腰板挺直，以此锻炼身体的平衡能力。这样做也许会有点刁难，但却对协调力、控制力以及专注力提出了更高的要求。当下一次翻页的时候，孩子进行第二次的翻滚，翻滚到身体的另一侧时停住。如果孩子们真的很喜欢这样做，开始听寻关键词。一旦孩子们掌握了所有游戏动作，便可让孩子们自己决定在"翻滚时刻"中做哪个动作。当故事讲完后，孩子们已经翻滚过了整个房间！

### 幼儿发展阶段

奔跑者　　跳跃者

### 活动价值

感官　平衡　直觉　力量　协调力　控制力

### 潜在价值

语言和词汇
平衡感
协作能力
听力辨别
视觉化
专注力
想象力

### 语言

穿越
伴随

### 安全

用垫子或毛巾盖在坚固的表面上。作为小组游戏，确保所有的孩子同时朝同一个方向滚动。

### 活动器材

喜爱的书

## "智慧的脚步"游戏　游戏9：纱巾

多感官体验促进宝宝对自己及其所处世界的了解。

### 准备开始！

柔软透明的薄纱巾为宝宝提供了一种温和且富有色彩的玩耍物品。纱巾的那种明亮且具有轻盈触感的质地让宝宝获得一种柔和的、发痒的感官体验。宝宝们很容易就能抓住纱巾并握在手中，符合运用手指进行抓握的动作发展要求。此外，当你将纱巾抛向空中的时候，透过光线，纱巾的颜色是很美妙生动的，同时又提供了一个绝佳的平台，让宝宝们去学习用眼睛追踪物体。

### 看我成长

**神出鬼没的纱巾**

将纱巾在宝宝的背后、膝下、脚踝周围、脑袋上方等部位滑动，告诉他你正在做什么以及你正在触碰什么身体部位。用带有指示方向的语言去描述，例如：在你的膝盖下方，在你的脚趾尖上。如果为了逗乐宝宝以引起宝宝更大的兴趣，则可以试着将纱巾直接接触他的皮肤，从宝宝的上衣内穿过，并不断滑动着直至颈部。

### 我在活动

**到处都是纱巾**

让宝宝躺在地板上或任何其他安全的平面上，确保宝宝可以看见你就跪在他身旁。用一条薄纱巾在他的脸颊、脖子、脑袋或皮肤表面搔痒痒。每当薄纱巾接触到哪个身体部位时，便告诉宝宝你正在触碰哪个部位，例如："我正在你的小脚上挠痒痒。"

## 我已掌握
### 空中的纱巾

当宝宝可以开始往四周移动的时候，将纱巾扔向空中，鼓励宝宝去抓住纱巾然后再松手放下它。纱巾下落的时候，请留意宝宝，也许当纱巾落到宝宝身上时，他会突然咯咯笑呢。整个过程，都需要伴随着你幽默而风趣的描述，例如，"哦，它降落在你的脚趾上了！"

### 幼儿发展阶段

新生儿　　小爬虫　　走不稳

### 活动价值

感官　平衡　直觉　力量　协调力　控制力

### 潜在价值
身体意识　视觉追踪
感官发展　舒缓身心

### 语言
身体部分　　向上
在……下面　在……上面
在下面　　　在上面

### 安全
随时看护宝宝，避免纱巾缠绕其头部或颈部。远离通气管道。确保你使用的纱巾是轻薄透明的，确保宝宝在这个游戏中有足够的活动空间。不要让宝宝在无人看管的情况下玩纱巾。

### 活动器材
柔软的纱巾

# "智慧的脚步"游戏　游戏10: 装满了

通过理解过多、过少或者正好的含义，孩子们可逐渐增强空间意识并为抽象数学奠定基础。其中，倒水就是一个简单的量化这些抽象概念的方法。可想而知，不熟练地倒水就会出现洒水的状况，所以大人们常常不愿意让孩子们自己去倒水。因此，在尽可能减少清扫工作的前提下，请给孩子们练习倒水的机会，使他们在这个过程中增强身体控制力。

## 准备开始！

请在有水或沙土的室内或室外做这个游戏。本游戏虽然是以水为例去描述如何开展的，但是我们建议最好同时使用水和沙土两种材料，这样可让孩子们明白这两种物质间的细微差异。为了减少清扫的工作量，可让孩子们在室内或室外的洗浴盆或水槽内玩耍。

## 我在活动

### 倒水

如果孩子之前没有玩过倒水，那么可以先给他们两个空杯子，让他们往其中一个杯子内装些水。然后提议将刚刚装至杯子内的水倒到另一个空杯子当中。当孩子从一个杯子向另一个杯子倒水的时候，成人可以描述水是如何从一个杯内流出并进入另一个杯子里的。在最初几次倒水的时候，让孩子们用双手进行操作。有了多次倒水经验后，可以让孩子尝试单手操作（右手或左手）。在初始阶段，可以让孩子们在两只杯子互相接触的情况下进行倒水。一旦他们掌握了要领，可以让他们试着在两只杯子稍微分开一点距离的情况下倒。之后还可以让他们试着进一步将上方倒水的杯子抬至更高进行倒水，看看他们是否可以成功将水倒进另一个杯子中。

## 看我成长

### 什么是一点儿？什么是太多？

随着孩子们掌握了倒水的要领，让他们往杯中只倒一点儿水，之后再倒足够的水至杯口处，接下来再倒就会使水从杯中溢出。同样，起初让孩子用双手倒，当有了一定经验后，试着单手操作（右手或左手）。在游戏过程中，成人可以讲述少量是什么样子，过量是什么状态，还有什么是刚刚好。

## 我已掌握

### 不要让船下沉

等孩子们理解了过量、少量以及刚刚好的概念后，可以换一种不同的容器进行游戏。这种改变可以挑战孩子们运用他们的新技能的能力，向他们展示过量、少量及刚刚好的概念是可以应用到许多不同情境中的。用一艘玩具小船，演示说明当这艘船装了过量的水后将会发生什么事情——船下沉了！和孩子们讨论多少水可以填满杯子，并和填满船只的水量进行比较。现在轮到孩子们去操作了。让孩子们往小船里倒水，并且试着不让小船下沉。可想而知，他们一定会使小船下沉的。当这个状况发生的时候，和孩子一起咯咯地笑吧，之后让孩子再一次地尝试。接下来转换游戏的形式，看看他们多快可以让小船下沉！

---

**幼儿发展阶段**

淘气鬼　　奔跑者　　跳跃者

**活动价值**

感官　平衡　直觉　力量　协调力　控制力

**潜在价值**

肌肉力量
力量控制
评估能力

**语言**

出去
进来
太多
太少
足够

**安全**

在孩子玩水的同时进行监督；使用不易打破的容器。

**活动器材**

杯子　水
沙土　玩具船

## "智慧的脚步"游戏　　游戏 11: 玛多

小朋友们往往对脚印很着迷。将他们的专属物刻印在大地上，不仅可以让孩子们感觉自己很强大、很重要，而且还可以帮助他们认识到时间与空间的抽象概念。一个手印或者一个脚印都是一种有具体形态的记号，告诉自己或别人"我之前在那里"、"现在我在这里"。

### 准备开始！

有一个神秘又泥泞的生物，名字叫作玛多，她就生活在你的游戏场里。玛多非常喜欢泥巴，但玛多却很害羞。事实上，从来没有一个人真正看见过她！那我们怎么知道她就生活在那里呢？那是因为每次下雨的时候，玛多就会跑出来玩耍，在泥泞的地面上留下了她的脚印。我非常愿意在某一天去见一见玛多。你可以帮助我找到她吗？无论有多少的泥巴或湿沙土都可以。如果你手边没有湿沙土或泥巴，将面粉铺撒在路面上也行。在冬季的时候，同玛多的堂兄雪玛多一起玩耍吧！此外，还可以用生面团做有趣的手指刻印游戏。同时也请记住，世世代代，肥皂与清水都可以带走小朋友身上的泥巴！

第二十六章 "智慧的脚步"游戏　289

## 我在活动
### 追踪玛多

如果孩子是第一次玩泥巴，可以先向孩子展示如何在泥巴上留下脚印。之后让孩子自己在上面用力地走，制作很多脚印。注意观察，孩子是如何发现留在他身后的脚印的。对于第一次玩这个游戏的孩子来说，也许这些已经足够了。但如果他想要更多，请继续。

## 看我成长
### 想象玛多

鼓励孩子向你描述在他们脑海中玛多的脚印是什么样子的。例如，询问孩子："我在想玛多的脚有多大呢？""我在想玛多有多少个脚趾头呢？""我在想玛多有多少只脚呢？""我在想玛多今天会去哪里呢？""我们应该为她铺条小路么？"让孩子的想象力去引导你的提问。

## 我已掌握
### 与玛多会面

如果你真的具有冒险精神，可以在泥泞中进行游戏。对孩子说："我在想玛多的手是什么样子的呢？""如果玛多将她的手压到泥巴上会是什么样子的呢？""如果我们在泥巴上给她画像，也许玛多会跑出来玩。"最后，你可以对孩子说（但绝对不适用于内心胆小的家长）："我在想，在泥巴里来回翻滚的玛多是种什么感觉呢？"

## 幼儿发展阶段

走不稳　　奔跑者　　跳跃者

## 活动价值

感官　平衡　直觉　力量　协调力　控制力

## 潜在价值
身体意识
感官发展
肌肉力量

## 语言
在里面
有关感官的词语

## 安全
请确保孩子有足够的空间玩耍

## 活动器材
泥
沙
橡皮泥

## "智慧的脚步"游戏　游戏12: 沙包

沙包以它的大小、形状、重量以及材质等特性，成为一个理想的工具，去训练孩子们的直觉。沙包可以配合着孩子小手的抓握方式随意成形，同时沙包还可以帮助孩子学习控制肌肉的力量和强度。此外，沙包不会到处滚动，令孩子在游戏中更为专注。你也可以通过许多不同的方式利用沙包达到各种不同的学习目的。在这里，我们将会列举三个游戏，分别可以培养孩子们听从指令的能力、锻炼短期记忆的能力以及增强体格。

### 准备开始!

镇上来了一批新的玩具，它们已经准备好同你一起玩耍了！它们叫作"沙包"。但是有一个小问题，沙包们不会玩任何游戏。你可以教给沙包们一些你喜爱的游戏吗？

### 我在活动

**和沙包见面**

**握手**：沙包可以用来很好地锻炼手掌肌肉的力量，所以可以让孩子们先从与沙包"握手"开始。让孩子们站起来围成一个圆圈，然后轮流传递沙包给旁边的人。首先，以向右传递开始游戏。每位小朋友用左手接住传递过来的沙包，然后换到自己的右手，再传递给下一位小朋友。之后再以相反的方向进行传递沙包的练习，这样两只手都能获得传递体验。

**上下交替传**：改变传递方式，让一个孩子从他的头上传递给下一个孩子，而下一个孩子从他的两腿之间传递给再下一个孩子，之后如此上－下轮流交替传递沙包。交替式玩法可以帮助孩子开发短期记忆能力、韵律感、时间感以及增强团队协作能力。

**脚传脚**：让孩子们脱下他们的鞋子和袜子，坐在地板上围成一个圆圈，然后用脚去传递沙包。这种扭动传递法使整个身体都专注于完成这个简单的任务。

### 看我成长

**飞翔的沙包**

**投掷**：瞄准目标式的游戏，可以挑战孩子们的直觉力、韵律感、时间点掌控力以及控制力。设定一个瞄准目标——一个环状物（如呼啦圈）、一个桶状物或者任何随手就能拿到的物品，然后给孩子展示沙包如何从空中飞向目标。让孩子们两只手交替进行游戏，并且每完成一轮后，让孩子们远离目标一步以增加挑战难度。

弹：让每个孩子在他们的脚面上放置一个沙包，然后试着瞄准目标并用脚踢出沙包。这样的玩法有些难度，或许需要练习几次才能做到。这个游戏有助于锻炼控制脚部力量以及单脚支撑平衡力。请确保交替双脚去玩此游戏。

## 我已掌握

### 晚安，沙包们

当玩够的时候，也到了沙包们回到玩具箱中享受舒适睡眠的时间了。用一种简单的累积指令式游戏玩法，把收拾整理的时间变为一段充满乐趣且具有挑战性的游戏时间。从给出两条指令开始，之后三条、四条以此类推。可以根据孩子的能力制定该游戏的指令，同时可以观察孩子们完成指令的次数。例如：

- 把沙包放在你的头顶上然后向前走三步。
- 把沙包放在你的头顶上，向前走三步，然后将你的脑袋向前倾斜。（沙包会掉在地上）
- 把沙包放在你的头顶上，向前走三步，脑袋向前方倾斜，从沙包上方跳过去，然后原地转一圈。

累积指令式游戏可以锻炼短期记忆力，同时又可以提供各种各样的身体挑战。当孩子们到达他们记忆力的极限，便可向孩子们传达最后的指令，让他们将沙包放入玩具箱中。

---

**幼儿发展阶段**

奔跑者　　跳跃者

**活动价值**

感官　平衡　直觉　力量　协调力　控制力

**潜在价值**

节奏和时机
力量管理
眼手协调
精准性
平衡感
记忆力
团队协作

**语言**

左右
下面、上面、穿越
向前、环绕、直线

**安全**

请确保孩子有足够的空间玩耍

**活动器材**

沙包

## "智慧的脚步"游戏　游戏 13: 翻转

翻转,可以说是宝宝们独立完成的第一个重要的全身运动。它标志着宝宝不久就可以独立移动了。

### 准备开始!

翻转的窍门是转动臀部以产生翻转全身所需要的推动力。给予宝宝一些简单的辅助,使他们最终可以独立完成此动作。

### 我在活动

**翻滚**

让宝宝平躺在你的肚子上,你和宝宝都面向天花板。请支撑着宝宝,并温柔地将他在你的双臂间来回摇动,嘴中哼唱着:"每个人都在翻滚呀,翻滚呀,翻滚;每个人都在翻滚,就像我一样!"这种从一侧到另一侧的移动,可以使宝宝体会到翻滚至侧面时的感觉。

### 看我成长

**翻转**

让宝宝平躺在地板上,如果可能,让他光腿光脚。托住宝宝的臀部,然后向两侧摇动。这样做可以让宝宝体会到臀部运动的窍门(独立翻滚的开端)。与此同时,要告诉宝宝你正在做什么,他的小屁股是如何从一侧翻滚至另一侧的。

### 我已掌握

**过来就给你!**

平躺在宝宝身旁,手中拿着宝宝最喜欢的玩具,在刚好宝宝无法碰到的地方去吸引和鼓励他。这样做可以帮助宝宝完成翻转动作,同时伸展他的身体。

### 幼儿发展阶段

新生儿

### 活动价值

感官　平衡　直觉　力量　协调力　控制力

### 潜在价值

平衡感
肌肉力量
独立移动
拥抱时光

### 语言

越过
后面
前面
从一边到另一边

### 安全

请非常温柔且缓慢地做这个游戏,并在过程中给予宝宝帮助。如果宝宝不喜欢,请停止。

### 活动器材

无

# "智慧的脚步"游戏　游戏 14: 逃走的泡泡

气泡缓慢且优雅地悬浮在空中，是孩子们很棒的玩伴，可以培养他们的视觉追踪能力、眼手协调能力以及耐力。

## 准备开始！

泡泡逃跑了！我们必须抓住它们并放回瓶子里！为了玩这个游戏，你必须保证有充足的泡泡。按照下面的配方来制造泡泡。如果你有泡泡机，那就用它制造出许多许多的泡泡吧。

- 1杯水
- 2大汤匙的玉米糖浆或者2大汤匙的甘油
- 4大汤匙洗洁精或者宝宝洗发精

## 我在活动
### 泡泡在逍遥法外！

鼓励孩子们用他们的双手去抓泡泡。过一会儿，你可以大声喊道："我想知道你能用拇指去捉泡泡吗？"当孩子成功完成的时候，强化他们的成就感："你可以用拇指抓住一个泡泡！你简直太聪明了！"随后，建议用另一种方式去抓泡泡："嗯，如果你都可以用拇指抓住那些不断逃窜的狡猾的泡泡，我在想你是不是还可以用别的方式去抓泡泡呢？"也让孩子自己出一些主意，然后继续开展这场追逐的游戏。

## 看我成长
### 扇动泡泡

这一次，不去捅破泡泡，而是让孩子们去吹泡泡，让泡泡保持悬浮在空中的状态。接下来，建议他们用一张纸或硬纸板去扇动泡泡，使泡泡飞回到他们的瓶子里。扇动泡泡，而非捅破它们，需要更多具有控制力的动作。最后，在不让泡泡爆破的前提下，让孩子们试着用手去抓住泡泡。他们必须采用非常柔和、轻巧的动作才可以完成。

## 我已掌握
### 拍打泡泡

让孩子们有节奏地用双手拍打泡泡，为此游戏增添一些韵律感。拍打这里的泡泡！拍打那里的泡泡！拍走你的烦恼！

## 幼儿发展阶段

走不稳　淘气鬼　奔跑者　跳跃者

## 活动价值

感官　平衡　直觉　力量　协调力　控制力

## 潜在价值

视觉追踪
暂时意识
眼手协调

## 语言

向上　向下
在　　身体部分

## 安全

请使用无香型泡泡；确保孩子有足够的空间来追泡泡。这个游戏最好能在户外进行，如果非要在室内进行，地面一定不能湿滑。

## 活动器材

泡泡
泡泡机（可选）
几张纸或者卡片

## "智慧的脚步"游戏　游戏15: 狭窄与宽阔

当孩子们通过身体去体验言语表达的时候，他们对词语以及其潜在概念的理解会加深。

### 准备开始!

你如何区分狭窄和宽阔呢？用身体来表达狭窄与宽阔，创建一种物理感受，这将会帮助孩子们更好地理解他们周边的环境和其他对象。

### 我在活动

**变窄与变宽**

让孩子们围成一个圆圈坐下，开始一场关于狭窄与宽阔的讨论。让他们用身体去展示什么是狭窄与宽阔。让孩子们将双腿向前方伸展开来，当它们靠拢在一起的时候，描述两腿之间是如何变窄的。随后，让孩子们将双腿向身体两侧展开，描述他们的腿是如何分离变远的。还可以让孩子们站起来，重复这项游戏。双腿并拢站立（狭窄），然后双腿分开站立（宽阔）。这样做有助于孩子们进一步加深对于定向概念的理解。最后，让孩子们向你展示用身体还可以怎样表现出狭窄与宽阔。比如以双臂为例。若用手指去表现，会怎么样呢？他们可以将自己的嘴变窄么？那变宽呢？

### 看我成长

还有什么可以变窄？还有什么可以变宽？

接下来，我们将狭窄与宽阔的概念转移至其他的对象上。以一个长绳索为例，让孩子们看着你将绳索摆成一个V形，其中一头是狭窄的，另外一头是宽阔的。让孩子们从绳索狭窄的地方跨过去，然后让孩子们从绳子宽阔的那端跳过去。这种简单的比较，可以帮助孩子们意识到狭窄与宽阔的区别。

### 我已掌握

**越走越窄，越走越宽**

为了演示绳索从狭窄至宽阔的变换，让孩子们站在绳索最狭窄的那端，并用双脚沿着绳索的两边向着越来越宽阔的方向行进。请记住，在游戏过程中需要用狭窄和宽阔这两个词语去描述。接下来，让孩子们从宽阔的那端开始，走向狭窄的那端。当他们对这

第二十六章 "智慧的脚步"游戏　295

两个概念熟悉后,让他们扮演不同的动物沿着绳索行走。例如,让他们模仿猴子走路的样子或者扮演小兔子沿着绳索跳跃行进,等等。

### 幼儿发展阶段

淘气鬼　　奔跑者　　跳跃者

### 活动价值

感官　平衡　直觉　力量　协调力　控制力

### 潜在价值

跳
平衡感
稳定性
身体控制

### 语言

狭窄
宽阔
沿着
穿越
越过

### 安全

请确保孩子有足够的空间来移动。绳索一直放在地面上。

### 活动器材

长绳子

## "智慧的脚步"游戏　游戏16：小鸡快跑

对于孩子而言，竭尽全力的、高能耗的游戏是一种最简单、最自然的培养力量、体魄以及毅力的方法。

### 准备开始！

所有小鸡都陷入慌乱中了！在公鸡啼叫之前，他们必须找到一个篮筐将鸡蛋放进去！但是那么多的小鸡，那么多的鸡蛋，那么多的篮筐……可以想象，鸡毛已经开始漫天飞舞了！数一下参与游戏的孩子人数。根据人数在地上分散摆放相应个数的篮筐或纸板（作为篮筐），然后分发给每个小朋友一个不同颜色的沙包（作为鸡蛋）。每只小鸡都需要找到一个篮筐以保护鸡蛋的安全。但是，以下几件事情是需要注意的：

- 每个篮筐中只能有一个鸡蛋；
- 你不能把鸡蛋放到离你最近的那个篮筐中；
- 当公鸡鸣叫的时候，游戏才开始；
- 当公鸡再次鸣叫的时候，游戏要停止。之后当公鸡又一次鸣叫的时候，小鸡必须为他们的鸡蛋寻找另一个不同的篮筐。记住，每个篮筐中只能放一个鸡蛋。

### 看我成长

**小鸡加油！**

当孩子们掌握了游戏的基本玩法后，便可加快游戏的节奏。你一边激励孩子们动作要快些，小跑起来，一边将两次鸣叫的时间间隔缩短。这一次，当公鸡鸣叫的时候不要停止动作，而是赶快让小鸡们去寻找另一个不同的篮筐！

**小鸡快跑**

在寻找篮筐的时候，让孩子们像小鸡拍动它们的翅膀一样，在身体两侧拍动双臂，羽毛也跟着在空中飞舞起来。然后，让孩子们用双膝夹住他们的鸡蛋，一边拍动着翅膀，一边去寻找空篮筐。可以预料到小鸡们会不断发出咯咯的笑声。

### 我在活动

**篮筐中的鸡蛋**

像公鸡一样鸣叫。放慢节奏，让孩子们能够充分了解本游戏的玩法。首先，让孩子们将鸡蛋放入他们所选择的篮筐中。当每个孩子都成功地找到一个空篮筐的时候，再次模仿公鸡的鸣叫。如果在本轮游戏中，有一个篮筐中放了两个鸡蛋，鼓励（或指导）孩子们去思考他们需要做什么来解决这个问题。

### 我已掌握

**狐狸来了！**

现在小鸡们当家做主了，拿掉一个篮筐，玩一个类似于抢凳子的游戏。开始啦！当你模仿出本轮最后一声鸣叫时，其中一个孩子将会有一个无家可归的鸡蛋。但是她并不会出局，而是变成了一只狐狸！告诉孩子们鸡舍中出现了一只狐狸。"时刻保持警惕，因为出现了一只鬼鬼祟祟专门偷换鸡蛋的狐狸！"接着开始下一轮的游戏，指导狐狸悄悄地将别人的鸡蛋偷换成她的鸡蛋。当这轮游戏结束的时候，有一个孩子将会失去他的鸡蛋。到下一轮游戏时，我们会让失去了鸡蛋的孩子和狐狸交换鸡蛋，同时也交换角色。

### 幼儿发展阶段

跳跃者

### 活动价值

感官　平衡　直觉　力量　协调力　控制力

### 潜在价值

健身
策略
目标意识
耐力
空间意识
社交发展

### 语言

进入
穿越
越过

### 安全

请确保孩子有足够的空间来移动

### 活动器材

篮筐
沙包

## "智慧的脚步"游戏　游戏17: 手脚互动

让宝宝们清楚地认识自己的手和脚非常重要，之后他逐渐有了身体意识。

### 准备开始！

我们可以在任何时候与宝宝的手脚进行互动——在游戏的时候，在换尿布的时候或者亲热搂抱的时候。

### 我在活动

**骑自行车**

将宝宝平躺放置在地板上。轻柔地让他的双腿像骑自行车一样运动。"上山"的时候慢点骑，"下山"的时候快点骑。这样做有助于宝宝的肌肉和大脑更好地体会独立运动和速度变化。

### 看我成长

**手脚互动**

轻轻抬起宝宝的右手和右脚并将它们靠拢在一起，然后缓慢地将腿拉伸，之后再缓慢地将手臂拉伸。左手和左脚也进行同样的动作。当宝宝通过触摸等动作开始意识到他的手和脚时，他不仅有了身体意识，而且开始察觉到他身体的不同部位在不同时刻进行运动是种什么样的感觉。这一点对于宝宝接下来开始独立移动至关重要。

### 我已掌握

**交叉**

抬起宝宝的右手臂，轻轻地越过他的身体，到达他的左手臂，然后抬起左手臂来触碰右手臂。另外，双腿也重复这个动作。以一种类似舞蹈的方式去温柔并欢快地做这几组动作。事实上，伴随着柔和的音乐去做此动作会更好。愉悦的心情，有助于学习。

第二十六章 "智慧的脚步"游戏

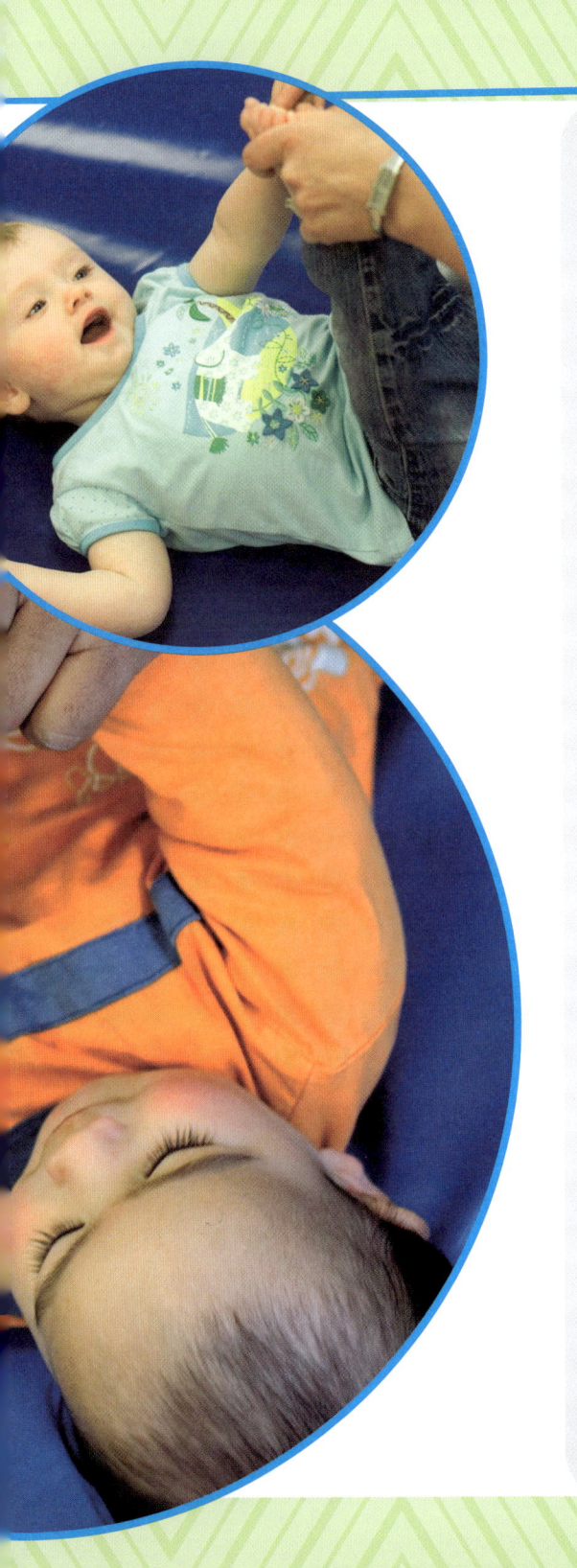

### 幼儿发展阶段

新生儿　　小爬虫

### 活动价值

感官　平衡　直觉　力量　协调力　控制力

### 潜在价值
身体意识
肌肉力量
联结
安全感

### 语言
结束
身体部分

### 安全
每次进行这项游戏时，请注意动作要轻柔且缓慢，时刻观察孩子的反应和接受程度。

### 活动器材
无

## "智慧的脚步"游戏  游戏18：农场大门

让身体的各个部位同时进行不同活动，非常有助于发展人体中央轴。

### 准备开始！

也许该游戏看起来很简单，但对于年龄较小的孩子们来说却是具有一定挑战性的，所以需要缓慢展开并且允许重复练习。你需要坐在地板上并让孩子坐在你的前面。向他们解释在他们面前有两种不同的大门：一种是羊群通过的门（你的双臂），一种是牛群通过的门（你的双腿）。农场的场主今天非常忙，因此需要我们帮助看管大门让牛群和羊群进出农场。今天你可以在农场帮助他解决这个大问题吗？为了让牛羊离开农场，请张开你的双臂或双腿。为了让它们继续待在农场里，请合拢双臂或双腿。对于年龄小的孩子，观察他们的动作，然后温柔地指导他们做稍微复杂的动作。

### 我在活动
#### 羊来了

游戏马上开始。敞开羊群大门（双臂），然后再关上。多次重复这个动作，并尽可能缓慢地调整张合速度，以帮助孩子掌握这个游戏的要点。

牛来了！现在按照相同的方法用双腿作为大门让牛群出来。再次关上大门。根据需要可适当地进行多次练习。

### 看我成长
#### 单行道

接下来，可以交替进行以上步骤了。每次变化一种手臂和腿的动作。例如，该放羊群出来了，但是我们必须让牛群留在农场里面。以下动作，一次只做一种：1.让羊群出来。（张开双臂）2.让牛群进来。（合拢双腿）3.让羊群进来。（合拢双臂）4.让牛群出来。（张开双腿）多次重复游戏，或者只要孩子们喜欢，经常开展此游戏。

### 我已掌握
#### 双行道

现在你们已经很擅长看守大门了，接下来可以尝试着在同一时间运动双臂和双腿了。1.让羊群和牛群同时出来。（张开双臂和双腿）2.让羊群和牛群同时进来。（合拢双臂和双腿）

混合动作：1.同一时间让羊群出来而让牛群进来。2.同一时间让羊群进来而让牛群出来。

#### 散兵游勇

偶尔会有一头小牛或小羊掉队，很晚才回到农场。这是一份为老练的看门人准备的工作！每次只开一扇门，然后慢慢地打开另一扇门，同时关闭之前已经打开的那扇门。例如：1.张开你的右臂，然后右腿。2. 张开你的左臂，同时收回你的右腿。3. 双臂合拢同时张开左腿。当你将各种不同开关大门的动作组合在一起的时候，这种动作模式会变得有些难度。因此慢慢地开展此活动，并且观察孩子们接受的程度。如果孩子感到疲惫了，让牛群和羊群再等一天是没有问题的。

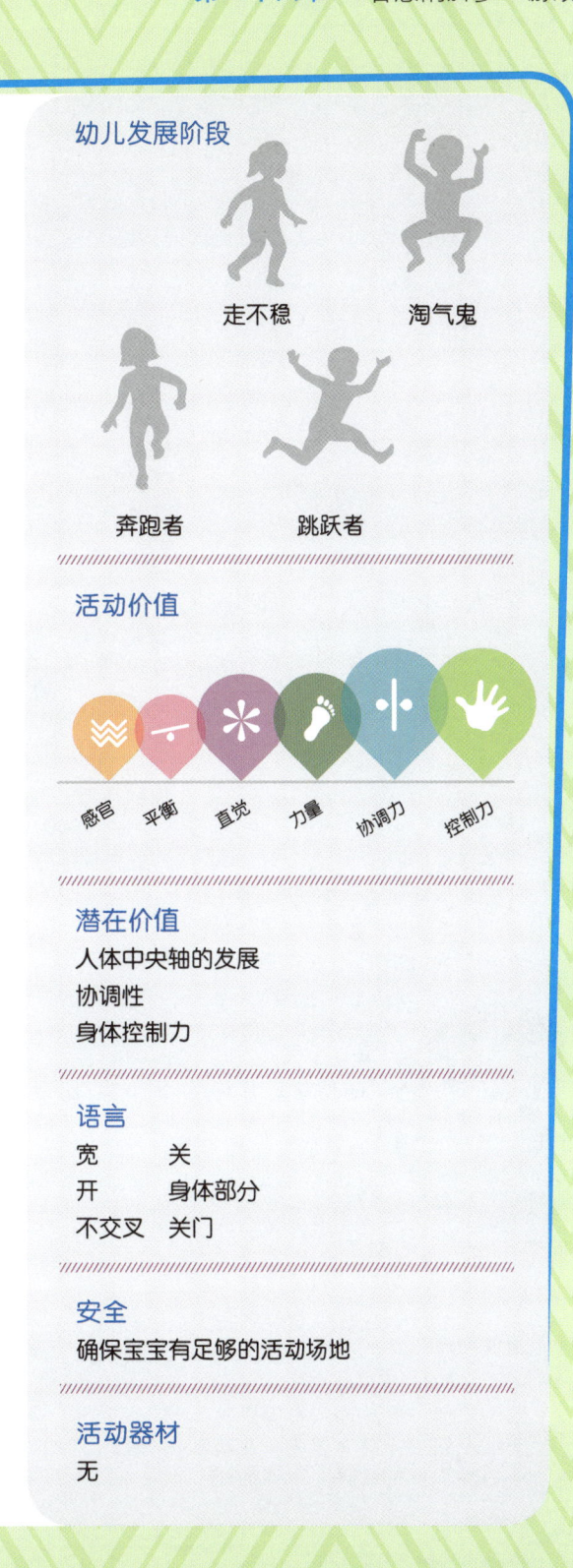

## 幼儿发展阶段

走不稳　　淘气鬼

奔跑者　　跳跃者

## 活动价值

感官　平衡　直觉　力量　协调力　控制力

## 潜在价值

人体中央轴的发展
协调性
身体控制力

## 语言

宽　　　关
开　　　身体部分
不交叉　关门

## 安全

确保宝宝有足够的活动场地

## 活动器材

无

## "智慧的脚步"游戏　游戏 19: 拧麻花

人体中央轴的发展几乎贯穿于整个成长发育的早期，尤其是交叉横向运动，需要数年时间才能掌握。像麻花一样扭曲身体，是一个很棒的用来鼓励孩子们交叉所有的三条身体中轴线并锻炼协调能力的方式。

### 准备开始！

人体中央轴的发展几乎贯穿于整个成长发育的早期。你会发现当孩子们在做此项活动的时候，会呈现出不同的能力等级。仔细观察，以确保孩子们在做这些扭曲的动作时没有产生挫败感。

### 我在活动

**十字交叉抓取**

将玩具都堆积到屋子的中央，然后在离玩具堆比较近的位置上放一个篮筐。让孩子们将右手从左手上方交叉至左手左侧，然后用交叉的两只手随便从玩具堆里抓出一个玩具放到篮筐中。接着玩下一轮，此次将左手从右手上方交叉过去。

### 看我成长

**交换动作**

同孩子一起坐在地板上，双腿向前伸展出来。右脚踝关节从左脚上方交叉过去，让孩子们做同样的动作。当你大喊"交换"的时候，交换两个踝关节的交叉位置——左脚踝关节在右脚踝关节上面。经过几个回合后，按照同样的方法交叉双手进行游戏。在你真的很擅长做这些动作后，可以将你的右手和你的左脚进行交叉动作的变化练习。

### 我已掌握

**拧麻花**

利用十字交叉的手和缠绕的脚，可以开展一项跑向篮筐的拧麻花大赛！双手十字交叉随便抓一个玩具，然后传递给下一个游戏者，并让他在两个脚踝缠绕的情况下，想办法移步到篮筐位置！

### 幼儿发展阶段

奔跑者　　跳跃者

### 活动价值

感官　平衡　直觉　力量　协调力　控制力

### 潜在价值

人体中央轴的发展
协调性
身体控制力
组织力

### 语言

交叉　　不交叉
左　　　右

### 安全

确保宝宝有足够的活动场地

### 活动器材

无

# "智慧的脚步"游戏　游戏20: 踏上魔法台阶

随着孩子的成长，他们具有在动态情景下反应的能力，这预示着孩子对身体的控制趋于成熟。

## 准备开始！

到处都是魔法，所以当你迈出步子的时候要小心哦！找来十二个足够大的孩子们可以踩上去或踩进去的物品，其中的六个是一种颜色（作为魔法步阶），余下的六个是另一种颜色（作为踏脚石）。篮筐是做这种大幅度动作游戏的最好选择，但是如果你没有篮筐，其他的一些比较合理的物品也是可以的，譬如纸板。将篮筐或纸板放置在游戏区域，围成一个大圆圈。向孩子们解释其中的六个道具是魔法台阶。当你踏进去的时候，一些神奇的事情就会发生。而剩下的那六个道具只是踏脚石，踩上去的时候不会发生神奇的事情。

## 我在活动

### 一次一步

游戏之前，告诉孩子们迈到踏脚石上，之后当他们踩上魔法台阶时，他们必须旋转一圈。让孩子们排成一行，并依次踏上台阶，迈步以及旋转。每完成一回合后，改变踩上魔法台阶时的动作，例如双脚跳跃、单脚跳跃、鼓掌，等等。

## 看我成长

### 踏上魔法台阶

在每个魔法台阶上增添一个动作。例如，先转身然后触碰你的脚趾头。随着孩子们在游戏中表现得越来越好，可以逐步增添一种动作：转身，触碰你的脚趾头，然后触碰你的鼻子。接下来，再添加另一种动作：转身，触碰你的脚趾头，触碰你的鼻子，然后跳向空中。这种游戏方式锻炼了短期记忆力。根据孩子们的记忆力水平，来确定魔法动作的数量。

## 我已掌握

### 创造魔法

当孩子们已经充分了解并完全掌握游戏要点后，就该将主权移交给孩子们了。让孩子去讨论在魔法台阶上会有哪些魔力可以发生，并让孩子们自己去决定游戏的动作。接下来，就按照孩子们自己设定的魔法动作去玩几个回合吧。

## 幼儿发展阶段

奔跑者　跳跃者

## 活动价值

感官　平衡　直觉　力量　协调力　控制力

## 潜在价值

空间意识
想象力与创造力
记忆力
协调性
跟随指令
社会性发展

## 语言

进　　出
通过

## 安全

确保台阶之间有足够宽敞的空间，可以让宝宝自由移动；当他需要平衡的时候协助他

## 活动器材

篮筐或者其他可以当作台阶的材料

## "智慧的脚步"游戏　游戏 21：视觉跟踪

视觉跟踪的能力始于婴儿早期，且在生命的早期阶段一直不断发展。温柔地鼓励婴儿专注于某一个物体上并活动眼球，这可以很好地帮助锻炼眼部肌肉，这是日后孩子阅读时会用到的部位。

### 准备开始！

在本游戏中你所需要准备的仅仅是可以吸引住宝宝并且很容易让他们抓住的物品，例如一条彩带或者毛绒玩具。

### 我在活动

**吸引注意力**

让宝宝平躺在一个安全的表面，最好是地板。手中拿一个绸带、围巾或者彩带置于宝宝上方（大约距宝宝眼睛 8 英寸的高度，因为这个距离对于每个婴幼儿而言是最理想的焦距距离）。缓慢地左右摇摆彩带来吸引宝宝的注意力。慢慢地将彩带尽量远地移向左侧或者右侧，最后使彩带移出宝宝的视线范围。这样做是为了鼓励宝宝跟随彩带移动她的眼球。然后再将彩带返回至宝宝的视线范围内，这样可以训练宝宝的注意力。

### 我已掌握

**有意识的抓取**

帮助宝宝抬手够彩带。当彩带触碰到宝宝手指时，产生的那种搔痒感为宝宝带来了一种多感知的体验，这也让宝宝产生了伸手去抓取彩带的想法。随后，鼓励宝宝试着跟随彩带去移动双手，这是培养手眼协调性最早期的方法。

### 看我成长

**往上看**

俯卧也是玩这个游戏非常棒的方式。宝宝已经可以独立翻滚，肚子朝下俯卧时，在她的面前摇动彩带，这样可以鼓励宝宝抬头去注视及追踪彩带。每次不要超过她保持头部直立姿势的承受时间。如果超出了该承受范围，不要强迫她维持那种姿势。每当宝宝开始抬起她的头部的时候，她都在加强脖颈与上半身的力量，这是从原始反射过渡到姿势反射的关键要素。

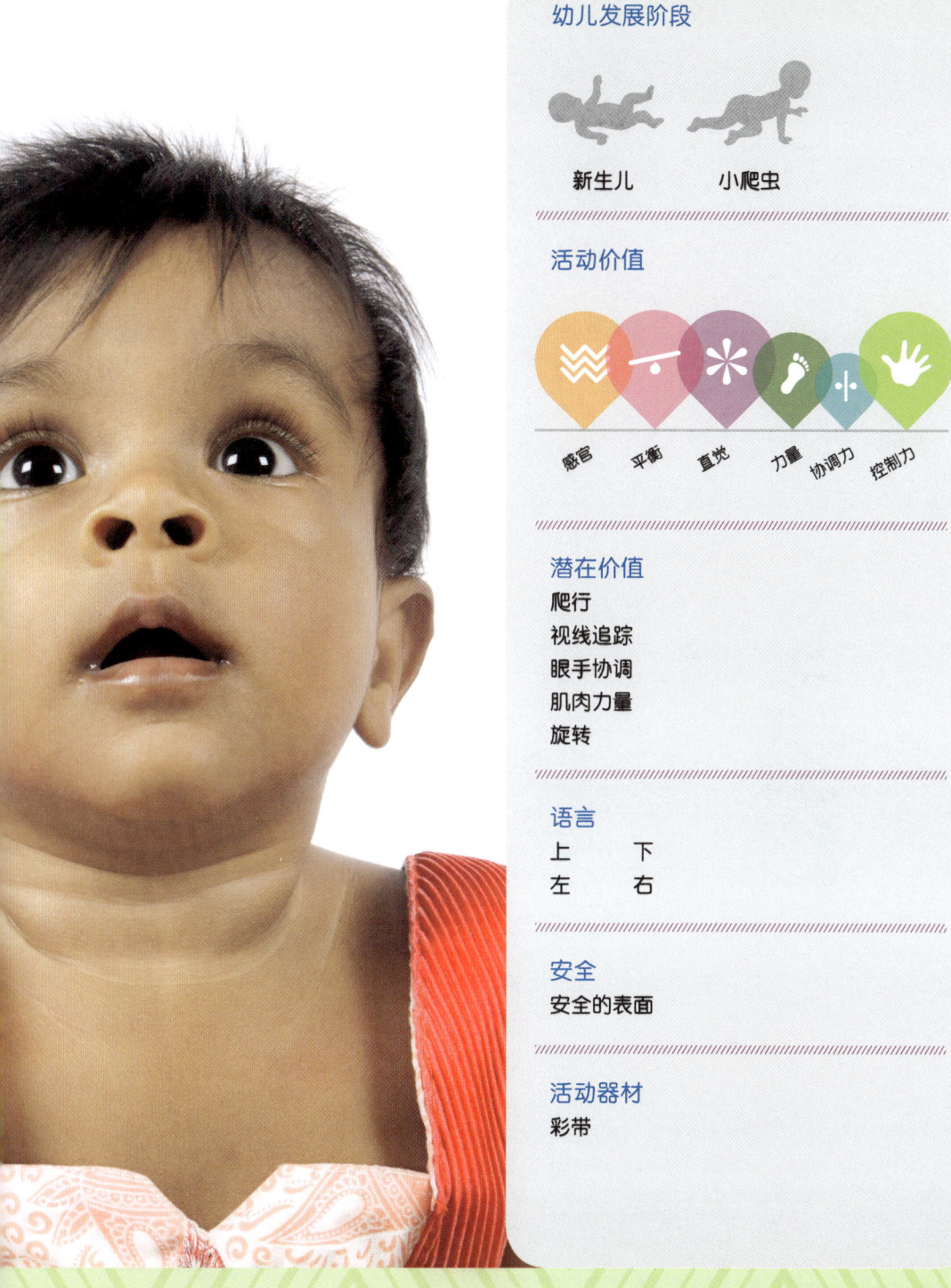

第二十六章 "智慧的脚步"游戏　305

#### 幼儿发展阶段

新生儿　　小爬虫

#### 活动价值

感官　平衡　直觉　力量　协调力　控制力

#### 潜在价值
爬行
视线追踪
眼手协调
肌肉力量
旋转

#### 语言
上　下
左　右

#### 安全
安全的表面

#### 活动器材
彩带

## "智慧的脚步"游戏  游戏22：宝宝掌舵

当宝宝支起身体并且左右摇摆的时候，就是他们准备爬行的时候了。他们正在尝试维持这个姿势，也在加强自身平衡力，从而摆脱头部和臂部剩余的原始反射，使自己可以前进。但是从哪里开始呢？宝宝们去往哪里与他们想到哪里去没有太多关系，而是与他们身体的哪些部位比较有力量相关。例如，事实上一些宝宝开始爬行的方向是向后而不是向前，因为他们上肢肌肉比他们的双腿更早准备好爬行了。

### 准备开始！

如何帮助爬行新手们去往他们想去的地方？我们可以同他们一起卧倒在地板上。

### 我在活动

**起跑架**

为了鼓励宝宝向前爬行，在他的视线前方放置几个他最爱的玩具。如果这样做还是不够的话，来到宝宝的背后，把你的双手当成一个稳固的平台或者起跑架，让宝宝双脚借力推进开始行进。要注意：请确保是宝宝自己在用力，而不是你施力在宝宝身上。

## 看我成长

### 向前进！

一旦宝宝开始向前行进，鼓励宝宝，让他们尽可能爬得远一些。例如，宝宝们常常着迷于灯光。用一个手电筒将光束打到地板上，让宝宝追寻着地板上的光亮爬行并且试着抓住它。

## 我已掌握

### 宝宝掌舵

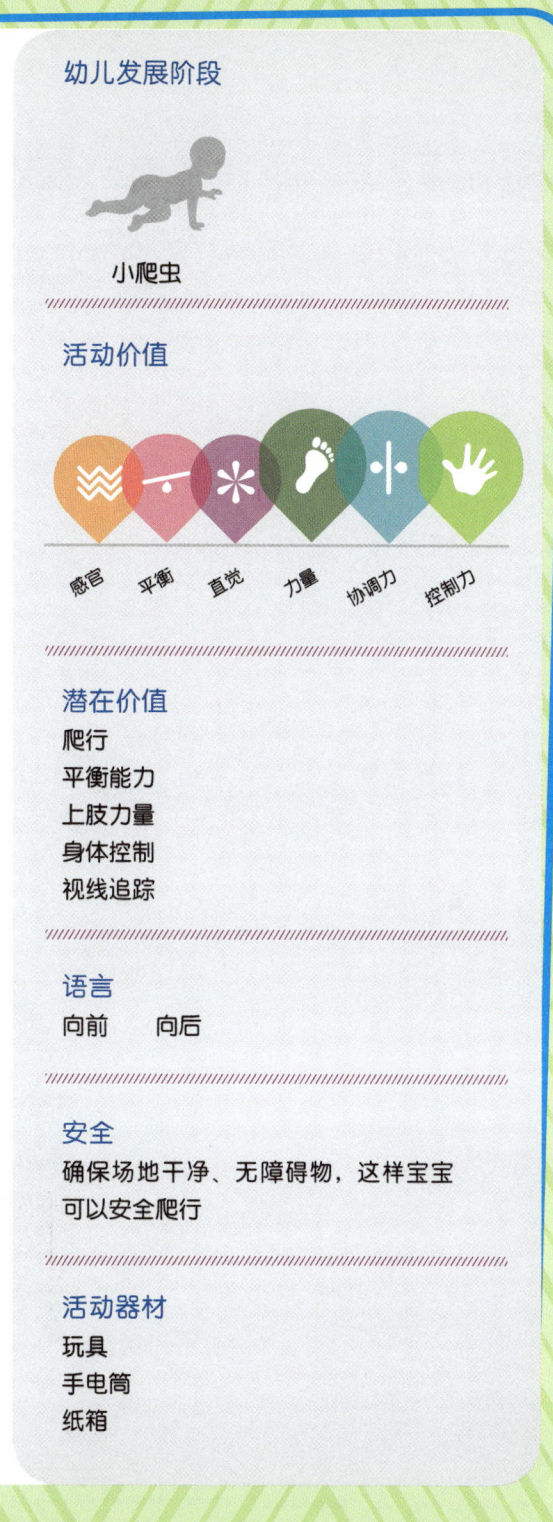

首先，为了改变方向，宝宝们通常会使他们自己先处于坐立姿势，然后转身以改变方向，再从这个位置出发行进。这些都是宝宝开始有意识地控制身体的信号。为了帮助宝宝学会在爬行中变换方向，可将他们喜爱的玩具分散摆置在房间内，这样可以吸引宝宝，让他们找出如何从房间内的一处向另一处移动的解决办法。接下来，在房间内摆置一个爬行环形回路，设立一些纸箱，从中爬行穿过。你坐在地板上，鼓励宝宝移动到或穿行至不同的区域。当宝宝的转向能力有进步的时候，观察他是用什么方法轻松地变换方向的。

---

### 幼儿发展阶段

小爬虫

### 活动价值

感官　平衡　直觉　力量　协调力　控制力

### 潜在价值
爬行
平衡能力
上肢力量
身体控制
视线追踪

### 语言
向前　向后

### 安全
确保场地干净、无障碍物，这样宝宝可以安全爬行

### 活动器材
玩具
手电筒
纸箱

## "智慧的脚步"游戏　游戏23：游戏时间到

如今的孩子，从早上睁开眼睛起床后，他们便开始不停地穿梭于不同地方。他们的生活是忙碌的，大人们期望孩子能跟上这样的节奏。学校里，孩子们需要在活动与活动之间进行转换。但是当孩子们不想或者并没有做好准备的时候，从这样到那样的切换意味着压力。当这种情况发生的时候，我们可以做的事情只有一种：让这个转换的过程变得有趣！

### 准备开始！

扮演动物，可以让任何事情变得有趣！让想象力融入其中，让活动充满欢乐。你可以在每天的过渡时间，尝试这些随时都可以玩起来的游戏。

矮胖的熊是如何攀爬的？我想知道章鱼是怎样穿过草坪的？大声地嘟囔出自己的疑虑可以促使孩子们去运用他们的想象力。试着不要直接表述，譬如："向我展示一下一只老虎可以跳多高哇。"这样做就变成了你的想法，而不是孩子自己的想法。

### 我在活动

**出发吧，小动物**

每次到了离开的时候，请孩子说出心中的疑惑。例如：如果最喜爱的动物从这里走过，会是什么样子呢？你们最喜爱的动物是什么样子？它的声音听起来是什么样子？它是如何走过的？

### 看我成长

**嘀咕疑问**

一旦孩子们决定了他们想成为哪种动物后，就让他们大胆地提出想法。例如，大声地说出自己的疑虑：我想知道老虎可以跳多高？我想知道一头

## 我已掌握

### 扮演动物日

一旦孩子们掌握了游戏方法，接下来便可以变换花样了，但始终都让孩子们自己去决定。例如，如果孩子们选择成为一只老虎，一整天都扮演它，就把这一天称为老虎日。因为老虎身上有条纹，让孩子们在这一天中留心观察注意任何带有条纹的物品。让他们全天练习咆哮、奔跑以及跳跃，当然不要忘了像老虎一样时不时发出咕噜咕噜的声音。

### 幼儿发展阶段

奔跑者　　跳跃者

### 活动价值

感官　平衡　直觉　力量　协调力　控制力

### 潜在价值

想象力与创造力
适应能力
精度和准确度
组织能力

### 语言

动物语言
探索声音

### 安全

确保有足够的空间让扮演小动物的孩子移动

### 活动器材

无

## "智慧的脚步"游戏　游戏24: 刹车!刹车!

角色扮演,是一个难得的机会,让孩子们体验熟悉的事物,并且产生新的想法。

### 准备开始!
"刹车!刹车!停在路上!"

在模拟卡车进行长距离运输的游戏中,我们首先需要有一辆属于你的卡车。你可以使用三轮车或其他可以骑的玩具小车。

### 我在活动
**你开哪种类型的卡车?**

孩子们非常喜爱卡车,所以请以询问孩子喜欢驾驶哪种卡车的方式,开始本游戏。你可以利用这次绝佳的机会,来与孩子们讨论卡车的类型以及它们所承担的运输工作。如果你是自己制作卡车,用笔刷、记号笔、蜡笔按照孩子们希望的方式去打扮你的轮胎。此外,每一位卡车司机都有一个代号和手持对讲机,因此在你开始上路之前,让每位小朋友挑选一个专属手持对讲机。通过他们的手持对讲机,进行相互呼叫。

### 看我成长
**道路暗号**

设立游戏规则,这样孩子们就明白当他们行驶在路上的时候该如何进行沟通。例如:

- 在游戏过程中,卡车司机之间只能通过他们的手持对讲机去呼叫其他人。让孩子记住那些自己起的代号,这可以强化巩固记忆力及语言能力。
- 卡车司机之间必须通过对讲机同其他人进行交流。对于孩子们而言,有这样一种交流工具,可以加强游戏的梦幻色彩。
- 对于年龄稍大一些的孩子,你可以在游戏当中引入另外一种隐语,下面列举了一些词组,你也可以自己去想一些你们独有的隐语!

**隐语**

**带上你的耳朵**:请听我的呼叫
**回来**:请回复我的留言
**10-4**:好的,消息已收到。
**你的20在什么地方**:你在哪里?
**用脚踩金属片**:加速
**五月天**:救命!
**加果汁咯**:加燃料
**轰轰**:吹响你的号角

## 我已掌握

**踏上征途**

让孩子们自己决定卡车停在哪里（道路尽头、游乐场秋千处或者任何他们想停车的地方）。然后踩下油门再次启程上路！

### 幼儿发展阶段

跳跃者

### 活动价值

感官　平衡　直觉　力量　协调力　控制力

### 潜在价值

交流能力　角色扮演
社交技能　运动能力

### 语言

卡车司机之间的隐语

### 安全

请带上头盔，注意安全。请在安全空旷的场所进行。

### 活动器材

三轮车或者自行车
装饰品（可选）

## 译后记

当初决定翻译《运动塑造孩子的大脑》书稿时，完全是因为本书的专业性和作者多年的实践经验吸引了我，它在我眼中就是一本闪闪发光的作品。而此时，当我和我的小伙伴完成这本书稿时，它在我眼中就不仅仅是作品了，更像是一个在腹中孕育了十月，鲜活有力的生命。是的，在时间的河流里，这本书的翻译过程和我成为母亲的旅行不期而遇，因此它成了我文字上的新生儿。

在没有成为母亲之前，我推崇理性教育，坚信我们给予孩子的爱需要动用"大脑"而非让爱做主。每当有家长带着焦虑和紧张来咨询我关于孩子教育的问题，我都会很淡定地分析现象、给出理论依据，然后给出客观中肯的建议，最后不紧不慢地说出"每个孩子都是独特的个体，有着自己的发展路径"这样的"理论正确"的废话。而隐藏在家长提问背后的那份放大的"焦灼"、对于孩子可能"掉队"的恐惧和不知如何是好的"担心"，我真的无法感同身受。所以，那时候的我其实是在处理一个个案例，而不是在面对生命。那时候的我其实是在解决表面的问题，而没有触及更深层次的关系。直到当我踏上成为母亲的旅程，我才切身感受到什么是亲子之间的"教育"。

亲子教育，首先是"孕育"的过程。当我们和体内的这个生命同呼吸共命运，不分彼此地共生在一起，走过无数个日日夜夜，看同样的风景，感受同样的情绪，将彼此融入对方的生命中，这绝不是"独立"的关系，而是

"共生"[1]。所以，理论上说，即使当我们和孩子从生理上彻底分开的那一刻，也并不意味着这份共生关系的中断，而在未来的时光中，我们彼此的联结是越来越紧密、从未分离。特别当你的身份是母亲时，这种亲密感永远不会消失，孩子就是你身体里从未割舍过的一部分。

其次，因为这样的共生关系，亲子教育就不再是单纯的"引出"[2]，而是共生生命之间的相互影响、相互作用甚至包括吞噬行为。美国微生物学家玛葛莉丝（L. Margulis）深信共生是生物演化的机制，她说："大自然的本性就厌恶任何生物独占世界，所以地球上绝对不会只存有单独的生物。"而依照对共生关系的生物体的利弊关系，共生又可分为：寄生、互利共生、竞争共生、片利共生、偏害共生、无关共生。我们作为生物界的一部分，也同样遵守生物界的法则。从生物学的共生类型来分析当下我们所看到的亲子关系，其实也非常具有参考性。我们若培育了"衣来伸手，饭来张口"的孩子，那么我们和孩子之间是"寄生"的关系；我们若陷入与孩子相爱相杀的控制与反抗的关系中，那么我们和孩子之间是"竞争共生"，双方都将伤痕累累；我们若为孩子牺牲了自我，把所有的期冀寄放在孩子身上，那么我们那些有利于孩子发展的行为也有可能伤害了自己，造成一方的"偏害共生"和另一方的"片利共生"关系；我们若忽视了亲子关系，陷入"丧偶式"教育中，那么我们和孩子是"无关共生"。所以，问题在于，我们如何走出这些泥潭，获得高质量的"互利共生"状态呢？

首先，我认为我们需要理解每个生命内在的运作机制，我们需要解锁作为人类的我们是如何一步步进化而来的。恰巧《运动塑造孩子的大脑》这本书就是按照这个线索来一一向我们展示人类的生物性的。在翻译的过程中，我仿佛看到了一张人类进化的图谱，从胎儿最原始的反射动作到唤醒感官，从学会用腹部反转到四肢支撑，从独立站立到学会蹲下、奔跑、交叉动作、自动化协调动作，经历了新生儿、小爬虫、走不稳、淘气鬼、奔跑者、跳跃者六个鲜明的时期。而这段显性的动作发展刺激着孩子的感知觉，包括视觉、听觉、嗅觉、触觉以及我们看不见的对平衡的内在感觉和直觉，并通过语言这座桥梁，最终解锁了人类更为隐秘的大脑发展史。这都是神奇的大自然给

---

1. 共生一词在英文或是希腊文中，字面意义就是"共同"和"生活"，这是两生物体之间生活在一起的交互作用，甚至包含不相似的生物体之间的吞噬行为。
2. "教育"一词的英文 educate 或 education 来源于拉丁语 ēducātiō，意思是"引出"。

予人类的独特程序，身体动作上的"自动化"完成后，大脑才能够进入更为高级的推理、思考程序。所以，我们需要意识到身体和大脑是"互利共生"关系。

然后，我们再来回头思考亲子之间"互利共生"的载体是什么。探索的过程仿佛是为我们精心呵护的花蕾寻找一方沃土。什么是人类本能喜欢且无师自通的行为方式？怎样的互动可以让亲子双方都享受到乐趣且加深彼此的信任、爱与联结？怎样的方式能在日复一日的生活中成为一种快乐的调剂？那么，《运动塑造孩子的大脑》给出了答案：与0-7岁孩子建立"互利共生"亲子关系最好的载体是游戏！通过创造一个动感的环境、了解不同类型的游戏到经过二十年实践操作过的"智慧的脚步"家庭游戏，提供了一份高质量的方案。

写到这里，我发现偏爱理性的我又在用大脑不断输出信息了，而和我一起合作完成这本译作的小伙伴们此时此刻正将这些经验运用在她们2岁、3岁、4岁、5岁的孩子身上。感谢陈筱睿、张玲凡、许馨予、王静和她们背后默默支持的家人的付出，让《运动塑造孩子的大脑》这本书不仅仅保持了原作的原汁原味，更渗透了中国家庭的观察和视角。感谢曲欣怡对家庭游戏的翻译，使英文中的俏皮和趣味跃然纸上。感谢这本书的策划者、编辑朱悦、王凤梅的独特眼光和用心，才能使这本闪闪发光的书让更多家庭、孩子受益。也感谢本书的原作者 Gill Connell 和 Cheryl McCarthy 在我们翻译的过程中给予了不断的鼓励和支持。

而此时的我，也是如此急切地期待着腹中宝宝的出生，让我大脑储存的信息有施展的空间。我迫不及待地观察着新生命的每一步发展，用他成长之路印证书中的原理，用他丰沛的生活细节填充我最柔软的感性空间。

最后，祝福打开这本书的你，愿这段最特别的旅程充满了

爱，愿这份人世间最珍贵的关系互利共生！

方菁

2016年12月22日于美国加州

在我读硕士时，曾经有一年多的时间在一家致力于通过运动和游戏的力量促进困境儿童发展的国际组织实习。在那里我看到了运动和游戏对于一个儿童的力量，也读了不少相关的专业书籍。两年前当我遇到这本书时我已是一个新手妈妈，正沉浸在宝宝今天拉臭了、叫妈妈了、会翻身了、会坐起来了、会爬了的激动中。这本书对我来说并不陌生，而是倍感亲切，并且因为自己当了妈妈而有了更多体会。翻译的过程更像是学习的过程，我更加深刻地理解了运动对于婴幼儿发展的意义，并且还学到了不少的游戏小技巧。合作的几位译者也都是妈妈，一边带娃一边开展育儿大讨论，翻译的过程充满欢声笑语，甚是享受。在这里还想特别感谢一下宝爸，我着手翻译工作不久后，便回到了工作岗位，在我忙得焦头烂额的时候宝爸毅然帮我承担起部分章节的翻译，并且坚持到后面的一次次修改、一次次校对，直至所有收尾。在育儿的道路上，我们都是新手，我们努力创造自由宽松而富有启发性的环境，帮助宝宝一步步成为更好的她，这本书给我们带来了很多启发，也希望它能帮到大家。

陈筱睿

接受这份翻译工作时，我的孩子刚满3个月，她恬静得像只小猫，沉浸在自己的想象世界中。我怀中的她爱哭、爱闹、爱笑、爱听大人说话，时刻对周围发生的一切充满好奇，小眉头总喜欢紧锁着

"思考问题"。前几个月的她并不爱运动,或者说根本不爱动!"三翻六坐"的古训让我焦急万分,无论如何提供帮助,她都毫无兴趣,直到满六个月的那天,她才第一次主动翻身!到一周岁过半月时,已经变成了自由行走的小萌宠,这其中大人要保持的耐心和平静,不是"顺其自然"四个字可以表达的。

宝贝会翻身会爬之后好像就很难停止运动了,而且,也并不是所有的运动都需要购买装备和运用专业器械,滚动的可乐罐、有弹性的床垫、一段飘来的音乐,甚至是旁人的一个动作,都会吸引孩子的注意力并使她动起来。通过此书,作为家长又会知道孩子运动的原因和因此发生的改变,并在今后对孩子做出更有意义的引导,这是一个不断学习和进步的历程。

翻译的过程也是作为新妈妈学习和成长的过程,并且与其他几个家庭一道,不停地观察和探索家中那个初来人世的"小怪物"。从奶瓶、纸尿裤、婴儿床到喂养、睡眠、大便次数无所不谈,随时交流遇到的困惑、问题和疑虑,当然也彼此分享孩子带来的惊喜。一位爸爸说,孩子就是一只不断进化的"大玩具"。真的,你无法阻止她进化的速度,作为父母,最大的权利和义务就是时刻关注、爱护、影响、养育她,给她适时的刺激和互动,而她给你的反馈总是多过你的预期!

非常幸运参与此次合作,让我从一开始就懂得尊重孩子的自然天性,不限制、不盲从,并且争得全家人的配合。在此要特别感谢孩子的姥姥——我的母亲,她从我怀孕就开始学习科学料理孕妇和养育婴儿的知识,尽心尽力,我总是能与她平等交流和提出建议,她都会做出正确的改变和探索,我感恩有位如此开明豁达的母亲。同时也感谢我的爱人,始终如一地支持我选择的这项工作,并与我一道在养育孩子的漫漫长路上不断磨合和前进。

张玲凡

自然的力量是神奇的，造物主给了新生儿封闭的大脑、半封闭的躯干和完全开放的四肢，这意味着孩子的一切学习必始于身体。我很幸运，在宝宝不到6个月的时候，遇见了这本书，并且有幸成为译者之一。在翻译本书的过程中，我惊喜地发现书中许多内容和我对宝宝行为的观察完全一致。这本书渐渐成为我养育宝宝的指导用书，它不仅教给我大量的运动游戏，还让我理解了这一切背后的原理，从而能够举一反三，甚至自己创造运动游戏。

当前许多家庭对孩子存在过度保护的倾向，这本书的出现无疑会给这些家长们带来不一样的认知，会帮助他们用更正确、更有益于孩子成长的方式来"爱"孩子。此外，本书也是育婴师、早教老师、幼儿教师等相关人员的工具书，因为它不仅将运动与学习的关系理论阐述得非常细致，而且提供了大量的游戏实践，还介绍了游戏的原理和变形思路，它就像是一座宝藏，有心的读者可以从中挖掘出比书中内容多得多的信息，成为自己的原创。在此，我衷心希望这本书能够帮助更多的教育者与家长，使更多的孩子获益。

许馨予

作为一个生活在中国的八零后妈妈，我的妈妈协助我一起养育孩子，而实际上我们总会在孩子的养育问题上出现或大或小的分歧。如何科学地养育孩子，让孩子能够健康快乐地成长？有没有一本既具有理论高度又具有实践性的教育圣经能把我从海量的、杂乱的网络信息中解放出来？我一直对此非常苦恼，直到我看到《运动塑造孩子的大脑》这本书。

我非常幸运能成为这本书翻译团队中的一员，主要的工作是负责翻译过程中的校对和细节把握。在审稿和与大家的讨论过程中，那些曾经困惑我的问题迎刃而解了。同时，我也变得不那么焦虑了。在家中，我开辟了一块孩子玩乐的区域，让他可以随性地舒展自己的身体，甚至让他玩得满身脏脏的。这在过去真是不可想象的，书中提倡的乱玩（Mud Play）即让孩子的身体的任何部分玩耍，例如用脚趾作画，在我家中都变成被许可的活动。看着孩子快乐的玩耍，我想起了无忧无虑的童年，我们这一代家长被市场上所谓"不能让孩子输在起跑线上"的观点洗脑，在孩子们年龄尚小时就送到各种辅导补习机构，殊不知这违背了孩子的天性，也失去了大自然赋予孩子最自然、最优化的学习方案——运动！

我们爱孩子，更要用智慧的方法来爱他们。不能让我们的爱成为他们快乐成长的限制和牵绊。所以，我认为每个家庭都需要一本《运动塑造孩子的大脑》，翻开它，遵循孩子发展的规律，让孩子爱玩的天性充分释放，那么学习也变成最自然而然发生的事情。

王静